LA GUERRE

DE

SEPT MOIS

Paris. — Imprimerie VIÉVILLE et CAPIOMONT, rue des Poitevins, 6.

LA GUERRE

DE

SEPT MOIS

RÉSUMÉ

DES FAITS MILITAIRES ET DES DOCUMENTS OFFICIELS

RELATIFS A LA GUERRE DE 1870-1871

PAR

M. T. DE SAINT-GERMAIN

DEUXIÈME ÉDITION

PARIS

ARMAND COLIN, ÉDITEUR

16, RUE DE CONDÉ

1871

PRÉFACE

———

Une période de sept mois a vu s'accomplir, dans
ses phases rapides et terribles, la guerre la plus sanglante que l'Europe ait contemplée depuis longtemps.
Dans l'étude des événements précipités qui se sont
déroulés sous nos yeux, il y aura pour l'historien
une tâche grande et utile. Il aura à rechercher, au
milieu de mille contradictions, souvent intéressées,
les causes véritables des faits, leur importance réelle,
les responsabilités graves qui doivent être attribuées
aux différents acteurs de ce drame lugubre ; il jugera,
tardivement, hélas ! les fautes que l'on pouvait éviter,
les chances et les moyens de salut auxquels on devait
se confier ; il appréciera les résultats produits, il cal-

culera les conséquences probables, il tirera peut-être de l'ensemble de précieux enseignements pour l'avenir.

A côté de cette mission, dont l'accomplissement exigerait autant de talent que de patience, et qui ne pourra être heureusement remplie que lorsque le temps aura jeté la lumière sur plus d'un point encore insuffisamment connu, il est un travail plus modeste, mais que nous ne croyons pas inutile d'entreprendre : c'est de nous faire l'humble annaliste de cette douloureuse et rapide *Passion* qui a conduit la France de chute en chute et d'abîme en abîme jusqu'aux hontes de l'heure présente.

Avant d'aborder le simple récit des faits, il nous semble à propos de rappeler, en peu de mots, la situation intérieure de la France et de la Prusse, à l'approche des événements qui devaient amener la conflâgration.

En France, le régime impérial, semblable à un malade qui, de désespoir, se met entre les mains d'un empirique, s'était jeté dans les bras du *libéralisme :* libéralisme apparent au moins, surtout dans les premiers jours du ministère Ollivier. Les révélations les plus étranges se sont produites après coup sur cette double comédie. L'ambitieux inintelligent, qui

croyait naïvement sauver la situation, n'était lui-
même que l'instrument d'un plus habile[1]. Mais ,
dès l'abord, tout marchait à souhait, et le ministère
du 2 janvier ralliait à ses débuts bien des adhésions.
Il ne sut pas justifier la confiance qu'on lui accor-
dait, les espérances qu'on n'avait pas craint de fonder sur lui pour la réalisation de ce programme,
dont l'énoncé seul devait surprendre : l'*Empire libéral*.

Aussi, malgré le succès inespéré du plébiscite,
succès obtenu en grande partie par la manière cap-
tieuse dont la question était posée, le ministère se
trouva-t-il bientôt réduit à songer à l'éternelle ressource des gouvernements absolus dans l'embarras :
la guerre.

N'oublions pas que la Prusse, quelques années auparavant, s'était trouvée dans une semblable situation,
et que le comte de Bismark avait trouvé bon, pour
ne pas avoir à compter avec l'opposition, d'employer
ce puissant dérivatif.

C'est alors qu'avec la complicité de l'Autriche il
avait attisé la question des Duchés, et s'était rué sur

---

1. Voir *Papiers et Correspondance de la famille impériale*,
t. Ier, p. 257 et suivantes.

le Danemark qui, malgré une héroïque résistance, n'avait pas tardé à succomber sous un effort si disproportionné.

Qu'on nous permette d'attribuer à l'action de la Providence ce que d'autres regarderont comme la seule conséquence des choses et du fait accompli. L'Autriche devait bientôt éprouver, à son tour, la force toujours croissante de son ancienne alliée. Elle eut dû connaître ses ressources, et cependant, comme toute l'Europe, elle fut surprise de la supériorité de son armement, de la tactique de ses généraux, et la campagne qui la réduisit fut plus courte que la campagne des Duchés.

La France avait laissé faire, la France devait supporter les conséquences de Sadowa. Son tour était venu. Dès ce jour, la Prusse s'occupait d'elle. Les espions, les officiers, les résidents allemands envahissent la France. Ce qui se produit, dès lors, rappelle ces épouvantables éclosions d'insectes qui s'observent sous les tropiques : rien n'est changé en apparence, l'œuf est déposé, le ver ronge, bientôt tout va s'écrouler en poussière.

Les ressources de notre armée, de notre marine, les capacités de nos généraux, l'esprit de nos populations, les moindres détails topographiques de notre sol, de nos défenses, des données statistiques sur les habitants de nos principales villes et sur leur fortune, tout est relaté par des agents, le plus souvent volontaires, et qui, par suite de leur longue résidence, n'inspirent pas le moindre soupçon ; et de longue main se prépare l'œuvre de notre ruine.

Ce n'est pas que les avertissements aient manqué au gouvernement : plusieurs de nos généraux, notre agent militaire[1] à Berlin avaient signalé les armements considérables de la Prusse. Rien, dans ces rapports, ne parut assez grave pour changer en quoi que ce fût l'allure routinière des choses de la guerre. A part le merveilleux chassepot, qui n'était pas encore donné à toute l'armée, et la mitrailleuse qu'on étudiait avec un amour exclusif, rien ne devait être modifié dans nos engins de guerre, et la maison Krupp voyait refuser les offres qu'elle faisait pour la fabrication des canons d'acier[2].

Lorsque le fruit parut mûr au chancelier fédéral de Bismark, qui, depuis le traité de Prague, avait trouvé moyen de réunir autour de lui toute l'Allemagne du Nord, il voulut, avant d'y mettre la main,

---

1. Voir *Papiers et Correspondance de la famille impériale*, t. Ier, pages 6 et 229.
2. Même recueil, t. II, p. 97.

prendre deux précautions prudentes. D'abord, trouver un talisman qui groupât à ses côtés et lui livrât sans résistance l'Allemagne toute entière, qui empêchât l'Autriche de donner son alliance à la France ; ce talisman, ce mot magique fut bientôt trouvé : l'*Unité allemande*.

Puis, il fallait que l'aggression ne vînt pas de la Prusse ; il fallait forcer la France à déclarer la guerre, il fallait la provoquer, il fallait lui fournir un prétexte. Ce prétexte, il eût pu se présenter vers le milieu du mois de juin 1870, c'eût été la question du chemin de fer du Saint-Gothard [1]. La France ne mordit point à cet appas ; il en fallut trouver un autre : c'était la candidature du prince de Hohenzollern au trône d'Espagne. Nous verrons comment les événements et les hommes servirent les projets du chancelier.

Nous nous sommes proposé, dans le cours de ce mémorial rapide de la guerre qui vient de se terminer, de nous abstenir, autant qu'il nous le serait possible, de jugements sur les personnes et sur les choses. C'est au lecteur qu'il appartient de faire la part des gloires et des faiblesses, des grandeurs et

---

1. *Corps législatif*, séances des 26-27 juin 1870.

des défaillances, des regrets irréparables et des espérances consolantes.

Ce que nous avons voulu, c'est réunir et présenter, dès maintenant, les documents aussi complets et aussi exacts que possible sur la guerre de 1870, afin de dispenser le lecteur de se reporter aux journaux qui, sans le vouloir, donnent, sous l'impression du moment, un récit souvent infidèle et exagéré des faits à mesure qu'ils s'accomplissent.

LA GUERRE

DE

SEPT MOIS

I

LA DÉCLARATION DE GUERRE

[**6 juillet 1870.**] — C'est dans les premiers jours du mois de juillet 1870 que se répandit dans les cercles politiques le bruit de négociations mystérieuses entre l'Espagne et la Prusse, négociations qui avaient eu pour résultat l'acceptation par le prince Léopold de Hohenzollern[1], parent du roi de Prusse, de la couronne d'Espagne. Le maréchal Prim, à la recherche d'un candidat au trône vacant depuis la révolution de 1868, avait fait des offres que le prince venait d'accepter avec l'autorisation du roi Guillaume. Il ne manquait plus pour consacrer l'accomplissement du fait que l'avis des cortès. Une interpellation relative à cette candidature, déposée au Corps législatif

---

1. Léopold-Guillaume-Charles de Hohenzollern-Sigmaringen, né en 1835, marié à dona Antonia de Portugal.

par M. Cochery, amène à la séance du 6 juillet une déclaration du duc de Gramont, ministre des affaires étrangères. Il confirme l'exactitude des bruits qui ont cours; mais le peuple espagnol, dit-il, ne s'est point encore prononcé, et nous ne connaissons point encore les détails vrais d'une négociation qui nous a été cachée. Il demande l'ajournement d'une discussion inopportune, proteste des sympathies de la France pour l'Espagne, de l'absence de toute préférence, aussi bien que de tout éloignement, pour aucun des prétendants au trône; mais, en même temps, il ne croit pas « que le respect des droits d'un peuple voisin nous oblige à souffrir qu'une puissance étrangère, en plaçant un de ses princes sur le trône de Charles-Quint, puisse déranger à notre détriment l'équilibre actuel des forces en Europe et mettre en péril l'honneur de la France. » « Cette éventualité, ajoute-t-il, nous en avons la ferme confiance, ne se réalisera pas; pour l'empêcher, nous comptons à la fois sur la sagesse du peuple allemand et sur l'amitié du peuple espagnol. S'il en était autrement, forts de votre appui et de celui de la nation..., nous saurions remplir notre devoir sans hésitation et sans faiblesse. »

Au milieu de nombreuses acclamations, les protestations de MM. Garnier-Pagès, Raspail et Crémieux se font entendre. Ce dernier accuse le ministère d'une *légèreté coupable*, et lui reproche d'avoir, par sa seule communication à l'Assemblée, déclaré la guerre.

Le garde des sceaux, M. Émile Ollivier, se refuse à continuer la discussion et déclare « que le gouvernement désire la paix..., qu'il la désire avec passion. » Il n'est pas répondu à une question de M. Em. Arago, demandant à quel titre et en quelle qualité le maréchal Prim aurait offert la couronne à un prince de Hohenzollern, et l'incident est clos.

[**15 juillet 1870.**] — Après quelques jours de silence occupés par un échange de communications télégraphiques et de négociations officieuses, M. Émile Ollivier devant le Corps législatif, et M. le duc de Gramont devant le Sénat, donnent lecture d'une déclaration rendant compte des efforts tentés auprès des puissances étrangères pour obtenir leurs bons offices.

Dans ces négociations nous n'avons rien demandé à l'Espagne, dont nous ne voulions ni éveiller les susceptibilités ni froisser l'indépendance ; nous n'avons pas agi auprès du prince de Hohenzollern, que nous considérons comme couvert par le roi ; nous avons également refusé de mêler à notre discussion aucune récrimination, ou de la faire sortir de l'objet même dans lequel nous l'avions renfermée dès le début.

La plupart des puissances ont été pleines d'empressement à nous répondre, et elles ont avec plus ou moins de chaleur admis la justice de nos réclamations.

Le ministre des affaires étrangères prussien nous a opposé une fin de non-recevoir, en prétendant qu'il ignorait l'affaire et que le cabinet de Berlin y était resté étranger.

Nous avons dû alors nous adresser au roi lui-même, et nous avons donné à notre ambassadeur l'ordre de se rendre à Ems, auprès de Sa Majesté. Tout en reconnaissant qu'il avait autorisé le prince de Hohenzollern à accepter la candidature qui lui avait été offerte, le roi de Prusse a soutenu qu'il était resté étranger aux négociations poursuivies entre le gouvernement espagnol et le prince de Hohenzollern, qu'il n'y était intervenu que comme chef de famille et nullement comme souverain, et qu'il n'avait ni réuni ni consulté le conseil de ses ministres. Sa Majesté a reconnu cependant qu'elle avait informé le comte de Bismark de ces divers incidents.

Nous ne pouvions considérer ces réponses comme satisfaisantes ; nous n'avons pu admettre cette distinction subtile entre le souverain et le chef de famille, et nous avons insisté pour que le roi conseillât et imposât au besoin au prince Léopold une renonciation à sa candidature.

Pendant que nous discutions avec la Prusse, le désistement du prince Léopold nous vint du côté d'où nous ne l'attendions pas, et nous fut remis le 12 juillet par l'ambassadeur d'Espagne.

Le roi ayant voulu y rester étranger, nous lui demandâmes de s'y associer et de déclarer que si, par un de ces revirements toujours possibles dans un pays sortant d'une révolution, la couronne était de nouveau offerte par l'Espagne au prince Léopold, il ne l'autoriserait plus à l'accepter, afin que le débat pût être considéré comme définitivement clos.

Notre demande était modérée ; les termes dans lesquels nous l'exprimions ne l'étaient pas moins. « Dites bien au roi, écrivions-nous au comte Benedetti, le 12 juillet à minuit, dites bien au roi que nous n'avons aucune arrière-pensée, que nous ne cherchons pas un prétexte de guerre, et que nous ne demandons qu'à résoudre honorablement une difficulté que nous n'avons pas créée nous-mêmes. »

Le roi consentit à approuver la renonciation du prince Léopold, mais il *refusa* de déclarer qu'il n'autoriserait plus à l'avenir le renouvellement de cette candidature.

« J'ai demandé au roi, nous écrivait M. Benedetti, le 13 juillet à minuit, de vouloir bien me permettre de vous annoncer en son nom que si le prince Hohenzollern revenait à son projet, Sa Majesté interposerait son autorité et y mettrait obstacle. Le roi a *absolument refusé* de m'autoriser à vous transmettre une semblable déclaration. (*Mouvement.*) J'ai vivement insisté, mais sans réussir à modifier les dispositions de Sa Majesté.

« Le roi a terminé notre entretien en me disant qu'il ne pouvait ni ne *voulait* prendre un pareil engagement, et qu'il devait, pour cette éventualité comme pour toute autre, *se réserver la faculté de consulter les circonstances.* »

Quoique ce refus nous parût injustifiable, notre désir de

conserver à l'Europe les bienfaits de la paix était tel que nous ne rompîmes pas les négociations, et que, malgré votre impatience légitime, craignant qu'une discussion ne les entravât, nous vous avons demandé d'ajourner nos explications jusqu'à aujourd'hui.

Aussi notre surprise a-t-elle été profonde, lorsque, hier, nous avons appris que le roi de Prusse avait notifié par un aide de camp, à notre ambassadeur, qu'il ne le recevrait plus (*Profond mouvement d'indignation*), et que, pour donner à ce refus un caractère non équivoque, son gouvernement l'avait communiqué officiellement aux cabinets de l'Europe.

Nous apprenions, en même temps, que M. le baron de Werther avait reçu l'ordre de prendre un congé et que des armements s'opéraient en Prusse.

Dans ces circonstances, tenter davantage pour la conciliation eût été un oubli de dignité et une imprudence. Nous n'avons rien négligé pour éviter une guerre; nous allons nous préparer à soutenir celle qu'on nous offre, en laissant à chacun la part de responsabilité qui lui revient.

Dès hier, nous avons rappelé nos réserves, et, avec votre concours, nous allons prendre immédiatement les mesures nécessaires pour sauvegarder les intérêts, la sécurité et l'honneur de la France.

Au moment où le désistement du prince Léopold, notifié par son père, Antoine de Hohenzollern, au maréchal Prim et transmis par lui à M. Olozaga, ambassadeur d'Espagne à Paris, était parvenu au gouvernement français, on avait pu croire un moment l'incident complétement vidé, d'autant plus que le roi de Prusse venait, dit-on, de retirer, par télégramme, l'autorisation qu'il avait donnée. Mais il n'y avait rien d'officiel, et comme le disait un orateur à la séance du Sénat : l'Espagne s'était exécutée, mais restait la Prusse. Ni l'intervention empressée de lord Grandville, ni celle de l'empereur de Russie, ni les

instances de notre ambassadeur à Berlin, M. Benedetti, n'ont pu rien obtenir.

M. de Werther, ambassadeur de Prusse, évite même
d'accepter l'insinuation conciliante de M. de Gramont,
qui veut croire que c'est sur la demande expresse du
roi que le prince a renoncé à sa candidature. Il a soin
d'assurer que le roi n'a, *comme souverain*, aucune part
ni dans l'acceptation ni dans la renonciation de son
parent.

Dès lors tout espoir d'accommodement s'évanouit.
Avant même que la rupture soit officielle, le sentiment
national offensé appelle l'ouverture des hostilités et
s'étonne des lenteurs du gouvernement.

Dès le 17 juillet, le bruit court que nos armements,
commencés depuis quelques jours, sont en pleine
activité, et que déjà, le lendemain à midi, deux divisions françaises seront sous les murs de Luxembourg.

[19 juillet 1870.] — C'est le 19 juillet que le duc
de Gramont donne communication au Corps législatif
et au Sénat de la déclaration de guerre dans les termes
suivants :

Messieurs, l'exposé qui vous a été présenté dans la séance
du 15 a fait connaître les justes causes de guerre que nous
avons contre la Prusse.

Conformément aux usages et par ordre de l'empereur, j'ai
invité le chargé d'affaires de France à notifier au cabinet de
Berlin notre résolution d'obtenir par les armes les garanties
que nous n'avons pu obtenir par la discussion.

Cette démarche a été accomplie, et j'ai l'honneur de faire
savoir au Corps législatif qu'en conséquence l'état de guerre
existe, à partir du 19 juillet, entre la France et la Prusse.

Cette déclaration s'applique également aux alliés de la
Prusse, qui lui prêtent, contre nous, le concours de leurs
armes.

Cette communication est accueillie au Sénat par un enthousiasme indicible.

Dans le récit des événements qui ont amené la déclaration de guerre, nous nous sommes borné jusqu'ici aux documents officiels : il nous semble utile de revenir sur certains détails nécessaires pour l'intelligence complète des circonstances au milieu desquelles éclatait le conflit.

En France, l'opinion publique s'était d'abord montrée contraire à la guerre, et des voix autorisées dans le Corps législatif s'étaient fait entendre en faveur de la paix et de la conciliation. Mais lorsque la déclaration des ministres eut fait voir dans l'attitude de la Prusse une intention évidente de provoquer la France, il s'opéra un revirement complet, et les orateurs qui voulurent s'opposer au torrent virent leur popularité singulièrement ébranlée. MM. Thiers, Jules Favre, Gambetta, Glais-Bizoin qui, à la séance du 15 juillet, avaient parlé pour la paix, se virent traités de mauvais patriotes et de Prussiens de l'intérieur.

En Allemagne, le roi de Prusse avait grand soin de réduire l'incident de la candidature Hohenzollern à une simple affaire de famille ; mais, en même temps, de faire de ce qu'il appelait l'agression de la France une affaire intéressant la Confédération tout entière, non la Prusse, et, grâce aux manœuvres habiles de M. de Bismark, le sentiment national, l'idée de l'unité allemande, réunissait autour de lui tous les États du Nord et du Sud. Ce sentiment était dès lors si puissant, que l'Autriche, quels que fussent ses préférences et ses intérêts, se voyait astreinte à garder la plus stricte neutralité. C'est l'attitude que prirent prudemment, à l'égard des belligérants, toutes les puissances européennes, quelles que pussent être pour nous leurs sympathies secrètes[1]. Dans le but de les indisposer contre la France et de convaincre cette nation détestée d'une longue préméditation, le chancelier fédéral exhiba à point nommé et fit publier à Londres, par le *Times* qu'il avait à sa dévotion, un prétendu projet de traité que la France lui aurait proposé quelques années auparavant, et où il s'agissait de se partager la Belgique, la Hollande, l'Allemagne du Sud, le Luxembourg et les provinces du Rhin. La minute autographe, de la main de M. Benedetti, que le chancelier avait précieusement conservée et qu'il montrait à qui voulait la voir, ne prouvait rien, sinon la naïveté et la légèreté de notre ambassadeur qui, sous prétexte de forcer le chancelier à dévoiler ses desseins, avait eu l'imprudence, d'abord d'écrire ce

----

1. Au mois de mars 1871, un journal anglais, *le Morning-Post*, annonçait l'existence d'un prétendu traité secret conclu entre la Prusse et la Russie. Le premier article de ce traité, destiné à faire face aux éventualités possibles, promettait l'intervention de la Russie si, la France ayant l'avantage, la Pologne essayait de se révolter. Le deuxième article prévoyait une attitude menaçante prise par l'Autriche envers la Prusse ; en ce cas, la Russie devait lancer un corps d'armée sur la frontière autrichienne. Le troisième article stipulait qu'au cas où une puissance européenne quelconque conclurait une alliance avec la France, la Russie conclurait immédiatement une alliance avec la Prusse. L'interpellation adressée au ministère anglais, au sein du Parlement, au sujet de ce traité, a amené la preuve qu'il n'avait jamais été conclu. Mais il n'en est pas moins évident que l'entente la plus complète régnait entre le roi Guillaume et son neveu Alexandre. La correspondance amicale échangée entre les deux souverains lors de la conclusion des préliminaires de paix et la reconnaissance que le roi de Prusse exprimait au Czar montrent que l'attitude de la Russie avait réussi, selon les vues du chancelier fédéral, à détourner l'Autriche, l'Italie, et même l'Angleterre, de toute velléité de nous prêter leur appui.

projet sous sa dictée, puis de le laisser entre ses
mains. Nul ne crut un instant que la France eût
songé à ce partage clandestin, et les Français, per-
suadés de la justice de leurs prétentions et de la
bonté de leur cause, se préparèrent à une lutte que
tous les gens clairvoyants appréhendaient depuis plusieurs années, sans soupçonner quelle serait l'étin-
celle qui viendrait allumer la guerre. La cause déter-
minante de ce cataclysme avait, en effet, paru bien
légère à toute une partie du Corps législatif français
dans cette séance du 15 juillet, dont nous avons parlé
plus haut. Pour calmer les scrupules de l'opposition,
le garde des sceaux déclara qu'il acceptait, *le cœur
léger*, cette grande responsabilité, et le supplément
de crédit du budget de la guerre fut voté par 246 voix
contre 10.

Dès ce moment, les armements et les préparatifs
commencèrent par toute la France avec une activité
au moins apparente, qui remplissait le public de confiance. Confiance bien naturelle, puisque l'on savait
par la déclaration du maréchal Le Bœuf au Sénat
qu'on était *prêt, cinq fois prêt*. Les mouvements de
troupes déjà commencés deviennent le principal sujet
d'entretien des journaux, et le ministère a fort à faire
pour les rappeler à la discrétion qu'il juge nécessaire
au succès.

Les mesures prises en vue des prochaines hostilités
sont, outre le supplément de crédit de 50 millions,
voté par le Corps législatif, l'admission d'engagements
volontaires pendant la durée de la guerre seulement,
l'appel à l'activité de la garde nationale mobile, la
création d'un 4ᵉ bataillon dans les régiments de ligne,
la fixation à 140.000 hommes du contingent à appeler

sur la classe de 1870 (vote unanime par 255 voix), la déclaration de l'état de siége des places du Nord-Est (5ᵉ et 6ᵉ divisions militaires), enfin la mise en état de défense des fortifications de Paris, précaution qui, à ce moment, ne paraissait pas bien urgente.

Le 24 juillet, l'impératrice était allée à Cherbourg porter à l'amiral Bouët-Willaumez et à l'état-major de l'escadre, prête à partir pour la Baltique, la proclamation de l'empereur à la flotte; le 26, la régence lui était conférée par lettres patentes.

Peu de jours avant, l'empereur avait adressé au peuple français la proclamation suivante :

Français,

Il y a dans la vie des peuples des moments solennels où l'honneur national, violemment excité, s'impose comme une force irrésistible, domine tous les intérêts et prend seul en mains la direction des destinées de la patrie. Une de ces heures décisives vient de sonner pour la France.

La Prusse, à qui nous avons témoigné pendant et depuis la guerre de 1866 les dispositions les plus conciliantes, n'a tenu aucun compte de notre bon vouloir et de notre longanimité. Lancée dans une voie d'envahissement, elle a éveillé toutes les défiances, nécessité partout des armements exagérés, et fait de l'Europe un camp où règnent l'incertitude et la crainte du lendemain.

Un dernier incident est venu révéler l'instabilité des rapports internationaux et montrer toute la gravité de la situation. En présence des nouvelles prétentions de la Prusse, nos réclamations se sont fait entendre. Elles ont été éludées et suivies de procédés dédaigneux. Notre pays en a ressenti une profonde irritation, et aussitôt un cri de guerre a retenti d'un bout de la France à l'autre. Il ne nous reste plus qu'à confier nos destinées au sort des armes.

Nous ne faisons pas la guerre à l'Allemagne, dont nous respectons l'indépendance. Nous faisons des vœux pour que les peuples qui composent la grande nationalité germanique disposent librement de leurs destinées.

Quant à nous, nous réclamons l'établissement d'un état de choses qui garantisse notre sécurité et assure l'avenir. Nous voulons conquérir une paix durable, basée sur les vrais intérêts des peuples, et faire cesser cet état précaire où toutes les nations emploient leurs ressources à s'armer les unes contre les autres.

Le glorieux drapeau que nous déployons encore une fois devant ceux qui nous provoquent est le même qui porta à travers l'Europe les idées civilisatrices de notre grande Révolution. Il représente les mêmes principes ; il inspirera les mêmes dévouements.

Français, je vais me mettre à la tête de cette vaillante armée qu'anime l'amour du devoir et de la patrie. Elle sait ce qu'elle vaut, car elle a vu dans les quatre parties du monde la victoire s'attacher à ses pas.

J'emmène mon fils avec moi, malgré son jeune âge. Il sait quels sont les devoirs que son nom lui impose, et il est fier de prendre sa part dans les dangers de ceux qui combattent pour la patrie.

Dieu bénisse nos efforts ! Un grand peuple qui défend une cause juste est invincible !

Napoléon.

[**28 juillet 1870.**] — A son arrivée au quartier général de Metz, où l'attendait le major-général de l'armée du Rhin, maréchal Le Bœuf, l'empereur adresse à l'armée une autre proclamation :

Soldats,

Je viens me mettre à votre tête pour défendre l'honneur et le sol de la patrie.

Vous allez combattre une des meilleures armées de l'Europe ; mais d'autres, qui valaient autant qu'elle, n'ont pu résister à votre bravoure. Il en sera de même aujourd'hui.

La guerre qui commence sera longue et pénible, car elle

aura pour théâtre des lieux hérissés d'obstacles et de forteresses, mais rien n'est au-dessus des efforts persévérants des soldats d'Afrique, de Crimée, de Chine, d'Italie et du Mexique. Vous prouverez une fois de plus ce que peut une armée française animée du sentiment du devoir, maintenue par la discipline, enflammée par l'amour de la Patrie.

Quel que soit le chemin que nous prenions hors de nos frontières, nous y trouverons les traces glorieuses de nos pères. Nous nous montrerons dignes d'eux.

La France entière vous suit de ses vœux ardents, et l'univers a les yeux sur vous. De nos succès dépend le sort de la liberté et de la civilisation.

Soldats, que chacun fasse son devoir, et le Dieu des armées sera avec nous !

NAPOLÉON.

Au quartier impérial de Metz, le 28 juillet 1870.

Nous pensons que nous aurons donné une idée suffisante de l'état des choses et des esprits au moment où les hostilités allaient éclater, lorsque nous aurons rappelé sommairement que la France apprenait, en même temps que l'incident espagnol, la nouvelle des massacres de Tien-Tsin; que le procès politique de Blois se poursuivait devant la haute cour présidée par le conseiller Zangiacomi, mais que l'attention publique cessait de s'y attacher avec le même intérêt; que notre pays avait à souffrir, depuis le printemps, d'une sécheresse qui faisait craindre la disette pour l'automne et d'une épidémie variolique dont les ravages augmentaient toujours; que le Corps législatif avait eu récemment à se prononcer sur la pétition relative à la rentrée des princes d'Orléans et l'avait écartée par l'ordre du jour; qu'une vive émotion venait de se produire à la nouvelle de la fin déplorable d'un de nos publicistes les plus distingués. Prévost-

Paradol, nommé ministre plénipotentaire de France
à Washington et qui, par des causes encore mystérieuses, s'était donné la mort en arrivant à son poste;
enfin que la France, l'Italie et le monde catholique
tout entier fixaient sur Rome des regards inspirés par
des intérêts bien différents. Les travaux du Concile s'y
poursuivaient, mais le Gouvernement français songeait à en retirer son armée et l'Italie à occuper les
États romains.

II

LES HOSTILITÉS

Dès le jour même de la déclaration de guerre, on
savait que l'Empereur devait être généralissime des
troupes françaises; le maréchal Le Bœuf, major général. L'armée, que l'on évaluait, *sur le papier*, à
450,000 hommes, était divisée en sept corps d'armée
commandés ainsi qu'il suit : 1er corps, maréchal duc
de Magenta ; 2e corps, général Frossard ; 3e corps, maréchal Bazaine ; 4e corps, général Ladmirault ; 5e corps,
général de Failly ; 6e corps, maréchal Canrobert;
7e corps, général Félix Douay. La garde impériale
était mise sous le commandement de Bourbaki. Ces
différents corps furent répartis sur la vaste étendue
de nos frontières du Nord et de l'Est de Thionville à
Belfort. Malgré le secret gardé sur le plan des opérations, on était persuadé en France que l'Empereur
devait prendre l'offensive, et qu'une flotte de débar-

quement devait faire dans la mer du Nord et la Bal
tique une puissante diversion.

Un premier mécompte fut le retard inexplicable apporté au départ de notre flotte : elle ne partit qu'après bien des lenteurs, sans emporter de troupes ; elle se borna à faire quelques démonstrations et d'assez riches captures. Une autre cause de sourdes inquiétudes fut l'inaction prolongée de nos troupes qui, arrivées à leur destination dès le 25 juillet, n'avaient pas encore fait parler d'elles, et l'ajournement répété du départ de l'Empereur.

La publication, dans la correspondance impériale, des dépêches échangées entre le ministère et les différents chefs de corps [1], nous donne l'explication de

---

1. Voir *Papiers et Correspondance de la famille impériale*, p. 437 à 451.

Citons quelques-unes de ces dépêches :

Général de Failly, commandant le 5e corps, au ministre de la guerre.

Il n'y a à Metz ni sucre, ni café, ni sel, peu de lard et de biscuit. Envoyez d'urgence au moins un million de rations sur Thionville.

Général commandant 2e corps à Guerre. — Paris.

Saint-Avold, le 21 juillet 1870, 8 h. 55 m. matin.

Le dépôt envoie énormes paquets de cartes inutiles pour le moment ; n'avons pas une carte de la frontière de France, serait préférable d'envoyer en plus grand nombre ce qui serait utile et dont manquons complétement.

Général Michel à Guerre. — Paris.

Belfort, le 21 juillet 1870, 7 h. 30 m. matin.

Suis arrivé à Belfort ; pas trouvé ma brigade ; pas trouvé général de division. Que dois-je faire ? Sais pas où sont mes régiments.

Au général Dejean, ministre de la guerre. — Paris.

Saint-Cloud, le 26 juillet 1870, 6 h. 45 m. soir.

Je vois qu'il manque des biscuits et du pain à l'armée. Ne

ces retards. Rien n'était prêt! Les approvisionnements, le matériel, l'équipement, tout manquait. Les cadres de l'armée étaient incomplets, et, au lieu des 450,000 hommes que nous croyions avoir sur un développement de 75 lieues, nous n'avions pas un effectif de plus de 250,000 hommes.

[26 juillet 1870.] — On n'avait eu, jusqu'au commencement d'août, à signaler que la petite affaire de Niederbronn. En avant de cette ville, le général de Bernis, à la tête d'un escadron du 12ᵉ chasseur, avait surpris et mis en déroute une reconnaissance ennemie;

---

pourrait-on pas faire cuire le pain à la manutention à Paris et l'envoyer à Metz?

Napoléon.

Vice-amiral commandant en chef à Marine. — Paris.

Brest, le 27 juillet 1870, 6 h. 55 m. soir.

La Majorité de Brest est dépourvue des cartes mer du Nord et Baltique. Il en faudrait onze séries à escadre actuelle.

Général artillerie à Guerre. — Paris,

Douai, 28 juillet 1870, 8 h. 55 m. soir.

Le colonel du 1ᵉʳ du train m'informe d'un fait grave : sur 800 colliers restant à la direction de Saint-Omer, 500 destinés autrefois à l'artillerie se trouvent trop étroits. Que faut-il faire pour parer à cette éventualité?

Il y a en magasin, à Douai, 1700 colliers dont un tiers se trouvent dans le même cas. Le directeur de l'artillerie va s'enquérir immédiatement des ressources que peut lui offrir l'industrie privée pour élargir ces colliers.

Colonel 1ᵉʳ train artillerie à Guerre, 4ᵉ direction artillerie (personnel). — Paris.

Saint-Omer, le 11 août 1870.

Il a bien été envoyé à l'arsenal de Saint-Omer 1200 harnais à bricole, mais on a omis le complément de cet harnachement qui se compose de 600 selles et accessoires, 600 brides de sous verge, sans lesquelles les compagnies ne peuvent être pourvues. Les formations se trouvent ainsi arrêtées dès aujourd'hui.

un officier bavarois avait été tué et deux faits prisonniers.

[**2 août 1870**.] — L'impatience de l'armée et celle
de la France décidèrent l'Empereur à livrer, en dehors
des plans qu'il pouvait avoir, une action qui, par son
résultat plus brillant en apparence que réellement
utile et sérieux, lui permît d'attendre qu'il eût fait
face à tout ce qui lui manquait. Voici comment le
Journal officiel du 3 août rend compte de la prise de
Saarbrück :

Aujourd'hui, 2 août, à 11 heures du matin, les troupes
françaises ont eu un sérieux engagement avec les troupes
prussiennes.

Notre armée a pris l'offensive, franchi la frontière et envahi le territoire de la Prusse.

Malgré la force de la position ennemie, quelques-uns de
nos bataillons ont suffi pour enlever les hauteurs qui dominent Sarrebrück, et notre artillerie n'a pas tardé à chasser
l'ennemi de la ville. L'élan de nos troupes a été si grand
que nos pertes ont été légères.

L'engagement, commencé à onze heures, était terminé à
une heure.

L'Empereur assistait aux opérations, et le Prince impérial, qui l'accompagnait partout, a reçu, sur le premier
champ de bataille de la campagne, le baptême du feu.

Sa présence d'esprit, son sang froid dans le danger ont
été dignes du nom qu'il porte.

A quatre heures, l'Empereur et le Prince impérial étaient
rentrés à Metz.

Une dépêche particulière de l'Empereur à l'Impératrice, dépêche reproduite par tous les journaux,
lui confirmait que « Louis venait de recevoir le
baptême du feu, qu'il avait conservé une balle tombée
tout auprès de lui, et que *des soldats pleuraient en le*

voyant si calme. » Le général Frossard dirigeait cet engagement de peu d'importance. Les troupes du général Bataille s'y distinguèrent. L'artillerie y eut la plus grande part, et l'on y fit, pour la première fois, l'essai des mitrailleuses. Les résultats qu'elles donnèrent augmentèrent encore la confiance exagérée qu'on avait en elles. Les Prussiens, peu soucieux d'abandonner Saarbrück, ville ouverte de 10,000 habitants, se retirèrent sans une vive résistance. Nos troupes n'occupent pas la ville, où nos projectiles ont déterminé des incendies, mais campent sur les hauteurs environnantes.

[3 août 1870.] — Le roi Guillaume, arrivé à Mayence, y publie la proclamation suivante à l'armée allemande :

Soldats, toute l'Allemagne, animée par le même sentiment, se trouve sous les armes contre un État voisin qui nous a déclaré la guerre sans motif et par surprise. Il s'agit de défendre notre pátrie et nos foyers menacés.

Je prends le commandement des armées réunies, et je vais marcher contre un adversaire qu'un jour nos pères ont combattu glorieusement dans la même situation.

L'attention pleine de confiance de toute la patrie, la mienne, est fixée sur vous.

Dieu sera avec notre juste cause !

Les forces prussiennes, que l'on peut évaluer à 550,000 hommes, étaient divisées en trois armées qui se formaient : la première, à Coblentz, sous le commandement du prince Frédéric-Charles ; la deuxième, à Mayence, sous celui du prince royal ; la troisième, à Trèves, sous les ordres du général Steinmetz. Outre ces forces imposantes, une armée de réserve, estimée à 70,000 hommes, sous le commandement du géné-

ral Vogel de Falkenstein, devait faire face à une attaque possible par le Nord.

[4 août 1870.] — La nouvelle d'un second avantage des Français, à Sarrelouis, bientôt démentie, fut
immédiatement suivie de celle du premier échec subi
par nos armes.

La division du général Abel Douay, composée des
74ᵉ et 50ᵉ de ligne, du 16ᵉ bataillon de chasseurs à
pied, d'un régiment de turcos et d'un régiment de
chasseurs à cheval, en tout de 8 à 10,000 hommes,
campait en avant de Wissembourg. Elle fut surprise
le 4, au matin, par des forces ennemies très-considérables (au moins 40,000 hommes), massées dans les
bois qui bordent la Lauter. Des hauteurs environnantes, les Allemands, pourvus d'une nombreuse artillerie, bombardent Wissembourg et y incendient la
caserne et plusieurs autres bâtiments. Nous n'avions
à leur opposer que trois pièces de canon. Malgré l'infériorité du nombre et de l'artillerie, le général Abel
Douay ordonne un mouvement en avant; on laisse
les sacs et on abandonne le campement. Nos soldats
s'abritent derrière des fermes voisines : ils en sont
bientôt délogés par l'artillerie. Les turcos chargent
à la baïonnette et s'emparent de huit pièces de canon,
mais ils sont décimés par la mitraille. Le général
Douay est tué par un obus. Au milieu de la bataille,
un détachement de ligne arrive en chemin de fer allant rejoindre son régiment : le train s'arrête, les soldats sautent de wagon et se jettent dans la mêlée. La
lutte, commencée dès le matin, dure jusqu'à deux
heures. Les turcos, sourds à la sonnerie de la retraite,
se font tuer sur les canons qu'ils ont pris, et la division
se retire à travers les bois et les vignes, par le col du

Pigeonnier, dans la direction de Bitche, laissant aux mains de l'ennemi un canon et les tentes, mais après lui avoir infligé des pertes sérieuses.

Le prince héritier assistait à ce combat que la dépêche prussienne du 4 août annonce comme une brillante, mais sanglante victoire.

En même temps que la nouvelle de ce premier désastre, on recevait, à Paris, la nouvelle des troubles causés au camp de Châlons par l'indiscipline de quelques bataillons des mobiles de la Seine qui, ayant eu à souffrir de la négligence des intendants à leur fournir un abri et des vivres, avaient fait au maréchal Canrobert un accueil peu convenable. Cette attitude de la mobile semblait fort inquiéter l'Empereur qui, ce même jour, télégraphiait au ministre de la guerre : « Il est de toute nécessité que le maréchal Canrobert vienne à Nancy avec ses trois divisions; *mais que faire de la garde nationale mobile?* » L'incident n'eut pas de suite et la garde mobile, rappelée à Paris, fut campée à Vincennes.

[**6 août 1870**.] — Avide d'apprendre la nouvelle d'une revanche de l'échec de Wissembourg, la population de Paris accueillit sans contrôle le bruit qui se répandit à la Bourse. Le corps d'armée de Mac-Mahon venait de remporter une grande victoire; Landau était pris, l'état-major prussien, le prince Charles en tête, était prisonnier. Nous nous étions emparés de 30 pièces de canon et de 25,000 prisonniers. La nouvelle parcourt tout Paris, comme une traînée de poudre; à deux heures, l'enthousiasme est à son comble, mais on s'étonne qu'une communication officielle ne vienne pas confirmer l'affiche apposée à la Bourse. A quatre heures, la foule apprend qu'elle a été l'objet d'une cruelle mystification ourdie, très-probablement, dans un but intéressé. Quelques noms sont signalés, une enquête sérieuse est promise. Sera-t-elle faite ? Des attroupements se forment autour des ministères : ils sont dissipés par la garde nationale. Il est à remarquer qu'à la même heure une manœuvre semblable avait lieu à Metz, où se répandait la nouvelle d'un prétendu avantage remporté par Mac-Mahon. Le lendemain, Paris devait apprendre à la fois la nouvelle de deux désastres bien plus graves que l'échec de Wissembourg.

La bataille de Reichshoffen, désignée aussi sous les noms de bataille de Wœrth ou de Freschwiller, et celle de Forbach étaient annoncées officiellement le 7 août par les dépêches suivantes :

Metz, minuit et demi.

Le maréchal Mac-Mahon a perdu une bataille; sur la Sarre, le général Frossard a été obligé de se retirer; cette retraite s'opère en bon ordre; tout peut se rétablir.

NAPOLÉON.

Metz, 7 août, 3 h. du matin.

Mes communications étant interrompues avec le maréchal Mac-Mahon, je n'ai pas eu de nouvelles de lui jusqu'à hier.

C'est le général de Laigle qui m'a annoncé que le maréchal avait perdu une bataille contre des forces considérables et qu'il se retirait en bon ordre.

D'un autre côté, sur la Sarre, un engagement a commencé vers une heure; il ne paraissait pas très-sérieux, lorsque, petit à petit, les masses ennemies se sont accrues considérablement, sans cependant obliger le 2e corps à reculer.

Ce n'est qu'entre six et sept heures du soir que les masses ennemies devinrent de plus en plus compactes.

Le 2e corps et les régiments qui le soutenaient se sont retirés sur les hauteurs. La retraite a été calme, je vais me placer au centre de la position.

NAPOLÉON.

Metz, 7 août, 4 h. 30, matin.

Après une série d'engagements dans lesquels l'ennemi a déployé des forces considérables, le maréchal Mac-Mahon s'est replié en arrière de sa première ligne.

Le corps du général Frossard a eu à lutter hier depuis deux heures contre une armée ennemie tout entière. Après avoir tenu dans ses positions jusqu'à six heures, il a opéré sa retraite en bon ordre.

Les détails sur nos pertes manquent.

Nos troupes sont pleines d'élan. La situation n'est pas compromise, mais l'ennemi est sur notre territoire et un sérieux effort est nécessaire.

Une bataille paraît imminente.

Metz, 7 août, 3 h. 35.

L'ennemi n'a pas poursuivi vivement le maréchal Mac-Mahon. Depuis hier soir il a cessé toute poursuite. Le maréchal concentre ses troupes.

NAPOLÉON.

Metz, 7 août, 12 h. 25.

Le maréchal Mac-Mahon a éprouvé un sérieux échec à Reichshoffen. Il se replie et couvre Nancy.

Les troupes qui sont autour de Metz sont dans d'excellentes dispositions.

Ce matin trois corps d'armée tout entiers n'avaient pas encore donné.

Les pertes de l'ennemi sont très-considérables et ralentissent sa marche. L'épreuve est sérieuse, mais elle n'est pas au-dessus des efforts de patriotisme de la nation. Il n'est pas possible de préciser le chiffre de nos pertes.

Le mouvement de retraite et de concentration s'accomplit. Le général Coffinières organise la défense.

(Correspondance du quartier général.)

A la réception de ces nouvelles, le département de la Seine est déclaré en état de siége; les Chambres sont convoquées d'urgence pour le mardi 9 août.

Voici quelques détails sur ces deux sanglants engagements qui ouvrirent aux armées allemandes l'Alsace et la Lorraine.

Le maréchal Mac-Mahon avait annoncé sa défaite par cette simple dépêche : « Je me suis battu aujourd'hui de 9 heures à 5 heures; j'ai perdu la bataille. Envoyez-moi des munitions et des vivres. » Le lendemain, il datait de Saverne un rapport extrêmement concis, qui ne fut publié que quelques jours plus tard.

La 1re division du 1er corps occupait, le 6 au matin, une ligne droite, s'étendant de Freschwiller à Reichshoffen; deux autres divisions, établies en potence, occupaient Wœrth à gauche, et Eberbach à droite. En arrière de la 2e division placée en réserve, se trouvaient la brigade de cavalerie légère sous les ordres du général de Septeuil, et la division de cuirassiers du général de Bonnemains; la brigade de cavalerie Michel, sous les ordres du général Duhesme, était établie en arrière de l'aile droite.

« A sept heures du matin, dit le rapport, l'ennemi se présenta devant les hauteurs de Guersdorff, et engagea l'action par une canonnade bientôt suivie d'un feu de tirailleurs assez vif contre la 1re et la 3me division. Cette attaque fut assez prononcée pour obliger la 1re division à faire un changement de front en avant sur son aile droite, afin d'empêcher l'ennemi de tourner la position générale. Un peu plus tard, l'ennemi augmenta considérablement le nombre de ses batteries, et ouvrit le feu sur le centre des positions que nous occupions sur la rive droite de la Sauerbach. Bien que plus sérieuse et plus fortement accentuée que la première, qui se continuait d'ailleurs, cette seconde démonstration n'était qu'une fausse attaque qui fut vivement repoussée.

« Vers midi, l'ennemi prononça son attaque vers notre droite. Des nuées de tirailleurs appuyés par des masses considérables d'infanterie, et protégés par plus de soixante pièces de canon placées sur les hauteurs de Gunstedt, s'élancèrent sur la 4me division et sur la 2me brigade qui occupaient le village d'Elsashausen.

« Malgré de vigoureux retours offensifs, plusieurs fois répétés, malgré les feux très-bien dirigés de l'artillerie et plusieurs charges brillantes des cuirassiers, notre droite fut débordée après plusieurs heures d'une résistance opiniâtre. Il était quatre heures. J'ordonnai la retraite. Elle fut protégée par les 1re et 3me divisions qui firent bonne contenance, et permirent aux autres troupes de se retirer sans être trop vivement inquiétées. La retraite s'effectua sur Saverne, par Niederbronn, où la division Guyot de Lespart du 5me corps, qui venait d'y arriver, prit position, et ne se retira qu'après la nuit close. »

Les forces engagées par nous étaient de 33,000 hommes; celles de l'ennemi, dès le début de la journée, peuvent s'évaluer à 120,000 hommes; elles s'élevèrent jusqu'à 140,000 hommes. La seule critique que l'on adresse au maréchal est d'avoir accepté le combat dans ces conditions, et de n'avoir pas su à quelles masses il avait à faire. On prétend qu'il comptait sur le concours beaucoup moins tardif du 5me corps, et c'est là un premier reproche imputé au général de

Failly [1]. On admira surtout, dans la conduite de Mac-Mahon, le changement de front qu'il fit opérer à ses troupes sous le feu de l'ennemi et les charges audacieuses qu'il commanda aux cuirassiers et aux chasseurs, prodiges qu'il sut obtenir du dévouement de ses troupes. Il resta à cheval vingt-cinq heures, et dirigea la retraite jusqu'à Saverne. Une souscription ouverte dans le but de lui offrir une épée d'honneur réunit rapidement un nombre considérable de signatures. Les officiers Colson, Raoult et de Vogüé trouvèrent la mort dans cette sanglante défaite de nos armes. La retraite fut extrêmement pénible pour l'armée, exténuée par la lutte et par la privation de toute espèce de vivres. Une partie se rendit à Strasbourg. On estime à 18,000 le nombre des soldats de toutes armes qui se retrouvèrent au camp de Châlons où se reformaient les débris de l'armée. Le corps du général de Failly, à peine entamé, ne poussa pas jusqu'au camp; il s'arrêta à Vitry-le-François.

Le roi de Prusse annonçait à la reine la victoire de son fils par une dépêche fort remarquée en France, où l'on commençait à s'égayer un peu (pour se consoler sans doute de nos malheurs) de ce mélange de pieux mysticisme, de mauvaise foi et de cruauté qui apparaissait aussi bien dans ses dépêches intimes que dans ses proclamations :

A la reine Augusta, à Berlin.

Quel bonheur que cette nouvelle grande victoire remportée par Fritz !

---

1. Une erreur se serait produite, dit-on, dans un télégramme adressé au général, et la dépêche reçue aurait porté *Hansbach* au lieu de *Lansbach*.

Gloire à Dieu pour sa faveur !

Nous avons pris une trentaine de canons, 2 aigles, 6 mitrailleuses, 4,000 prisonniers.

Mac-Mahon avait reçu du renfort de l'armée principale.

On tirera le canon pour cette victoire.

En même temps que le prince royal remportait la victoire de Wœrth, l'ennemi, poursuivant l'exécution d'un plan habile, favorisé encore par la dispersion de nos corps d'armée trop espacés, prenait également l'offensive sur un autre point.

A la suite de la démonstration inutile de Saarbrück, les troupes du deuxième corps, commandées par le général Frossard, s'étaient établies dans les positions suivantes : 1re division, général Verger au centre, occupant Stiring-Wendel, village industriel entre Forbach et Saarbrück ; 2me division, général Bataille, occupant un mamelon situé au sud-est de Spikeren, en arrière et à l'est de Forbach ; la 3me division, général Lavaucoupet, occupant le plateau de Spikeren.

L'attaque des Prussiens ne commença qu'à une heure; au début, elle semblait sans importance. L'action s'engagea dans un bois épais, à la faveur duquel l'ennemi avait pu s'avancer en sortant de Saarbrück évacué par nous. Le 76me et le 77me de ligne et un bataillon de chasseurs à pied furent envoyés pour les déloger. Abrités dans le bois, les Prussiens dirigeaient sur les assaillants un feu meurtrier, et avaient fort peu à souffrir de notre attaque. L'artillerie essaya de venir en aide à l'infanterie, en nettoyant la lisière du bois; mais nos artilleurs, se trouvant à découvert, furent rudement éprouvés par le feu de l'ennemi qui disposait de nombreuses batteries. Vers quatre heures, une charge magnifique de la division Bataille refoula les troupes allemandes avec des pertes considérables ; mais la lutte était trop inégale, et, devant les masses nouvelles qui entraient en ligne, il fallut rétrograder. L'usine de Stiring est incendiée. Une de nos batteries essaye en vain de se mettre en position en face de Stiring : elle ne peut, sous la grêle des projectiles ennemis, ouvrir le feu. L'artillerie prussienne s'étend tout le long du bois, jusqu'à la hauteur de la gare de Forbach. En même temps, l'infanterie allemande reprend l'offensive. Au cimetière catholique, vers sept heures, les dragons qui occupaient la gauche de la route de Saarlouis, mettent pied à terre, et tiennent longtemps en échec les colonnes ennemies. A huit heures, la ville de Forbach commence à recevoir les obus et la mitraille des Prussiens, et la panique s'empare des habitants qui s'enfuient en hâte. C'est à neuf heures seulement que commence la retraite. Elle s'effectue par Saint-Jean-Borbach, Diefenbach, Hellimer, Bertin, Harbue, Watimont, Remilly, où le 2me corps est rejoint par la 3me : enfin, l'on arrive à la banlieue de Metz.

Les troupes allemandes avaient à leur tête, dans cette journée, le prince Frédéric-Charles et le général Steinmetz. Là encore, la disproportion était grande. On prétend que, trop confiant dans ses ressources, le général Frossard, malgré le nombre qui l'accablait, refusa à deux reprises les renforts importants mis à sa disposition par le maréchal Bazaine. C'est seulement vers le soir qu'une division du général Ladmirault vint aider à la retraite.

La connaissance de ces faits de guerre désastreux souleva non-seulement à Paris, mais dans toute la

France, un sentiment poignant de surprise et d'indignation; on remarqua que, dès le début des opérations, l'armée française avait agi absolument comme
si elle était seule au champ de manœuvre, sans s'inquiéter des mouvements de l'ennemi. Les grand'gardes, les avant-postes, les reconnaissances avaient été
desservis avec une négligence inexcusable. A l'imprudence des Français s'ajoutaient l'astuce et l'audace des
Allemands : les intelligences à l'intérieur, le service
des espions savamment organisé, les reconnaissances
hardies des coureurs et notamment des uhlans qui
commençaient à désoler et à réquisitionner le Nord-
Est; la tactique toujours prudente, quelquefois perfide,
des troupes allemandes profitant avec une adresse
merveilleuse des voies rapides, des bois, de la nuit,
de la connaissance parfaite qu'elles avaient su réunir
du pays et de ses habitants, ne reculant devant aucun
moyen, pourvu qu'il fût pratique, levant la crosse
en l'air lorsqu'elles avaient le dessous, arrêtant ou
mitraillant les ambulances, tandis qu'elles-mêmes
protégeaient leurs mouvements et leurs convois par
le drapeau de la convention de Genève, employant
la calomnie et nous accusant des forfaits qu'elles com-
mettaient. C'est ainsi que nous étions injustement incriminés pour l'emploi de projectiles explosibles proscrits par la convention de Saint-Pétersbourg, hors
de laquelle s'était tenu le grand-duché de Bade. C'est
ainsi que nous fûmes accusés, à plusieurs reprises, de
bombarder les ambulances, et de ne pas respecter
plus la croix de Genève que le drapeau blanc des parlementaires.

[**9 août 1870.**] — Les désastreuses nouvelles des
échecs de Wœrth et de Reichshoffen furent publiées

à Paris le matin du 7 août, accompagnées dans le *Journal officiel* d'une proclamation de l'impératrice.

PROCLAMATION

DE L'IMPÉRATRICE A SA RENTRÉE A PARIS

FRANÇAIS,

Le début de la guerre ne nous est pas favorable ; nos armes ont subi un échec ; soyons fermes dans ce revers et hâtons-nous de le réparer.

Qu'il n'y ait parmi nous qu'un seul parti, celui de la France ; qu'un seul drapeau, celui de l'honneur national.

Je viens au milieu de vous, fidèle à ma mission et à mon devoir ; vous me verrez la première au danger pour défendre le drapeau de la France.

J'adjure tous les bons citoyens de maintenir l'ordre. Le troubler serait conspirer avec nos ennemis.

Palais des Tuileries, 7 août, 11 h. du matin.

L'Impératrice,
EUGÉNIE.

[**10 août 1870.**] — Les chambres furent immédiatement convoquées pour le 9 août. Le ministère du 2 janvier se retire, et le général Cousin-Montauban, appelé en hâte de Lyon, est nommé ministre de la guerre. H. Chevreau, qui avait remplacé le baron Haussmann à la préfecture de la Seine, prend le portefeuille de l'intérieur ; Magne est aux finances ; Grandperret à la justice ; C. Duvernois au commerce ; Rigaud de Genouilly à la marine ; Jérôme David aux travaux publics ; le marquis de la Tour-d'Auvergne aux affaires étrangères ; Jules Brame à l'instruction publique ; Busson-Billault a la présidence du conseil d'État. Le ministère des beaux-arts est supprimé. Ce cabinet, très-peu populaire par le choix de quelques-uns de ses membres, ne laissa pas de déployer une certaine activité et de prendre quelques mesures utiles et énergiques. Voici le résumé des dispositions dues à son initiative ou déjà élaborées par le ministère précédent, et adoptées par les chambres pour faire face à la crise terrible qui commençait :

Décret appelant dans la garde nationale tous les citoyens valides de 30 à 40 ans qui ne font pas actuellement partie de la garde nationale sédentaire.

Mise en état de siége des départements de la Côte-d'Or, de Saône-et-Loire, de l'Ain et du Rhône.

Prorogation renouvelable du délai dans lequel doivent être faits les protêts des valeurs négociables souscrites antérieurement à la promulgation de la loi.

Cours forcé des billets de la Banque de France.

Appel sous les drapeaux des citoyens non mariés ou veufs sans enfants de 25 à 35 ans, ayant satisfait à la loi du recrutement et ne faisant pas partie de la garde mobile.

Un crédit de 25 millions est ouvert pour être employé en pensions et indemnités aux familles des hommes sous les drapeaux.

Les engagements volontaires sont admis pour la durée de la guerre.

Appel de tout le contingent valide de la classe de 1870.

Expulsion des résidents allemands.

Formation de régiments de marche.

Une proposition de Jules Favre ayant pour but la nomination d'un comité de défense nationale, et celle de M. de Kératry demandant la mise en accusation du maréchal Le Bœuf, sont rejetées par le Corps législatif aux séances des 9 et 12 août.

Les lenteurs apportées à l'armement de la population de Paris déterminèrent quelques manifestations sans gravité. C'est seulement à la Villette qu'il y eut du sang versé. Dans l'après-midi du dimanche 14 août, vers quatre heures, une soixantaine d'individus attaqua le poste de la caserne des pompiers du boulevard de la Villette. Un agent fut tué, plusieurs autres blessés ainsi que deux pompiers et plusieurs curieux inoffensifs. Les émeutiers furent immédiatement arrêtés. L'indignation la plus vive accueillit dans Paris la nouvelle de cet odieux attentat commis dans des circonstances qui en augmentaient la gravité[1].

Pendant que ces faits s'accomplissaient à Paris, voici les changements qui se produisaient dans l'organisation de nos forces militaires :

Le général Changarnier, dont les services avaient été refusés au début de la guerre, s'offre de nouveau et est agréé. Il est accueilli à Metz par l'empereur, et dès ce moment prend une part active aux conseils de guerre et à la défense de Metz. Le général Coffinières de Nordeck est nommé gouverneur de cette ville. Les trois corps d'armée échelonnés de Thionville à Metz sont réunis sous le commandement du maréchal Bazaine, nommé général en chef de l'armée du Rhin. Le général Decaen le remplace au commandement

---

1. Parmi les accusés poursuivis et condamnés pour cette tentative criminelle figurait le nommé Eudes. Ce haut fait devait le mettre en évidence et le désigner, quelques mois plus tard, aux plus hautes fonctions militaires.

du troisième corps. Le major-général Le Bœuf donne sa démission.

Mac-Mahon reformait avec les mobiles de Canrobert, les débris de sa retraite de Reichshoffen, les régiments de marche nouvellement créés et le septième corps resté jusque-là à Belfort sous le commandement du général Douay, une seconde armée d'un effectif assez élevé.

La formation des corps de francs-tireurs, vue jusque-là avec assez peu de faveur par l'autorité militaire, commençait cependant à se développer, et de nombreuses guérillas formées d'éléments plus ou moins bons et très-diversement équipées s'apprêtaient à entrer en campagne. On comptait beaucoup sur elles pour éclairer l'armée régulière, inquiéter l'ennemi et s'opposer aux exactions et aux pillages des uhlans, dont l'audace devenait légendaire.

[**11 août 1870.**] — En mettant le pied sur le territoire français, le 11 août, à Saarbrück, le roi Guillaume publia la proclamation que voici, adressée au peuple français.

Nous Guillaume, roi de Prusse, faisons savoir ce qui suit aux habitants du territoire français occupé par les armées françaises :

L'empereur Napoléon III ayant attaqué par terre et par mer la nation allemande, qui désirait et *désire encore vivre en paix* avec le peuple français, j'ai pris le commandement des armées allemandes pour repousser cette agression, et j'ai été amené par les événements militaires à dépasser les frontières de la France.

Je fais la guerre aux soldats et non aux citoyens français. Ceux-ci continueront par conséquent à jouir de toute sécurité, pour leurs personnes et pour leurs biens, aussi longtemps qu'ils ne me priveront pas eux-mêmes, par des entreprises hostiles contre les troupes allemandes, du droit de leur accorder ma protection.

La suite des événements montrera ce qu'il y avait de vrai dans cette déclaration, et ce que les populations civiles devaient supporter sans révolte pour conserver la protection du roi Guillaume.

Les armées allemandes, qui d'ailleurs avaient éprouvé des pertes très-appréciables dans les deux grandes luttes de Forbach et de Reichshoffen, s'avançaient en réquisitionnant sur leur route, et investissaient successivement Bitche, Phalsbourg, Strasbourg et Toul.

La première de ces places avait vu la garnison de sa forteresse renforcée par des troupes échappées au désastre de Reichshoffen; elle était largement approvisionnée. Phalsbourg, qui avait pour gouverneur le commandant Taillant, fut, tant qu'elle résista, un sérieux obstacle à la facilité et à la rapidité des communications des armées allemandes. Nous aurons à revenir sur les incidents des siéges prolongés que subirent Strasbourg et Toul. Disons seulement que Strasbourg n'avait pas plus de 10,000 hommes de garnison et 7,000 gardes nationaux, mais que la ville était commandée par le brave général Uhrich. Avant l'investissement et dès les premiers jours de la guerre, les Badois avaient fait sauter l'arche et les piles du magnifique pont de Kehl sur la rive badoise.

[**12 août 1870.**] — Nancy était occupé le 12 par les Prussiens; la nouvelle en était parvenue à Paris le 13 et avait été officiellement démentie par le gouvernement.

Ce manque de bonne foi ou d'information fut, à la

séance du Corps législatif du 14, l'objet d'une interpellation de M. Gambetta.

Avant l'entrée des Prussiens, une affiche apposée
sur les murs de Nancy et signée de M. Podevin, préfet
de la Meurthe, contenait ce mot malheureux qui lui
fut cruellement reproché : « *L'ennemi se conduit bien.* »

Le conseil municipal fut unanime à protester
contre le jugement sévère porté contre le préfet, et
loua sa conduite ferme, quoique prudente, en présence
de l'invasion d'une ville ouverte abandonnée sans
aucune force régulière aux violences de l'ennemi.

Ce même jour, 12 août, le blocus des ports de la
mer du Nord et de la Baltique, par l'escadre de l'amiral Fourrichon, était notifié aux puissances.

Le général de division Trochu était nommé général
commandant en chef du 12e corps d'armée en voie
de formation à Châlons-sur-Marne, et le général Vinoy
commandant en chef du 13e corps d'armée en formation à Paris.

III

L'ARMÉE DU RHIN

[11 août 1870.] — A la séance du Corps législatif
du 13 août, M. Guyot-Montpayroux demandait au
gouvernement si le maréchal Le Bœuf était encore,
oui ou non, major général, ou si le maréchal Bazaine
dirigeait l'armée, et le ministre de la guerre donnait
l'assurance que Bazaine commandait en chef l'armée
du Rhin. En dépit de cette assertion, les dépêches
officielles ou les correspondances publiées ultérieu-

rement montrent que l'empereur en plus d'une occasion devait encore prendre part à la direction des armées.

[**13 août 1870.**] — Des éclaireurs ennemis s'étant portés à la gare de Frouard sont repoussés, leur officier est fait prisonnier.

Un autre engagement a lieu à Pont-à-Mousson, d'où l'ennemi est délogé par la brigade de cavalerie Margueritte.

[**14 août 1870.**] — Une dépêche du préfet de la Moselle au ministre de l'intérieur, datée de Metz 14 août, était ainsi conçue :

L'empereur est parti aujourd'hui à deux heures, avec le prince impérial, se dirigeant sur Verdun ; avant de quitter Metz, Sa Majesté a adressé la proclamation suivante :

« En vous quittant pour aller combattre l'invasion, je confie à votre patriotisme la défense de cette grande cité. Vous ne permettrez pas que l'étranger s'empare de ce boulevard de la France, et vous rivaliserez de dévouement et de courage avec l'armée.

« Je conserverai le souvenir reconnaissant de l'accueil que j'ai trouvé dans vos murs, et j'espère que dans des temps plus heureux je pourrai venir vous remercier de votre noble conduite. »

Du quartier impérial de Metz, le 14 août 1870.

Le même jour l'empereur envoyait à l'impératrice cette dépêche assez obscure :

L'armée a commencé à passer sur la rive gauche de la Moselle. Ce matin, nos reconnaissances n'avaient signalé la présence d'aucun corps ; mais lorsque la moitié de l'armée a eu passé, les Prussiens ont attaqué en grandes forces. Après une lutte de quatre heures, ils ont été repoussés avec de grandes pertes.

En prenant le commandement de l'armée, Bazaine avait reçu comme instruction du grand conseil de guerre, tenu le 10 août à Panges, la recommandation de faire passer l'armée sur la rive gauche de la Moselle et de la diriger sur Verdun. On coupait ainsi la route de Paris aux armées allemandes, et l'on trouvait dans cette forteresse des approvisionnements considérables. Ce mouvement ne s'exécuta que le 14. Les troupes passaient la Moselle sur deux ponts de bois, lorsque les Prussiens remarquant un mouvement dans nos lignes tentèrent une reconnaissance. Vers quatre heures, l'armée de Steinmetz attaqua en force l'arrière-garde du corps de Ladmirault à Borny. L'artillerie du 4e corps, et notamment les mitrailleuses, ouvrit un feu nourri sur une colonne d'infanterie prussienne qui, débouchant de la route de Bouzonville, attaquait vivement la brigade de Bellecourt. L'artillerie prussienne se mit en ligne sur la route, et vers sept heures l'ennemi occupait la position importante du bois de Mey. Le bois fut trois fois pris et repris. Pendant ce temps, le général Pradier, à la droite, et le général Courtot de Cissey, à la gauche, dégageaient nos ailes menacées. A la nuit, les Prussiens repoussés de toutes parts se retirèrent sous le feu du fort de Queuleu, dont les projectiles les poursuivirent longtemps. Les troupes françaises, cette fois victorieuses, couchèrent sur le champ de bataille, et le lendemain effectuèrent sans obstacles le passage de la Moselle. La continuation de notre retraite servit au roi de Prusse de prétexte pour s'attribuer la victoire, et, le 15, il télégraphiait à la reine Augusta : « Combat victorieux à Borny, sous Metz ; les Français sont refoulés derrière Metz. Je me rends sur le champ de bataille. »

Les communications étant dès ce moment difficiles, on ne recevait guère à Paris que les nouvelles assez vagues envoyées par les préfets des départements voisins du théâtre de l'action, et l'on était réduit à des conjectures. Cette incertitude tenait la foule dans une agitation qui inquiétait le gouvernement. Pour se rassurer, il appela à Paris cent mille pompiers des départements, qui furent logés dans les édifices publics. Au bout de quelques jours, on reconnut l'inutilité de leur présence et on les renvoya dans leurs foyers.

Le ministre de la guerre avait annoncé qu'un engagement sérieux avait lieu.

[16 août 1870.] — Nous reproduisons les dépêches qui furent publiées sur cet engagement qui la veille, 15 août, avait été précédé d'une légère attaque de l'artillerie ennemie.

Les batteries prussiennes avaient commencé à bombarder la maison où logeait l'empereur. Le fort Saint-Quentin les força à se retirer. L'empereur se transporta en hâte à Gravelotte. Après y avoir passé la nuit, il se dirigea par Conflans et Étain jusqu'à Verdun, où il se trouva enfin en sûreté; car l'avant-garde de l'armée de Steinmetz avait suivi à distance la même route que lui jusqu'à Étain, et, pour assurer sa personne, il avait fallu distraire des forces assez importantes, qui auraient été utilement employées dans la bataille sanglante qui devait se livrer peu d'heures après à Gravelotte. Ajoutons que l'empereur et son fils firent le trajet de Verdun à Châlons dans un fourgon à bagages. Le reste du jour s'était passé sans autre incident qu'une reconnaissance poussée par une partie de la division Legrand vers Mars-la-Tour.

Verdun, le 17 août, 8 h. 5 m. du s.

Le maréchal commandant en chef au ministre de l'intérieur.

Quartier général, 16 août.

Ce matin, vers neuf heures, les corps d'armée commandés par le prince Frédéric-Charles ont dirigé une attaque très-vive sur la droite de notre position. La division de cavalerie du général Forton et le 2e corps d'armée, commandé par le général Frossard, ont fait bonne contenance. Les corps échelonnés à droite et à gauche de Rezonville sont venus successivement prendre part à l'action, qui a duré jusqu'à la nuit tombante.

L'ennemi avait déployé des forces considérables, et a essayé à plusieurs reprises des retours offensifs qui ont été vigoureusement repoussés; à la fin de la journée, un nouveau corps d'armée a cherché à déborder notre gauche. Nous avons partout maintenu nos positions et infligé à l'ennemi des pertes considérables. Les nôtres sont sérieuses.

Le général Bataille a été blessé. Au plus fort de l'action, un régiment de uhlans a chargé l'état-major du maréchal. Vingt hommes de l'escorte ont été mis hors de combat. Le capitaine qui la commandait a été tué.

A huit heures du soir, l'ennemi était refoulé sur toute la ligne.

On estime à 120,000 hommes le chiffre des troupes engagées.

Dépêche du maréchal Bazaine.

17 août, 4 heures soir.

Hier, pendant toute la journée, j'ai livré bataille à l'armée prussienne entre Doncourt et Vionville.

L'ennemi a été repoussé et nous avons passé la nuit sur les positions conquises. J'arrête quelques heures mon mouvement pour mettre mes munitions au grand complet.

Nous avons eu devant nous le prince Frédéric-Charles et le général Steinmetz.

3

La journée débuta encore une fois par une surprise et par certains conflits de commandement. La division Bataille, fortement engagée, se trouva un moment sans artillerie. Le général Bataille eut deux chevaux tués sous lui avant de recevoir la balle qui le blessa au ventre. Malgré cette blessure, il ne quitta le champ de bataille que lorsqu'il fut assuré que sa division avait évité d'être tournée et qu'elle avait refoulé l'ennemi. Notre aile gauche, un moment compromise, ne tarda pas à faire reculer les Prussiens, et le corps de Canrobert soutint admirablement le feu d'une artillerie formidable.

Vers le soir, l'ennemi se mettait en pleine retraite, en répondant par des obus aux volées de mitrailleuses qui accompagnaient sa marche. Cette fois encore, dans cette bataille que l'on appelle souvent bataille de Vionville, nous avions eu un avantage réel, bien que chèrement acheté, et nous occupions d'excellentes positions sur les collines entre Saint-Privat, Amanvilliers et Rozerieulles.

[**17 août 1870**.] — Le ministre de la guerre, très-réservé sur les nouvelles de l'armée, apprend seulement au Corps législatif que l'empereur est à Châlons. Ce même jour, l'empereur, assez mal instruit de ce qui se passait, demandait par télégramme au maire d'Étain : « Avez-vous des nouvelles de l'armée[1]? » Il n'y eut à l'armée du Rhin qu'un engagement sans importance entre trois batteries ennemies et le fort de Queuleu, et quelques affaires d'avant-poste.

[**18 août 1870**.] — Nous reproduisons un passage

---

1. Voir *Papiers et Correspondance de la famille impériale*, t. 1er, p. 421.

du compte rendu de la séance du Corps législatif du
18 août. Le ministre de la guerre y cherche à rassurer
le public en expliquant une mesure qui l'inquiétait,
et, exagérant quelque peu l'importance de nos succès,
il avance des faits que rien n'est venu confirmer.

M. le Ministre. — Il ne faudrait pas considérer comme
un fait grave la nomination du général Trochu au commandement supérieur de Paris.

Il était nécessaire, en prévision d'éventualités qui pourraient se produire, bien que nous n'ayons aucunement à les
craindre en ce moment, de concentrer dans une main énergique les forces destinées à la défense de la capitale.

Depuis peu de jours au pouvoir, c'est une des premières
choses qui s'est présentée à nous. Aussi ai-je rappelé le général Trochu du commandement d'un corps d'armée à l'organisation de la défense de la capitale. Voilà la raison de ce
choix; il n'y en a pas d'autre. (Très-bien! très-bien!)

Maintenant, au sujet de nos opérations militaires, je dois
vous dire que le corps du général Steinmetz, qui occupe le
centre de l'armée prussienne, a subi des pertes telles, qu'il
a été obligé de demander un armistice pour enterrer ses
morts. Tout cela, c'était pour gagner du temps. (Mouvement
d'adhésion.)

La division prussienne qui s'était avancée jusqu'à Saint-
Mihiel n'a pu continuer sa marche.

Je puis vous donner encore comme certain que le corps
entier des lanciers de M. de Bismark a été anéanti. Anéanti
est le mot, il n'en reste pas un.

La meilleure preuve de l'insuccès de l'armée prussienne,
c'est une dépêche de Bruxelles qui annonce simplement le
combat. S'il y avait eu le moindre succès, la dépêche n'eût
pas manqué de signaler une victoire.

Une troupe de dragons prussiens s'est avancée dans un
village des environs de Schelestadt. Les paysans se sont armés; ils ont tué dix dragons et ramené des prisonniers.
(Bravo! bravo!)

La nomination du général Trochu, connu par l'indépendance de son caractère et par la brochure très-remarquée qu'il avait publiée sur l'organisation de notre armée, était généralement bien accueillie par le public[1]. Quelques personnes, cependant, craignant qu'il ne cherchât à effectuer des réformes imprudentes, l'avaient à ce moment qualifié du titre d'*Ollivier militaire*.

Nous reproduisons la première des nombreuses proclamations qu'il devait adresser à la population de Paris :

Habitants de Paris,

Dans le péril où est le pays, je suis nommé gouverneur de Paris et commandant en chef des forces chargées de défendre la capitale en état de siége. Paris se saisit du rôle qui lui appartient, et il veut être le centre des grands efforts, des grands sacrifices et des grands exemples. Je viens m'y associer de tout mon cœur; ce sera l'honneur de ma vie et l'éclatant couronnement d'une carrière restée jusqu'à ce jour inconnue de la plupart d'entre vous.

J'ai .oi la plus entière dans le succès de notre glorieuse entreprise, mais à une condition dont le caractère est impérieux, absolu, et sans laquelle nos communs efforts seraient frappés d'impuissance : je veux parler du bon ordre, et j'entends par là non-seulement le calme de la rue, mais le calme de vos foyers, le calme de vos esprits, la déférence pour les ordres de l'autorité responsable, la résignation devant les épreuves inséparables de la situation, et enfin la sérénité grave et recueillie d'une grande nation militaire qui prend en main avec une ferme résolution, dans les circonstances actuelles, la conduite de ses destinées.

---

1. *L'Armée française en 1867.* 1 vol. in-8°. Paris, Amyot.

Et je ne m'en référerai pas, pour assurer à la situation cet équilibre si désirable, aux pouvoirs que je tiens de l'état de siége et de la loi. Je le demanderai à votre patriotisme, je l'obtiendrai de votre confiance, en montrant moi-même à la population de Paris une confiance sans limites. Je fais appel à tous les hommes de tous les partis, n'appartenant moi-même, on le sait dans l'armée, à aucun autre parti que celui du pays. Je fais appel à leur dévouement. Je leur demande de contenir par l'autorité morale les ardents qui ne sauraient se contenir eux-mêmes et de faire justice par leurs propres mains de ces hommes qui ne sont d'aucun parti, et qui n'aperçoivent dans les malheurs publics que l'occasion de satisfaire des appétits détestables.

Et pour accomplir mon œuvre, après laquelle, je l'affirme, je rentrerai dans l'obscurité d'où je sors, j'adopte l'une des vieilles devises de la province de Bretagne où je suis né :

Avec l'aide de Dieu, pour la Patrie !

Général TROCHU.

Sous Metz, l'action imminente ne se prononça que dans l'après-midi du 18. L'armée prussienne avait d'ailleurs bien employé l'intervalle qui sépara la bataille de Gravelotte de celle de Saint-Privat, qui devait se livrer ce jour-là ; sur toutes les hauteurs opposées aux positions françaises, elle avait construit des retranchements, établi des batteries, pratiqué des épaulements, qui devaient doubler ses forces.

Avant de rendre compte du sanglant engagement de ce jour, faisons avant tout justice de la ridicule légende des trop fameuses carrières de Jaumont. La première trace de ce prétendu anéantissement de régiments et de divisions entières se trouve dans la communication faite par le général Palikao à la séance du Corps législatif du 20 août :

S. Exc. M. le comte de Palikao, ministre de la guerre.
— Messieurs les députés, les Prussiens ont mis en circulation certains bruits qui tendraient à faire croire qu'ils ont
obtenu un très-grand avantage le 18 août : c'est leur prétention ; je viens ici rétablir les faits. (Mouvement. — Très-
bien ! très-bien !)

Sans entrer dans des détails que je ne peux donner ici,
vous le comprendrez, messieurs (Oui ! oui !), je me bornerai
à dire que j'ai communiqué à quelques-uns de vos collègues
les dépêches que j'ai reçues et qui constatent que, le 18, trois
corps de l'armée prussienne se sont réunis contre le corps
d'armée du maréchal Bazaine, et que, au lieu d'avoir eu un
succès, comme ils voudraient le faire croire, différents renseignements qui paraissent dignes de foi m'annoncent qu'ils
ont été rejetés dans les carrières de Jaumont.

Je ne vous parle pas de quelques petits avantages que nous
avons obtenus du côté de Bar-le-Duc dans des rencontres
avec des éclaireurs ; pour moi, cela n'a pas d'importance.

J'ajouterai une chose, c'est que nous nous occupons sans
relâche du travail de la défense de Paris. J'ai nommé un
comité de défense, qui est présidé, comme j'ai eu déjà l'honneur de vous le dire, par M. le général Trochu. Tous les
travaux marchent avec activité, et je puis vous certifier que
tout va être, avant peu, dans le meilleur état. (Très-bien !
très-bien ! — Marques générales d'approbation.)

Il se trouva dans les journaux de soi-disant témoins
oculaires pour décrire les horreurs des abîmes de
Jaumont. Voici ce que les rapports les plus dignes de
foi nous permettent de considérer comme absolument
conforme à la vérité.

Des hauteurs de Vernéville, l'artillerie prussienne
commença, un peu après-midi, à foudroyer les lignes
françaises en avant d'Amanvillers. Notre infanterie
soutint admirablement ce choc, et un régiment d'infanterie chargeant une batterie saxonne parvint, mal-

gré la cavalerie qui vint la défendre, à emmener deux pièces de canon.

Le fort de Saint-Quentin se trouvait à portée pour aider à l'effort de nos troupes. Tout marchait à souhait jusqu'à quatre heures et nous avions un avantage incontestable; mais, à ce moment, l'artillerie du 6ᵉ corps (Canrobert) déclara qu'elle manquait de munitions. Une panique se déclara alors dans les réserves de ce corps; les voitures s'enfuirent au galop et dans la plus horrible confusion sur la route de Metz. Quelques fuyards tombèrent dans les carrières d'Amanvillers, qui servirent au 6ᵉ corps à se reformer. Ce fut là, à notre connaissance, le seul rôle des carrières dans cette journée. Pas un Prussien n'y fut précipité. La lutte dura plus d'une heure encore. Il fallut enfin se replier devant l'artillerie ennemie. Sept escadrons de cavalerie, commandés par le général du Barrail, protégèrent la retraite, avec l'aide de deux batteries d'artillerie de réserve que l'on fit avancer. Le centre et la droite, moins éprouvés, gardèrent leurs positions et ne rentrèrent sous Metz que le lendemain.

[**19 août 1870.**] — Immédiatement après notre retraite, les armées allemandes se mettaient en devoir de couper toutes les communications de Metz et du camp retranché où s'était renfermée l'armée avec le dehors, et surtout avec les forces considérables que Mac-Mahon avait groupées à Châlons et qu'il allait bientôt mettre en jeu.

La province est, après Paris, le théâtre de quelques scènes de désordre. A Limoges, une partie de la population, désireuse d'être armée, s'agite et pille une boutique d'armurier. A Hautefaye, dans la Dordogne, un déplorable malentendu cause la mort de M. de Moneys brûlé vif par une populace furieuse[1].

[**20 août 1870**.] — Une dépêche du camp de Châlons, datée du 30 août à 6 heures du soir, annonce que l'empereur a visité la veille, à cheval, plusieurs corps d'armée. Partout les troupes l'ont entouré en lui demandant de marcher en avant.

[**21 août 1870**.] — Le camp de Châlons était levé, et le maréchal Mac-Mahon établissait son quartier général à Reims. De là il pouvait observer la marche de l'armée du prince royal qui, après être descendue vers Neufchâteau et Chaumont, semblait hésiter à marcher sur Paris ou à venir l'attaquer dans les plaines de la Champagne. Mais il n'était déjà plus maître de ses actions. L'empereur, qui, d'après les déclarations solennelles faites au Corps législatif, n'avait plus d'influence sur les opérations militaires, avait cependant préparé avec M. Rouher un décret nommant Mac-Mahon général en chef de l'armée de Châlons et de toutes celles qui sont ou seront réunies sous les murs de Paris ou dans la capitale[2]. Une lettre à Mac-Mahon et une proclamation qui devaient être publiées en même temps que le décret annonçaient l'intention de ramener toutes les forces vers Paris en laissant Ba-

---

1. M. de Moneys, adjoint de la commune, entendant des conscrits dire sur son passage que les riches ne partaient pas pour l'armée, crut devoir protester, et jugea sévèrement la conduite et les propos haineux des paysans; ses observations ayant été mal comprises, ils se jetèrent sur lui, l'accablèrent de mauvais traitements, et, alors qu'il respirait encore, ils le couvrirent de fagots auxquels ils mirent le feu.

2. Voir *Papiers et Correspondance de la famille impériale*, p. 59-61.

zaine se défendre seul dans le camp retranché de Metz ou, s'il le pouvait, percer les lignes ennemies.

Ce projet, d'ailleurs fort sensé, était conforme aux idées du maréchal, et avait probablement été arrêté d'accord avec lui; mais le gouvernement de la régence, songeant aux difficultés qui résulteraient de ce retour de l'empereur et au mauvais effet qu'il produirait à Paris, lui avait adressé la dépêche suivante :

Guerre à S. M. l'Empereur. — Camp Châlons.

Paris, 17 août 1870, 10 h. 27 m. soir.

L'impératrice me communique la lettre par laquelle l'empereur annonce qu'il veut ramener l'armée de Châlons sur Paris. Je supplie l'empereur de renoncer à cette idée qui paraîtrait l'abandon de l'armée de Metz, qui ne peut faire en ce moment sa jonction à Verdun. L'armée de Châlons sera avant trois jours de 85,000 hommes, sans compter le corps de Douay qui rejoindra dans trois jours, et qui est de 18,000 hommes. Ne peut-on pas faire une puissante diversion sur les corps prussiens, déjà épuisés par plusieurs combats? L'impératrice partage mon opinion[1].

Obligé de céder, Mac-Mahon écrivait au ministre de la guerre, le 19 août : « Veuillez dire au conseil des

---

1. Une dépêche de l'impératrice à l'empereur, dépêche dont des fragments retrouvés ont été restitués comme il suit, a été publiée dans les *Papiers et Correspondance de la famille impériale*, t. 1er, p. 64 :

« Je reçois une dépêche de Piétri. Avez-vous réfléchi à toutes les conséquences qu'amènerait votre rentrée à Paris sous le coup de deux revers? Pour moi, je n'ose prendre la responsabilité d'un conseil. Si vous vous y décidez, il faudrait au moins que la mesure fût présentée au pays comme provisoire : l'empereur revenant à Paris réorganiser la 2e armée et confiant provisoirement le commandement en chef de l'armée du Rhin à Bazaine.

3.

ministres qu'il peut compter sur moi et que je ferai tout pour rejoindre Bazaine. » — Et au maréchal Bazaine à Metz (19 août, 3 h. 35 du soir) : « Si, comme je le crois, vous êtes forcé de battre en retraite très-prochainement, je ne sais, à la distance où je me trouve, comment vous venir en aide sans découvrir Paris? Si vous en jugez autrement, faites-le-moi connaître[1]. »

Il annonçait enfin son départ pour Reims par une dépêche du camp de Châlons au ministre de la guerre, 20 août 1870, 4 h. 45 du soir :

Je partirai demain pour Reims. Si Bazaine perce par le nord, je serai plus à même de lui venir en aide; s'il perce par le sud, ce sera à une telle distance que je ne pourrais dans aucun cas lui être utile. Je laisse ici une division de cavalerie pour permettre d'enlever tout ce qui est possible. Donnez des ordres pour que la ligne de communication soit établie par Soissons ou par Épernay.

Les approvisionnements qui ne purent être emportés de Châlons furent brûlés. On reproche au général de Failly d'avoir commis un oubli incroyable en laissant derrière lui l'artillerie de son corps d'armée[2]. C'est à cette négligence qu'on attribue sa destitution. Il est remplacé par le général de Wimpffen; mais celui-ci ne devait pas prendre le commandement avant quelques jours.

[**22 août 1870**.] — Le maréchal Bazaine informait

---

1. *Papiers et Correspondance de la famille impériale*, t. Ier, p. 427.

2. Une lettre du général, datée de Stuttgart et reproduite par plusieurs journaux (avril 1871), annonce qu'il prépare un mémoire justificatif sur les opérations du 5e corps, mémoire destiné, dit-il, à réduire à néant les calomnies dirigées contre lui dès le commencement de la guerre.

le ministre de la guerre, par voie de Mézières, qu'il était sous Metz, se ravitaillant en vivres et en munitions ; que l'ennemi, grossissant toujours, paraissait commencer à l'investir. En même temps il répondait à la dépêche qu'il avait reçue de Mac-Mahon, qu'il comptait toujours opérer son mouvement de retraite par Montmédy, et Mac-Mahon prenait ses dispositions pour se porter sur l'Aisne.

[**23 août 1870**.] — La souscription à l'emprunt national de 750 millions, ouverte par arrêté du 19 août, est couverte avec un grand empressement. Cette preuve de confiance dans l'avenir est regardée comme d'un heureux augure.

[**24 août 1870**.] — Le maréchal Mac-Mahon, parti de Reims pour Montmédy, se trouve obligé dès son arrivée à Betheniville de remonter vers Réthel pour approvisionner son armée qui manque de vivres. Le départ de Reims avait été signalé par des actes de pillage commis par les traînards et les déserteurs qui suivaient l'armée. Ces désordres furent réprimés et punis. La ville de Verdun attaquée par des forces prussiennes considérables sous le commandement du prince de Saxe, et bombardée pendant trois heures, parvient à repousser l'ennemi sur toute la ligne. La garde nationale sédentaire prend une part active à cette défense. La dépêche du sous-préfet, qui en communique la nouvelle, accuse les Allemands d'avoir tiré sur l'ambulance de l'Évêché qui a reçu dix-sept projectiles.

[**25 août 1870**.] — L'armée du prince de Prusse parvenue à Vitry-le-François, et celle du prince de Saxe qui, n'étant pas nécessaire pour maintenir Bazaine sous Metz, s'était avancée jusqu'à Clermont en Argonne, apprennent à ce moment le départ de Mac-Mahon. A cette nouvelle, elles renoncent à leur mouvement sur Châlons où elles devaient opérer leur jonction et attaquer ensemble le maréchal.

[**27 août 1871.**] — Celui-ci, arrivé le 27 août au Chesne-Populeux, y constate pour la première fois le voisinage de l'ennemi. A ce moment encore il essayait de lutter contre les instructions qui lui étaient imposées et il télégraphiait au ministre de la guerre :

Le Chesne, 27 août 1870, 8 h. 30 soir.

Les 1re et 2e armées, plus 200,000 hommes, bloquent Metz, principalement sur la rive gauche ; une force évaluée 50,000 hommes serait établie sur la rive droite de la Meuse pour gêner ma marche sur Metz. Des renseignements annoncent que l'armée du prince royal de Prusse se dirige aujourd'hui sur les Ardennes avec 50,000 hommes ; elle serait déjà à Ardeuil. Je suis au Chesne avec un peu plus de 100,000 hommes. Depuis le 9, je n'ai aucune nouvelle de Bazaine ; si je me porte à sa rencontre, je serai attaqué de front par une partie des 1re et 2e armées, qui, à la faveur des bois peuvent dérober une force supérieure à la mienne ; en même temps, attaqué par l'armée du prince royal de Prusse me coupant toute ligne de retraite. Je me rapproche demain de Mézières, d'où je continuerai ma retraite, selon les événements, vers l'Ouest.

Le ministre lui répondait immédiatement, au nom du conseil des ministres et du conseil privé, d'avoir à se porter au secours de Bazaine, en profitant des trente heures d'avance qu'il avait sur le prince royal de russe, et annonçait que Vinoy se portait sur Reims.

En même temps, une dépêche plus explicite exposait à l'empereur la nécessité de se tenir au plan arrêté.

Paris, 27 août 1870, 11 h. soir.

Si vous abandonnez Bazaine, la révolution est dans Paris, et vous serez attaqué vous-même par toutes les forces de l'ennemi. Contre le dehors Paris se gardera. Les fortifications sont terminées. Il me paraît urgent que vous puissiez parvenir rapidement jusqu'à Bazaine. Ce n'est pas le prince royal de Prusse qui est à Châlons, mais un des princes frères du roi de Prusse, avec une avant-garde et des forces considérables de cavalerie. Je vous ai télégraphié ce matin deux renseignements qui indiquent que le prince royal de Prusse, sentant le danger auquel votre marche tournante expose et son armée et l'armée qui bloque Bazaine, aurait changé de direction et marcherait vers le Nord. Vous avez au moins trente-six heures d'avance sur lui, peut-être quarante-huit heures. Vous n'aurez devant vous qu'une partie des forces qui bloquent Metz, et qui, vous voyant vous retirer de Châlons à Reims, s'étaient étendues vers l'Argonne. Votre mouvement sur Reims les avait trompées. Comme le prince royal de Prusse, ici, tout le monde a senti la nécessité de dégager Bazaine, et l'anxiété avec laquelle on vous suit est extrême.

Obligé de poursuivre son mouvement vers le Nord-Est, le maréchal établit le 28 son quartier général à Stonne; mais, apprenant que l'ennemi occupait Stenay sur la Meuse, il laissa sur la rive gauche, à Beaumont, les 5e et 7e corps, et, passant cette rivière à Mouzon, il marcha avec le 1er et le 12e sur Carignan.

[**29 août 1870.**] — Le 29 août, l'avant-garde du 5e corps, à la tête duquel était toujours de Failly, est repoussée par les troupes saxonnes.

[**30 août 1870.**] — Dans la matinée, les deux corps restés sur la rive gauche se mettent en marche pour rejoindre les deux autres, mais à peine ce mouvement est-il commencé que l'ennemi vient attaquer leur arrière-garde. Le général Douay passe assez heureusement la Meuse à Remilly, bien que harcelé par les Bavarois ; mais le général de Failly est surpris à Beaumont. Attaqué vigoureusement par le prince royal de Saxe, il se retire devant lui en combattant jusqu'à Mouzon, où son passage s'effectue dans les circonstances les plus désastreuses. Il perd, dans cet engagement, 25 canons et 5,000 prisonniers. Le maréchal Mac-Mahon dut se rendre compte dès ce moment de la gravité de cet échec, et crut prudent de s'appuyer à une place forte. C'était un moyen désespéré ; car il est à peu près reconnu par les militaires les plus compétents qu'une armée, à moins d'avoir un camp retranché sous les murs d'une ville, ne peut y trouver ni un appui ni un abri : elle ne sert qu'à épuiser les vivres et les munitions de la place et à paralyser en partie le feu de l'artillerie sur la partie qu'elle occupe [1]. La place de Mézières, s'il avait pu l'atteindre, lui eût offert des ressources comme approvisionnements ; mais il crut devoir s'arrêter à Sedan où il se fit rejoindre par les corps de Ducrot et Lebrun. Pendant que ces faits s'accomplissaient sur la Meuse, l'armée du prince royal s'en rapprochait à marches forcées. Le 30 au soir elle occupait les villages de Saint-Aignan, Chemery et Vendresse et opérait sa jonction avec l'armée du prince de Saxe, dont une partie marchait vers Remilly et Mouzon, tandis que l'un de ses corps passait la Meuse à cette dernière localité à la suite du général de Failly. Le général de Wimpffen en route pour prendre son commandement adressait, à son passage à Mézières, la dépêche suivante au ministre de la guerre :

---

1. Voy. Van de Velde, *La Guerre de* 1870, in-8°. Bruxelles 1871.

Mézières, le 30 août 1870, 11 h. 5 m. matin.

Je viens d'arriver à Mézières; j'ai trouvé sur tout mon passage la population disposée à la résistance, mais les autorités civiles sont généralement peu disposées à la pousser à la défense. Le maire et le sous-préfet de Réthel seraient à changer. Il n'en est pas ainsi du maire de Signy-l'Abbaye, ce qui m'a été cause que dans la nuit j'ai reçu quatre coups de fusil qui ont blessé un cheval; malgré leur erreur, j'ai félicité les gens de la commune. Mézières a réellement besoin de troupes sérieuses, non-seulement pour garder les approvisionnements, mais encore pour garder toutes les lignes de chemin de fer en avant et en arrière. Je pars à midi et demi. Je vais aller jusqu'à Carignan, d'où j'espère, dès ce soir, rejoindre[1].

[**31 août 1870.**] — Les Bavarois occupent Remilly après un court engagement d'artillerie et établissent des ponts sur la Meuse à Bazeilles[2]. D'autres ponts

---

1. *Papiers et Correspondance de la famille impériale*, t. Ier, p. 461.

2. Voici, d'après un témoin digne de foi, M. le duc de Fitz-James, le récit d'une des cruautés inutiles qui ont signalé la marche des armées allemandes : Les habitants de Bazeilles, voyant l'ennemi arriver, revêtirent leurs uniformes de *gardes nationaux* et vinrent appuyer l'armée. Celle-ci fut repoussée et le village fut occupé. « Les Bavarois et les Prussiens, pour punir les habitants de s'être défendus, mirent le feu au village. La plupart des gardes nationaux étaient morts; la population s'était réfugiée dans les caves : femmes, enfants, tous furent brûlés. Sur *deux mille* habitants, *trois cents* restent à peine, qui racontent qu'ils ont vu des Bavarois repousser des familles entières dans les flammes et fusiller des femmes qui avaient voulu s'enfuir. J'ai vu, de mes yeux vu, les ruines fumantes de ce malheureux village ; il n'en reste pas une maison debout. Une odeur de chair humaine brûlée vous prenait à la gorge. J'ai vu les corps des habitants calcinés sur leur porte.

« La guerre a ses rigueurs, ajoute M. le duc de Fitz-James ; mais elle a ses règles aussi, basées sur les lois de l'honneur et de

sont établis au-dessous de Donchery et vers Dom-le-Mesnil. L'armée du prince de Saxe, déjà maîtresse de Mouzon, s'avance entre Douzy et Chiers. L'armée française, se préparant à accepter une bataille désespérée sans retraite possible, adossée qu'elle était à la frontière belge, se concentrait autour de Sedan. L'empereur avait voulu rester avec l'armée et lui adressa une dernière proclamation :

SOLDATS,

Les débuts de la guerre n'ayant pas été heureux, j'ai voulu, en faisant abstraction de toute préoccupation personnelle, donner le commandement des armées aux maréchaux que désignait plus particulièrement l'opinion publique.

Jusqu'ici le succès n'a pas couronné vos efforts; néanmoins, j'apprends que l'armée du maréchal Bazaine s'est refaite sous les murs de Metz, et celle du maréchal Mac-Mahon n'a été que légèrement entamée hier. Il n'y a donc pas lieu de vous décourager. Nous avons empêché l'ennemi de pénétrer jusqu'à la capitale, et la France entière se lève pour repousser ses envahisseurs.

Dans ces graves circonstances, l'impératrice me représentant dignement à Paris, j'ai préféré le rôle de soldat à celui de souverain. Rien ne me coûtera pour sauver notre patrie. Elle renferme encore, Dieu merci, des hommes de cœur, et, s'il y a des lâches, la loi militaire et le mépris public en feront justice.

Soldats, soyez dignes de votre ancienne réputation! Dieu n'abandonnera pas notre pays, pourvu que chacun fasse son devoir.

Fait au quartier impérial de Sedan, le 31 avril 1870.

l'humanité. Ces lois, Bavarois et Prussiens qui étiez à Bazeilles, vous les avez violées; vous avez flétri votre victoire. J'en appelle au monde, et à l'Histoire qui vous jugera. Vous vous êtes conduits comme des sauvages, et non comme des soldats. »

[**1er septembre 1870.**]—Les troupes de Mac-Mahon, réunies autour de Sedan, affectaient, dans leurs positions, la forme d'un triangle dont la base était appuyée à la Meuse et le sommet au village d'Illy. Deux ruisseaux encaissés, affluents de la Meuse, formaient, sur la droite et sur la gauche, du village d'Illy au fleuve, une sorte de tranchée profonde dominée par le plateau que nous occupions.

L'attaque commence dès le matin; nos avant-postes sont repoussés à l'est de la ville, et déjà quelques fuyards cherchent à passer sur le territoire belge. L'armée du prince de Saxe, qui avait pris position sur la rive droite du ruisseau à l'est de la ville, enlève tous les villages situés sur son cours, depuis la Meuse jusqu'à Givonne, mais elle ménage son mouvement pour donner à l'armée du prince royal de Prusse le temps de porter ses troupes au sud-ouest et au nord-ouest de la ville. Cette manœuvre se trouvait achevée vers 2 heures, lorsque ses colonnes arrivèrent au village d'Illy qu'elles enlevèrent. L'armée française était complétement enveloppée.

Le maréchal Mac-Mahon avait été mis hors de combat dès le matin par un éclat d'obus qui l'avait grièvement blessé, et le général de Wimpffen, arrivé à son poste la veille au soir seulement, avait dû le remplacer. Un retour offensif vers l'Est, ordonné par lui, n'avait pas eu plus de résultat que les charges de cavalerie tentées contre les corps prussiens disposés au Nord entre Floing et Illy.

Le plateau occupé par nos troupes, et qui domine la petite place de Sedan, est attaqué sur tous les points. A trois heures, il est tout entier au pouvoir des Allemands qui y établissent leur artillerie. Sous le feu écrasant qui l'assaille de tous côtés, notre armée, refoulée autour et dans la ville même de Sedan, est impuissante à continuer la lutte. La place, faiblement armée et commandée par les hauteurs, ne lui offre ni abri ni aide d'aucune sorte. Les masses en désordre qui sont encore au dehors de la ville, aussi bien que la foule confuse qui s'écrase dans les rues, sont foudroyées par les 400 pièces d'artillerie qui, du plateau abandonné par nous et de la rive gauche de la Meuse, font converger leur feu sur cet étroit espace. Les rues et les places encombrées sont balayées par la mitraille, et plusieurs incendies se déclarent dans les maisons et les édifices publics remplis de blessés.

L'empereur, séparé du général de Wimpffen et ne pouvant s'entendre avec lui sur l'opportunité de demander un armistice, fait arborer le drapeau blanc, et le roi de Prusse demande la reddition de la place. L'empereur, n'ayant plus le commandement de l'armée, en réfère au général de Wimpffen qui, pour échapper à la honte de conclure une capitulation dont il ne peut avoir la responsabilité, offre sa démission. Sa démission n'est pas acceptée, et l'Empereur, décidé à traiter, écrit au roi de Prusse :

> Monsieur mon frère,
> N'ayant pu mourir au milieu de mes troupes, il ne me reste qu'à mettre mon épée entre les mains de Votre Majesté.
>> Je suis de Votre Majesté,
>> Le bon frère,
>> NAPOLÉON.

A quoi le roi répond :

> Monsieur mon frère,
> En regrettant les circonstances dans lesquelles nous nous

rencontrons, j'accepte l'épée de Votre Majesté, et je la prie de bien vouloir nommer un de vos officiers, muni de vos pleins pouvoirs, pour traiter de la capitulation de l'armée qui s'est si bravement battue sous vos ordres. De mon côté, j'ai désigné le général De Moltke à cet effet.

Je suis de Votre Majesté,
Le bon frère,
GUILLAUME.

Devant Sedan, le 1er septembre 1870.

Malgré le général de Wimpffen qui donne au général Lebrun l'ordre formel de faire une trouée vers Carignan, le drapeau blanc est hissé sur la citadelle et n'est pas amené en dépit de ses protestations.

Dans une lettre justificative, le malheureux général, qui avait abandonné une brillante expédition au fond de l'Algérie pour venir assister à cet épouvantable désastre, dégage entièrement sa responsabilité, et établit les raisons qui l'ont porté à accepter enfin le rôle de négociateur dans cette capitulation.

Voici comment il rendait compte au ministre de la guerre de la fin de cette malheureuse journée et des négociations qui suivirent :

Je me plaçai avec mon état-major à la tête des troupes de tout corps massées autour de la ville, et je marchai sur les traces du 12ᵉ corps, en suivant la grande route de Givonne et escaladant les hauteurs qui dominent cette route à l'Est; mais, arrêté par une série de clôtures et de parcs plus encore que par la défense de l'ennemi, je dus prendre le chemin à droite, qui me conduisait à la porte Balan.

C'est à ce moment, quatre heures, qu'un officier m'apporta une lettre par laquelle l'empereur me prévenait que le drapeau blanc avait été hissé à la citadelle, m'invitait à cesser le feu et à me charger de négocier avec l'ennemi. Je refusai, à plusieurs reprises, d'obtempérer à cette injonction.

Malgré les pressantes instances de Sa Majesté, je n'en crus pas moins devoir tenter un suprême effort, et je rentrai en ville pour appeler à moi toutes les troupes qui s'y trouvaient accumulées; mais, soit fatigue provenant d'une lutte de douze heures sans prendre de nourriture, soit instructions mal comprises, soit ignorance des suites dangereuses que pourrait avoir leur agglomération dans une ville impropre à la défense, peu d'hommes répondirent à mon appel. C'est avec 2,000 soldats seulement, auxquels se joignirent quelques gardes mobiles et un certain nombre de courageux habitants de Sedan, que je chassai l'ennemi du village de Balan.

Ce fut le dernier effort de la lutte; l'effectif de ces troupes était trop peu considérable pour tenter la seule retraite qui fût possible, eu égard à la disposition des troupes ennemies.

A six heures, je rentrai le dernier dans la ville encombrée de caissons, de voitures, de chevaux, qui arrêtaient toute circulation. Les soldats, entassés dans les rues avec le matériel d'artillerie, étaient exposés aux plus grands périls en cas de bombardement.

J'apprenais de plus qu'il restait un seul jour de vivres dans les magasins de la place, les approvisionnements amenés de Mézières par le chemin de fer ayant été renvoyés à Mézières, au premier coup de canon.

Dans ces conditions, et sur un nouvel ordre de l'empereur, je me résignai à aller négocier près de M. le comte de Moltke les conditions d'une capitulation. Dès les premiers mots de notre entretien, je reconnus que le comte de Moltke avait malheureusement une connaissance très-exacte de notre situation et de notre complet dénûment en toute chose. Il me dit qu'il regrettait de ne pouvoir accorder à l'armée tous les avantages mérités par sa conduite valeureuse, mais que l'Allemagne était obligée de prendre des mesures exceptionnelles à l'égard d'un gouvernement n'offrant, disait-il, aucune chance de stabilité; qu'en raison des attaques répétées et du mauvais vouloir de la France à l'égard de son pays, il lui était indispensable de prendre des garanties matérielles. En conséquence, il se voyait contraint d'exiger que l'armée fût faite prisonnière.

Je ne crus pas devoir accepter de telles conditions. L'on me prévint que le lendemain matin la ville serait bombardée, et je me retirai avec la menace de voir le bombardement commencer à neuf heures si la convention n'était point arrêtée avec l'ennemi.

Le 2 septembre, au point du jour, les généraux de corps d'armée et de division se réunirent en conseil de guerre, et, après examen des ressources de la place, il fut décidé à l'unanimité que l'on ne pouvait éviter de traiter avec l'ennemi.

Le même jour, à neuf heures, je me rendis au quartier général du comte de Moltke, où j'obtins quelques adoucissements aux mesures proposées.

Je ne connais pas encore le chiffre exact de nos pertes, mais j'évalue de 15 à 20,000 hommes le nombre de morts et blessés pour les deux journées de Beaumont et de Sedan.

L'ennemi assure nous avoir fait 30,000 prisonniers dans ces deux mêmes journées. A la bataille livrée sur le plateau d'Illy, nous avions de 60 à 65,000 combattants. M. de Moltke lui-même a reconnu que nous avons lutté contre 220,000 hommes, et que la veille, à cinq heures du soir, un corps prussien d'un effectif supérieur à celui de notre armée était déjà placé sur notre ligne de retraite. Une lutte soutenue pendant quinze heures contre des forces très-supérieures me dispense de faire l'éloge de l'armée. Tout le monde a noblement fait son devoir.

Je regrette profondément de n'être arrivé à l'armée que le soir d'un insuccès, et de n'en avoir pris le commandement que le jour où une grande infériorité numérique et les conditions dans lesquelles étaient placées les troupes rendaient la défaite inévitable.

C'est le cœur brisé que j'ai apposé ma signature au bas d'un acte qui consacre un désastre pour la France, sacrifice que mes compagnons d'armes et d'infortune sont peut-être seuls susceptibles de bien comprendre.

J'avais fait connaître tout d'abord au général de Moltke que je ne séparais point mon sort de celui de l'armée. Je suis en route pour Aix-la-Chapelle, où je vais me constituer prisonnier, accompagné de mon état-major particulier et de l'état-major général du 5e corps, qui, pendant toute la bataille, en l'absence de l'état-major général du maréchal de Mac-Mahon, a rempli près de moi les fonctions d'état-major général de l'armée.

D'Aix-la-Chapelle, je comptais me rendre en Wurtemberg, à Stuttgart, ville qui m'a été désignée pour lieu de mon internement.

Le général commandant en chef,
DE WIMPFFEN.

Pays-sur-Veneurs (Belgique), 5 septembre 1870.

[2 septembre 1870.] — Voici la teneur de la capitulation signée par les deux généraux :

Entre les soussignés, le chef d'état-major du roi Guillaume, commandant en chef des armées d'Allemagne, et le général commandant l'armée française, tous deux munis des pleins pouvoirs de Leurs Majestés le roi Guillaume et l'empereur Napoléon, la convention suivante a été conclue :

Art. 1er. L'armée française, placée sous les ordres du général Wimpffen, se trouvant actuellement cernée par des troupes supérieures autour de Sedan, est prisonnière de guerre.

Art. 2. Vu la défense valeureuse de cette armée française, exemption pour tous les généraux et officiers, ainsi que pour les employés supérieurs ayant rang d'officiers, qui engagent leur parole d'honneur par écrit de ne pas porter les armes contre l'Allemagne et de n'agir d'aucune manière contre ses intérêts jusqu'à la fin de la guerre actuelle. Les officiers et employés qui acceptent ces conditions conserveront leurs armes et les effets qui leur appartiennent personnellement.

Art. 3. Toutes les armes, ainsi que le matériel de l'armée, consistant en drapeaux, aigles, canons, munitions, etc., seront livrés, à Sedan, à une commission militaire et instituée par le général en chef, pour être remis immédiatement aux commissaires allemands.

Art. 4. La place de Sedan sera livrée, dans son état actuel, et au plus tard dans la soirée du 2, à la disposition de S. M. le roi Guillaume.

Art. 5. Les officiers qui n'auront pas pris l'engagement mentionné à l'article 2, ainsi que les troupes désarmées, seront conduits, rangés d'après leur régiment ou corps, en ordre militaire.

Cette mesure commencera le 2 septembre et sera terminée le 3. Ces détachements seront conduits sur le terrain bordé par la Meuse, près Iges, pour être remis aux commissaires allemands par leurs officiers qui céderont alors leur commandement à leurs sous-officiers.

Les médecins majors, sans exception, resteront en arrière pour soigner les blessés.

A Fresnois, le 2 septembre 1870.

(Signé) DE MOLTKE et WIMPFFEN.

Le rapport assez étendu adressé par M. de Bismark au roi Guillaume contient quelques détails sur la négociation ; nous le reproduisons :

Donchery, 2 septembre.

Lorsque, sur l'ordre de Votre Majesté, je me suis rendu ici pour prendre part aux négociations de la capitulation, celles-ci furent interrompues jusque vers une heure du matin, parce que le général de Wimpffen demanda le temps nécessaire pour réfléchir. Le général de Moltke avait déclaré qu'on ne pouvait accorder d'autre condition que celle de mettre bas les armes, et que le bombardement recommencerait à neuf heures du matin si la capitulation n'était pas intervenue dans l'intervalle.

Ce matin, à six heures, on m'annonça le général Reille, lequel me déclara que l'empereur désirait me voir et se trouvait déjà sur la route de Sedan. Le général revint immédiatement sur ses pas pour annoncer à Sa Majesté que je le suivais, et je rencontrai bientôt l'empereur à mi-chemin entre cette ville et Sedan, près de Fresnois.

Sa Majesté était en voiture découverte avec trois officiers généraux. Trois autres étaient à cheval. Je connaissais personnellement MM. les généraux Castelnau, Reille, de la Moskowa, qui paraissait blessé au pied, et Vaubert. Arrivé à la voiture, je descendis de cheval, je me rendis près de l'empereur, et je demandai les ordres de Sa Majesté.

L'empereur exprima le désir de voir Votre Majesté, croyant ce me semble, qu'elle se trouvait à Donchery. Je répondis que le quartier général de Votre Majesté était en ce moment à trois milles de là, à Vendresse. Il me demanda si Votre Majesté avait désigné un endroit où un rendez-vous aurait lieu immédiatement. Je lui répondis que j'étais arrivé dans l'obscurité, que les environs m'étaient inconnus; je lui offris la maison que j'habitais à Donchery, et que j'offrais d'évacuer immédiatement. L'empereur y consentit et partit au pas pour Donchery; mais s'arrêtant à une centaine de pas du pont jeté sur la Meuse, qui conduit à la ville, près d'une maison d'ouvrier, il me demanda s'il pouvait descendre. Je fis visiter la maison par M. le conseiller de légation de Bismark-Bohlen, qui m'avait suivi dans l'intervalle. Il rapporta que la maison était très-étroite, très-insuffisante, mais qu'elle ne contenait pas de blessés. L'empereur descendit et m'invita à entrer avec lui.

Là, j'eus avec l'empereur, dans une chambre pourvue d'une table et de deux chaises, un entretien qui dura près d'une heure.

Sa Majesté exprima, à plusieurs reprises, le vœu d'obtenir, pour l'armée, des conditions favorables de capitulation. Mais je refusai dans la maison de parler de capitulation avant que cette affaire, exclusivement militaire, n'eût été vidée entre MM. de Moltke et de Wimpffen.

Par contre, je demandai à l'empereur s'il était en mesure de traiter des conditions de paix. L'empereur déclara que, étant prisonnier, il ne pouvait le faire.

Je lui demandai alors qui représentait en ce moment la France. Il s'en référa au gouvernement actuellement à Paris. Je reconnus la vérité de ce point, qui n'était pas très-clairement indiqué dans la lettre de l'empereur à Votre Majesté,

et je tombai d'accord qu'en ce moment il ne pouvait être
question que de négociations militaires. Je m'appuyai sur
cette raison pour déclarer que la capitulation de Sedan devait, avant toutes choses, constituer une garantie matérielle
des résultats obtenus.

Déjà, hier soir, j'avais retourné, avec le général de Moltke,
la question sous toutes ses faces pour rechercher s'il pouvait
être possible, sans nuire aux intérêts militaires de l'Allemagne, de ménager ces sentiments d'honneur d'une armée
qui s'était bien battue et d'accorder de meilleures conditions
que celles posées d'abord. Mais, après un examen approfondi,
nous dûmes résoudre négativement la question. Lorsque le
général de Moltke, qui était sorti entre temps de la ville, se
rendit auprès de Votre Majesté pour lui soumettre les demandes de l'empereur, ce n'était pas, comme Votre Majesté
le sait, avec l'intention de les appuyer.

L'empereur sortit de la maison et m'invita à m'asseoir à
côté de lui, près de la porte de la maison. Il me demanda
alors si l'on ne pouvait faire passer l'armée française en Belgique pour l'y faire désarmer et interner. La veille déjà nous
avions causé avec le général de Moltke de cette éventualité,
et, en raison des motifs précités, je n'y consentis pas. Je ne
pris, de mon côté, aucune initiative pour agiter la question
politique. L'empereur, de son côté, ne fit que déplorer la
guerre. Il déclara ne pas l'avoir voulue personnellement,
mais y avoir été contraint par l'opinion publique en France.

Après des informations prises dans la ville, et surtout après
des reconnaissances faites par les officiers de l'état-major,
on nous informa, entre neuf et dix heures, que le château de
Belle-Vue, près de Fresnois, était très-propre à recevoir l'empereur et n'était pas occupé par les blessés. J'instruisis l'empereur de cette circonstance, lui disant que je proposerais à
Votre Majesté de choisir ce château comme lieu de rendez-
vous. Je supposais, du reste, que l'empereur aurait besoin
de repos. L'empereur y consentit volontiers, et je conduisis
Sa Majesté, qui était précédée par une escorte d'honneur
des cuirassiers de la garde du corps de Votre Majesté.

Les équipages de l'empereur, qu'on avait crus jusque-là

ne pouvoir sortir en sécurité de la ville, étaient arrivés dans l'intervalle. Le général de Wimpffen était arrivé également. Les négociations, interrompues hier, avaient été reprises avec lui, en l'absence du général de Moltke, par le général von Podbielskz, en présence du lieutenant von Verdy et du chef d'état-major du général de Wimpffen, ces deux officiers rédigeant le procès-verbal. Je n'ai participé à l'entretien qu'en indiquant la situation politique et juridique constatée par l'empereur lui-même. Je fus en même temps informé par le chef d'escadron, comte de Rostig, de la part du général de Moltke, que Votre Majesté ne voulait voir l'empereur qu'après la conclusion de la capitulation.

Cette communication enleva aux officiers français l'espoir qu'il leur serait possible d'obtenir autre chose que la capitulation. Je montai ensuite à cheval pour aller instruire Votre Majesté de l'état de la situation, espérant rencontrer Votre Majesté près de Chemery ; mais je trouvai en chemin le comte de Moltke, porteur du texte de la capitulation que Votre Majesté avait approuvé, et dès que ce texte eut été communiqué à Fresnois aux officiers français, il fut approuvé par eux sans résistance.

L'attitude du général de Wimpffen était très-digne, comme celle des généraux français, la nuit précédente. Ce brave officier ne put s'empêcher de m'exprimer la profonde douleur qu'il éprouvait, vingt-quatre heures après son arrivée d'Afrique, et une demi-journée après qu'il eut pris le commandement, de devoir mettre sa signature sur une capitulation si pénible pour les armes françaises. Toutefois, le manque de nourriture et de munitions, l'impossibilité absolue de prolonger la défense, imposaient au général le devoir de faire taire ses sentiments personnels, parce que l'effusion de sang ne pouvait plus rien changer à l'état des choses.

Notre consentement donné à la mise en liberté sur parole des officiers fut accueilli avec une vive reconnaissance, comme étant l'expression des sentiments que Votre Majesté ressentait pour une armée qui s'était vaillamment battue, alors que Votre Majesté ne pouvait s'écarter de la ligne de conduite nécessairement indiquée par nos intérêts politiques et militaires. Le général de Wimpffen a exprimé cette reconnaissance dans une lettre adressée par lui au général de Moltke, et dans laquelle il le remercie des égards avec lesquels la négociation a été conduite par les Allemands.

(Signé) DE BISMARK.

Voici les termes de la dépêche par laquelle Guillaume informait la reine de ce succès qu'il n'avait pas osé rêver :

Sedan, 2 septembre de l'après-midi.

Le général Wimpffen, à la place du maréchal Mac-Mahon, blessé, a capitulé. Toute l'armée qui est à Sedan se rend. L'empereur, n'ayant pas de commandement et laissant toute chose à la décision du gouvernement de Paris, s'est rendu à moi *personnellement*. Je vais avoir une entrevue avec lui et décider où il devra aller. Quelle merveilleuse faveur du Dieu tout puissant !

GUILLAUME.

Le 4 septembre, à huit heures du matin, il rendait compte à la reine de cette entrevue :

Quel moment saisissant que celui où j'ai rencontré Napoléon ! Je lui ai donné pour résidence le château de Wilhelmshœhe, près de Cassel.

Notre rencontre a eu lieu dans un petit château situé devant le glacis à l'ouest de Sedan. J'ai passé mon armée en revue. Vous pouvez vous imaginer l'accueil des troupes. Il est indescriptible. A la chute du jour, la revue était finie ; mais je ne suis rentré qu'à une heure.

L'empereur, accompagné de sa suite, se rendit au château de Wilhelmshœhe, en traversant la Belgique. Le prince impérial qui, suivant les mouvements de

l'armée pendant les derniers jours, avait été successivement à Avesnes, à Réthel, à Mézières et enfin à
Maubeuge, passa en Belgique et s'arrêta à Namur,
puis à Chimay.

La capitulation de Sedan mettait au pouvoir de
l'ennemi 83,000 prisonniers, 350 pièces d'artillerie
de campagne, 70 mitrailleuses, 185 pièces de siége,
12,000 chevaux et un immense matériel. Environ
5,000 hommes parvinrent à entrer sur le territoire
belge, où ils furent désarmés. Le nombre des soldats
blessés autour de Sedan est de 14,000.

C'est au milieu de ce désastre que se produisit un
fait militaire qui arracha à nos ennemis des témoignages publics d'admiration. Le général Vinoy, commandant le 13e corps, parvint à force d'audace et
d'énergie, malgré la poursuite acharnée des troupes
allemandes, à ramener sous Paris ses forces intactes
et tout son matériel. Voici quelques détails sur cette
belle retraite :

Ce corps d'armée était composé des divisions d'Exea,
Maud'huy et Blanchard, de deux régiments de cavalerie et de douze batteries d'artillerie, sous le commandement du général d'Ubexy. Une partie seulement s'était rendue à Mézières dans la nuit du 31 août.
C'est là que, le lendemain, le général Vinoy apprit par
les fuyards de Sedan la défaite désastreuse de l'armée.
Jugeant imprudent de se renfermer dans la ville de
Mézières ou de se retrancher sous ses murs, il résolut
d'opérer sa retraite sur Laon. Après en avoir informé
le ministre de la guerre et avoir prévenu le général
Maud'huy, qui venait par le chemin de fer le rejoindre
avec sa division, de l'attendre à Laon, il commença
son mouvement le 2 septembre dans la nuit. L'avant-

garde, formée du 42ᵉ de ligne, était accompagnée de
deux batteries. Le 5ᵉ hussard suivait le 35ᵉ de ligne à
l'arrière-garde. La colonne, formée de 10,000 hommes
environ et de 70 pièces de canon, occupait un espace
de six kilomètres. Jusqu'à Lannois, que l'on atteignit
le matin, elle ne fut inquiétée que par quelques uhlans
et par des cavaliers isolés. A Puisieux, les hussards
de l'arrière-garde chargèrent et mirent en fuite des
uhlans qui s'approchaient pacifiquement, les prenant
pour des Allemands. Quand l'arrière-garde, un peu
retardée par ces escarmouches, eut rallié le reste du
corps d'armée, on suivit jusqu'à Saulie-aux-Bois, où
l'on apprit qu'un corps prussien, fort de 12,000 hommes environ avec 40 pièces d'artillerie, avait occupé
Réthel et avait établi ses batteries en avant de la ville.

N'ayant que des troupes fatiguées et des munitions
insuffisantes, le général, pour éviter le combat, se dirigea vers Novion-Porcien. En approchant du village,
l'arrière-garde fut assez vivement attaquée; mais le
général Susbiel, qui la commandait, établit deux batteries qui arrêtèrent le mouvement offensif de l'ennemi. Nous ne perdîmes que trente hommes dans cet
engagement. Les troupes prirent dans la journée, au
bivouac de Novion-Porcien, un repos troublé par une
attaque des uhlans et par plusieurs fausses alertes.

A la nuit, on se remit péniblement en marche par
une pluie torrentielle, et l'on traversa, heureusement
sans être attaqué, les étroits défilés qui conduisent à
Chaumont-Porcien. C'est par ce moyen que l'on évita
de passer à Château-Porcien où l'ennemi nous attendait en force. On marcha jusqu'à Montcornet où l'on
s'arrêta une partie de la nuit du 4 septembre; mais on
en partit à quatre heures du matin, car le général

était impatient d'arriver à Marle, petite ville située en plaine, sur la route de Laon. De là, le général se mit en communication avec le ministre de la guerre, et en reçut l'ordre de « ne pas s'occuper de défendre Laon et de regagner Paris avec son corps d'armée. »

Le général Vinoy se rendit à Laon par le chemin de fer, pour organiser le départ de la division Maud'huy qui l'y attendait. La division Blanchard se dirigea sur Laon par Crécy, pour éviter l'ennemi dont les coureurs étaient venus jusqu'à Marle. Le général Vinoy resta toute la journée du 5 à Laon, autant pour prendre quelques dispositions de défense avec le préfet, M. Ferrand, que pour attendre la division Blanchard retardée par le détour qu'elle avait dû faire. Pendant ce temps-là, on apprit que les Prussiens coupaient la route de Soissons. Il fallut aller à La Fère prendre le chemin de fer du Nord. Le départ de Maud'huy commença le 5 au matin, Blanchard le suivit le 6 ; mais, faute de matériel à cette gare, il dut embarquer ses troupes à Tergnier. Les réserves d'artillerie, le train et trois compagnies du 6e hussards, sous les ordres du général d'Ubexy, arrivèrent à La Fère le 5 à minuit ; elles en repartaient le 6 à sept heures du matin, doublant les étapes, passaient par Noyon et arrivaient à Paris le 9. Tout le corps d'armée s'y trouvait alors réuni ; car la division d'Exea qui s'était avancée de Rethel à Reims avait été obligée de rentrer à Reims dans la nuit du 1er au 2 septembre. Sur les ordres de Vinoy, elle s'était repliée sur Soissons. Le trajet de cette ville à Paris se fit en partie par chemin de fer, en partie par étapes.

Ainsi s'effectua cette retraite difficile. Le véritable mérite du général fut de savoir obtenir de troupes

jeunes et encore peu disciplinées des marches rapides et continues, d'avoir su tromper l'ennemi par
son activité et son adresse, et éviter ainsi les engagements avec une prudence qui lui était imposée par
l'absence de munitions. Formées et endurcies par ce
rude apprentissage, les troupes du 13ᵉ corps furent
d'abord l'unique ressource de la défense de Paris.
Tout le temps de l'investissement de cette ville, elles
eurent une part importante et des plus honorables
dans les différents faits d'armes qui en ont signalé la
durée.

Pendant toute la période des hostilités que nous
avons retracée jusqu'ici, nos places fortes de l'Est
soutenaient héroïquement, pour la plupart, l'investissement rigoureux ou le bombardement sans pitié de
l'ennemi. Les villes ouvertes étaient rançonnées et
pillées. Nous rendrons compte des circonstances les
plus marquantes de ces siéges et de ces occupations
en nous occupant de la défense de la Province. Sur
plusieurs points, les mobiles, les francs-tireurs, les
corps francs ou les villageois armés faisaient aux Allemands une guerre de guérilla. Nous regrettons de
ne pouvoir consacrer une mention à tous ces épisodes
de la résistance. Les corps francs réussissaient surtout à causer aux Prussiens un mal réel ; aussi, M. de
Bismark voulut-il les assimiler à des troupes de ban-
dits. Le Sénat, à la séance du 1ᵉʳ septembre, protesta
à la fois contre cette prétention, contre les actes de
cruauté et de sauvagerie commis par les Prussiens,
et contre les accusations de trahison et de perfidie
qu'ils élevaient impudemment contre nous.

IV

LA DÉCHÉANCE DE L'EMPIRE ET LA PROCLAMATION DE LA RÉPUBLIQUE

[**3 septembre 1870**.] — Les nouvelles les plus con-tradictoires circulaient à Paris sur nos engagements des 30 et 31 août. Le ministre de la guerre, dans des termes très-vagues, déclare au Corps législatif que nous avons eu des *succès* et des *revers* et que Bazaine et Mac-Mahon n'ont pu opérer leur jonction. « Néanmoins, dit-il, il y a peut-être des nouvelles *un peu plus graves.....* » Mais il ajoute qu'elles n'ont rien d'officiel. Jules Favre prend la parole, et, après avoir établi que le gouvernement qui a perdu la France n'existe plus de fait, il demande qu'un autre lui soit substitué. « Vous posez, dit le ministre, une question qui tend uniquement à changer le régime constitutionnel. — Parfaitement, » répond l'orateur. Le soir, la nouvelle de la capitulation est enfin connue et cause dans Paris une profonde émotion. Des groupes nombreux se forment sur les boulevards, et bientôt des colonnes serrées, d'un aspect très-pacifique d'ailleurs, les parcourent en criant : Vive la France! vive la nation! La déchéance! L'une de ces troupes, forte d'environ 10,000 personnes et grossissant à chaque pas, est chargée, à la hauteur du Gymnase, par des sergents de ville, et l'on entend plusieurs coups de revolver.

La bande, s'étant reformée est de nouveau dispersée. Plusieurs personnes sont grièvement et mortellement blessées. A minuit, le Corps législatif se réunit. Le ministre de la guerre confirme l'exactitude des tristes nouvelles, et déclare que le ministère n'est pas en position d'entamer une discussion relative aux conséquences sérieuses que ces événements désastreux doivent entraîner.

Jules Favre dépose une proposition signée de vingt-huit noms et ainsi conçue :

Art. 1er. Louis-Napoléon Bonaparte et sa dynastie sont déclarés déchus des pouvoirs que leur a conférés la Constitution.

Art. 2. Il sera nommé par le Corps législatif une commission de gouvernement qui sera investie de tous les pouvoirs du gouvernement, et qui a pour mission expresse de résister à outrance à l'invasion et de chasser l'ennemi du territoire.

Art. 3. M. le général Trochu est maintenu dans ses fonctions de gouverneur général de la ville de Paris.

[4 septembre 1870.] — La Chambre se réunit à midi. Il y a autour du palais législatif un grand déploiement de forces; mais, à l'ouverture de la séance, la ligne est remplacée par la garde nationale. Deux projets sont présentés : l'un par le ministre de la guerre, au nom du conseil des ministres; l'autre par M. Thiers, au nom de quarante-quatre de ses confrères, pour apporter des modifications aux conditions du gouvernement. L'urgence est demandée pour ces deux propositions et pour celle déposée par Jules Favre à la séance de nuit. La chambre entre dans ses bureaux et la séance est suspendue.

En cet instant, un grand tumulte éclate au dehors.

La garde nationale ouvre les grilles ; une foule énorme pénètre dans le palais et envahit les tribunes aux cris de : *La déchéance! Vive la République!*

La plupart des députés de la gauche viennent s'asseoir à leurs bancs, il est deux heures et quelques minutes. Nous donnons, d'après le journal *le Siècle*, le compte rendu *in extenso* de la séance extra-parlementaire qui fut alors tenue par cette fraction de la chambre.

M. Gambetta, à la prière de plusieurs de ses collègues, monte à la tribune et se dispose à haranguer le public des galeries :

Un député de la Gauche. — Écoutez ! Laissez parler Gambetta.

M. Gambetta. — Messieurs, vous pouvez tous comprendre que la première condition de l'émancipation populaire c'est la règle, et je sais que vous êtes résolus à la respecter.

Vous avez voulu manifester énergiquement votre opinion ; vous avez voulu ce qui est dans le fond du cœur de tous les Français, ce qui est sur les lèvres de vos représentants, ce sur quoi ils délibèrent : la déchéance.

Cris nombreux dans les tribunes publiques. — Oui ! oui !

Plusieurs voix. — La déchéance et la République !

D'autres voix. — Silence ! silence ! Écoutez !

M. Gambetta. — Ce que je réclame de vous, c'est que vous sentiez comme moi toute la gravité suprême de la situation, et que vous ne la troubliez ni par des cris ni même par des applaudissements. (Très-bien ! — Parlez ! parlez !)

Mais à l'instant même vous violez la règle que je vous demande d'observer. (On rit.)

Un citoyen dans les tribunes. — Pas de phrases ! des faits ! Nous demandons la République.

Cris prolongés. — Oui ! oui ! Vive la République !

M. Gambetta. — Messieurs, un peu de calme, il faut de la régularité.

Nous sommes les représentants de la souveraineté nationale. Je vous prie de respecter cette investiture que nous tenons du peuple.

Voix dans les tribunes. — La gauche seule! Pas la droite! (Bruit.)

M. Gambetta. — Écoutez, messieurs, je ne peux pas entrer en dialogue avec chacun de vous. Laissez-moi exprimer librement ma pensée.

Ma pensée, la voici ; c'est qu'il incombe aux hommes qui siégent sur ces bancs de reconnaître que le pouvoir qui a attiré sur le pays tous les maux que nous déplorons est déchu. (Oui, oui! — Bravo, bravo!) Mais il vous incombe également à vous de faire que cette déclaration qui va être rendue n'ait pas l'apparence d'une déclaration dont la violence aurait altéré le caractère. (Très-bien! très-bien!)

Par conséquent, il y a deux choses à faire : la première, c'est que les représentants reviennent prendre leur place sur ces bancs ; la seconde, c'est que la séance ait lieu dans les conditions ordinaires (Très-bien! très-bien!), afin que, grâce à la liberté de discussion, la décision qui va être rendue soit absolument de nature à satisfaire la conscience française. (Très-bien! — Bravo! bravo!)

Une voix. — Pas de discussions! Nous voulons la déchéance !

Une autre voix. — La déchéance! on ne la discute pas! nous la voulons. (Bruit.)

M. Gambetta. — Si vous m'avez bien compris, et je n'en doute pas... (Oui! oui!), vous devez sentir que nous nous devons tous et tout entiers à la cause du peuple, et que le peuple nous doit aussi l'assistance régulière de son calme, sans quoi il n'y a pas de liberté. (Interruption.)

Écoutez! Nous avons deux choses à faire : d'abord reprendre la séance et agir suivant les formes régulières; ensuite donner au pays le spectacle d'une véritable union.

Songez que l'étranger est sur notre sol. C'est au nom de la patrie comme au nom de la liberté politique, — deux choses que je ne séparerai jamais, — c'est au nom de ces deux grands intérêts et comme représentant de la nation française qui sait se faire respecter au dedans et au dehors, que je vous adjure d'assister dans le calme à la rentrée de vos représentants sur leurs siéges. (Oui ! oui ! — Bravo ! bravo !)

M. Gambetta descend de la tribune. Le calme, qui s'est un instant établi à la suite de son allocution, fait bientôt place à une nouvelle agitation dans les deux rangées de tribunes circulaires. Recrudescence des cris : la déchéance ! la république !

M. Jules Simon, de son banc. — Un peu de patience, messieurs !

Un citoyen dans une des tribunes hautes. — Nous voulons la république démocratique. Voilà vingt ans que nous attendons ! Dépêchez-vous !

La commission nommée pour l'examen des trois propositions est en délibération dans le local du 5e bureau. Les membres sont MM. le comte Le Hon, Gaudin, Genton, Dupuy de Lôme, Buffet, Josseau, Jules Simon, Martel et le comte Daru.

A deux heures et demie, M. le président Schneider monte au fauteuil.

M. Magnin prend place à sa gauche au bureau.

M. le comte de Palikao, ministre de la guerre, s'assied au banc du gouvernement.

Quelques députés de la majorité, parmi lesquels MM. de Plancy (de l'Oise), Stéphen Liégeard, Cosserat, Léopold Le Hon, Jubinal, Dugué de la Fauconnerie, etc., viennent également prendre séance.

Le tumulte et le bruit règnent dans les galeries envahies et de plus en plus encombrées par la foule.

De plus on entend, dans l'intérieur de la salle, les coups de crosses de fusil assénés sur la seconde porte d'entrée de la salle des Pas perdus, le bruit des panneaux qui s'effondrent et le fracas des glaces qui se brisent. On raconte que, de l'intérieur, M. Cochery, par l'ouverture béante, harangue et cherche à contenir la foule agglomérée dans la salle des Pas perdus.

M. Crémieux paraît à la tribune.

Les huissiers réclament vainement le silence.

M. le président Schneider se tient longtemps debout et les bras croisés au fauteuil, attendant que le calme se rétablisse.

M. Crémieux, s'adressant au public des tribunes. — Mes chers et bons amis, j'espère que vous me connaissez tous, ou qu'au moins il y en a parmi vous qui peuvent dire aux autres que c'est le citoyen Crémieux qui est devant vous.

Eh bien! nous nous sommes engagés, tous les députés de la gauche... (Bruit.) Nous nous sommes engagés, les membres de la gauche et moi...

Une voix dans les tribunes. — Et la majorité?

M. le marquis de Grammont. — La majorité, elle est aveugle!

M. Gambetta, qui est rentré dans la salle presque en même temps que M. le président, se présente à la tribune à côté de M. Crémieux, dont la voix ne parvient pas à dominer le bruit qui se fait dans les galeries.

Cris redoublés. — La déchéance! Vive la République!

M. Gambetta. — Citoyens... (Silence! silence!) Dans le cours de l'allocution que je vous ai adressée tout à l'heure, nous sommes tombés d'accord qu'une des conditions premières de l'émancipation d'un peuple c'est l'ordre et la régularité. Voulez-vous tenir ce contrat? (Oui! oui!) Voulez-vous que nous fassions des choses régulières? (Oui! oui!)

Puisque ce sont là les choses que vous voulez; puisque ce sont les choses qu'il faut que la France veuille avec nous (oui! oui!), il y a un engagement solennel qu'il vous faut prendre envers nous et qu'il vous faut prendre avec la résolution de ne pas le violer à l'instant même. Cet engagement, c'est de laisser la délibération qui va avoir lieu se poursuivre en pleine liberté. (Oui! oui! — Rumeurs.)

Une voix dans la tribune. — Pas de rhétorique!

Une autre voix. — Pas de trahison! à bas la majorité!

De nouveaux groupes pénètrent dans les tribunes du premier rang, et notamment dans celles des sénateurs.

Un drapeau tricolore portant l'inscription : « 73e bataillon, 6e compagnie, 12e arrondissement, » est arboré et agité par un des nouveaux venus.

5

M. Gambetta. — Citoyens, un peu de calme ! dans les circonstances actuelles.....

Quelques voix. — La république ! la république !

M. Gambetta. — Dans les circonstances actuelles, il faut que ce soit chacun de vous qui fasse l'ordre, il faut que dans chaque tribune chaque citoyen surveille son voisin. (Bruit.) Vous pouvez donner un grand spectacle et une grande leçon : le voulez-vous? Voulez vous que l'on puisse attester que vous êtes à la fois le peuple le plus pénétrant et le plus libre? (Oui ! oui ! — Vive la République !) Eh bien ! si vous le voulez, je vous adjure d'accueillir ma recommandation. Que dans chaque tribune il y ait un groupe qui assure l'ordre pendant nos délibérations. (Bravos et applaudissements dans presque toutes les tribunes.)

Le travail de la commission s'apprête, et la chambre va en délibérer dans quelques instants.

Un citoyen, à la tribune. — Le président est à son poste, il est étrange que les députés ne soient pas au leur [1]. (Bruit. — Écoutons! écoutons!)

---

[1]. Pendant que les faits que nous venons de relater s'accomplissaient dans la salle ordinaire des séances, les députés qui s'étaient retirés dans les bureaux pour examiner les différentes propositions soumises à la Chambre veulent rentrer en séance, mais trouvent l'enceinte du Corps législatif envahie. Ils se décident alors à tenir, dans la salle à manger de la présidence, la séance dont nous empruntons le compte rendu au journal *la Gironde* de Bordeaux (22 février 1871).

Ainsi se trouve expliquée par une impossibilité matérielle l'absence d'un grand nombre de députés même de la gauche à la réunion tenue dans la salle des séances.

PRÉSIDENCE DE M. ALFRED LEROUX, VICE-PRÉSIDENT.

Le nombre des députés est de 150 à 200 environ.

M. Alfred Leroux invite M. Martel à faire le rapport de la commission appelée à examiner les trois propositions présentées au Corps législatif.

M. Garnier Pagès demande la parole pour une question préliminaire.

M. le Président. — M. Garnier Pagès a la parole.

M. le président Schneider. — Messieurs, M. Gambetta, qui ne peut être suspect à aucun de vous, et que je tiens, quant à moi, pour un des hommes les plus patriotes de notre pays, vient de vous adresser des exhortations au nom des intérêts sacrés du pays. Permettez-moi de vous faire, en termes moins éloquents, les mêmes adjurations. Croyez-moi, en ce moment la Chambre est appelée à délibérer sur la situation la plus grave; elle ne peut que délibérer dans un esprit conforme aux nécessités du moment et de la situation, et, s'il en était autrement, M. Gambetta ne serait pas venu vous demander de lui prêter l'appui de votre attitude. (Approbation mêlée de rumeurs dans les tribunes.)

M. Gambetta. — Et j'y compte, citoyens!

M. le président Schneider. — Si je n'ai pas, quant à moi, la même notoriété de libéralisme que M. Gambetta, je crois cependant pouvoir dire que j'ai donné à la liberté assez de gages pour qu'il me soit permis de vous adresser du haut de ce fauteuil les mêmes recommandations que M. Gambetta. Comme lui, je ne saurais trop vous dire qu'il n'y a de liberté

M. Garnier Pagès. — La situation doit d'abord être nettement examinée. Quelle est-elle? Je ne veux pas l'assombrir par des récriminations inutiles et intempestives. Cependant, il me sera bien permis de dire que les députés de la gauche ont fait tout ce qui dépendait d'eux pour éloigner de nous les malheurs immérités de la patrie.

En ce moment la Chambre est envahie. Quelle en est la cause? Qui doit en subir la responsabilité?

L'empereur est prisonnier; son fils est réfugié en Belgique; le trône est vacant.

Dans la nuit du 3 au 4, le Corps législatif est convoqué. Il est dit aux députés de la gauche que le pouvoir exécutif, dont l'impératrice-régente et les ministres sont délégués, n'existant plus de fait, l'impératrice va déposer son abdication et les ministres leur démission entre les mains des représentants de la nation, pour rendre au pays le droit de se gouverner lui-même.

En présence de cette démarche solennelle, l'opposition était résolue à prendre acte de ce fait, et ajournait la demande de la déchéance.

La séance ouverte à minuit, l'attente est vaine. Rien de ce qui

vraie que celle qui est accompagnée de l'ordre... (Très-bien!
— Rumeurs nouvelles dans les tribunes.) Je n'ai pas la pré-

---

a été annoncé ne se réalise. L'impératrice et les ministres gardent
le silence, ne pouvant se résoudre à déposer des pouvoirs qui, logiquement, ne sont plus.

Le président du conseil se plaint même d'avoir été dérangé de
son sommeil, et réclame l'ajournement de toute délibération au
lendemain, ou, pour mieux dire, au jour même, vers midi.

Les promesses d'abdication et de démission circulent de nouveau dans la matinée. Se réaliseront-elles? Les membres de la
gauche, accourus dès la première heure, rédigent un projet de
déclaration de déchéance.

Pendant leurs délibérations, l'honorable M. Thiers intervient,
et leur déclare qu'une proposition a été rédigée par quelques députés du centre gauche et adoptée par un certain nombre de
membre de la majorité. Cette proposition, suivant lui, doit donner
satisfaction à l'opposition, puisqu'elle prononce la vacance du
trône.

Pour obtenir un vote unanime et l'union de tous en face de nos
désastres, la réunion de la gauche s'était déterminée à accepter, en
dernier lieu, cette proposition, tout en se réservant de présenter
d'abord son projet de déchéance.

Au début de la séance, l'abdication de l'impératrice et la démission des ministres ne furent pas déposées, ainsi qu'on était autorisé à le penser. Loin de là, se retenant avec âpreté au pouvoir
qui lui échappait, le président du conseil eut l'audace de lire un
projet de loi par lequel il réclamait pour lui son maintien comme
lieutenant-général, en conservant le gouvernement impérial.

Cette proposition ayant été accueillie par une réprobation
presque générale, M. Thiers lut la proposition de ses collègues et
de lui. Mais la constatation de la vacance au trône y avait été remplacée par ces mots : « vu les circonstances. »

Ainsi donc, l'opposition voyait échouer toutes ses tentatives de
conciliation.

En présence de l'ennemi, elle avait multiplié ses efforts pour
exhorter l'assemblée élue par la nation à se saisir du pouvoir exécutif que les événements lui imposaient le devoir de recueillir, et
elle n'avait pu convaincre ni décider la majorité.

Et pourtant, le Corps législatif ne devrait-il pas se soulever indigné, lorsque le ministre de la guerre, le général Cousin-Montauban, qui avait commis la faute impardonnable, le crime de livrer à
l'ennemi le dernier corps d'armée qui pouvait rendre Paris imprenable, d'après l'avis de tous les hommes compétents et de l'hono-

tention de prononcer ici des paroles qui conviennent à tout le monde.

---

rable **M.** Thiers lui-même, reconnaissant la responsabilité qu'il avait encourue, venait réclamer pour lui une sorte de lieutenance générale de l'empire? N'y avait-il pas là, tout à la fois, audace et incapacité?

Eh bien! le matin encore, le peuple, accouru devant la Chambre des députés, apprenant l'abdication ou la déchéance ou même la vacance du trône, se fût arrêté devant la représentation du pays. Mais, en apprenant la résistance inattendue à la proclamation de faits accomplis, exaspéré par la défaite et le traité de Sedan, se livrant à un acte de désespérance, il a envahi l'assemblée.

MM. Thiers et Grévy. — Concluez! (Sensation prolongée.)

M. Martel. — M. Garnier-Pagès ne conclut pas. Il doit avoir une proposition à nous faire.

M. Garnier-Pagès. — Je n'ai pas de proposition formelle à vous soumettre; néanmoins, puisque nos collègues semblent m'y inviter, je leur ferai part de mes sentiments. Trois propositions ont été faites à la Chambre : celle de M. Jules Favre ; celle de M. le comte de Palikao, au nom du gouvernement; enfin, celle de M. Thiers. Je n'oublie pas qu'une commission a dû être nommée pour vous faire un rapport.

M. Gaudin. — Le rapport est prêt ; on peut en donner lecture.

M. Garnier-Pagès. — Quoi qu'il en soit, à l'heure présente, les propositions de M. Jules Favre, de l'honorable M. Thiers, me semblent seules sérieuses et peuvent seules faire l'objet d'un examen sérieux. En adoptant celle de M. Thiers, vous substituerez sans aucun doute ces mots : *la vacance du trône* au lieu de : *vu les circonstances.*

Mais pour faire œuvre utile, il importe avant tout que nous nous mettions en communication avec ceux de nos collègues qui sont assemblés à l'Hôtel de ville.

Je ne serai pas contredit, je pense, en affirmant que le pouvoir exécutif a cessé d'exister, qu'il est tombé sous la réprobation publique. (Dénégations diverses. — Marques nombreuses d'adhésion.)

Une seule autorité régulière a surnagé dans le naufrage, c'est celle de la représentation nationale. (Très-bien! très-bien!) Mais à côté de cette représentation, il va se former, il s'est peut-être créé un centre nouveau avec lequel nous devons compter. (Murmures prolongés.) En effet, plusieurs de nos collègues, portés par le flot populaire, sont à l'Hôtel de ville, où ils délibèrent sans doute.

Une voix dans les tribunes. — On vous connaît!...

M. le président Schneider. — Mais j'accomplis un devoir

J'ignore ce qui se passe à l'Hôtel de ville; mais, à mon avis, vous ne pouvez rien faire de stable sans le concours des hommes qui y siégent maintenant. (Rumeurs diverses. — Très-bien! très-bien!)

M. le baron Buquet. — Ce serait traiter d'égal à égal avec les usurpateurs. La Chambre ne peut pas se suicider.

M. Garnier-Pagès. — Si je vous propose d'envoyer plusieurs de nos collègues à l'Hôtel de ville, c'est afin de parvenir à une entente indispensable pour le salut public. Le temps presse, hâtons-nous; les événements marchent avec une rapidité extrême, et peut-être vous répondrait-on : Il est trop tard! (Marques nombreuses d'approbation. — Après quelques instants d'agitation, le calme se rétablit.)

M. le président Alfred Leroux. — M. Buffet a la parole.

M. Buffet prononce avec une grande animation quelques paroles dont voici le sens :

Messieurs, vous avez été contraints d'abandonner le lieu ordinaire de vos réunions, les tribunes de votre salle de séances ont été envahies, et l'enceinte qui vous est réservée n'a pas même été respectée.

Je proteste avec énergie contre la violence qui vous est faite; je proteste au nom du droit, au nom de la morale publique, je proteste encore au nom du pays dont vous êtes les seuls mandataires légitimes. (Très-bien! très-bien! — Assentiment général.)

Messieurs, vos pouvoirs émanent de la nation et ne sauraient vous être ravis par la violence. La violence engendre la violence, et la force appelle l'abus de la force. C'est l'oubli constant de ces principes d'éternelle équité qui cause tous nos malheurs publics. (Très-bien! très-bien!)

Vous avez refusé de délibérer sous une pression extérieure; vous avez résisté à des masses égarées par de criminels égarements; la France dira que vous avez fait votre devoir. (Assentiment prolongé.) La liberté de vos discussions vous étant momentanément rendue, je vous propose d'entendre le rapport de votre commission.

Un grand nombre de voix. — Oui! oui! la parole au rapporteur.

M. Estancelin. — Messieurs, vous avez applaudi aux véhémentes paroles et à la protestation de M. Buffet. Notre honorable collègue s'est fait l'interprète indigné du sentiment général de la Chambre, et, pour ma part, j'associe ma protestation à la sienne.

Ce devoir accompli, il me reste à vous dire que je viens, il y a quelques instants à peine, de rencontrer le général Trochu qui se dirigeait vers l'Hôtel de ville. Messieurs, la situation n'est pas

de citoyen... (Interruption.) en vous conjurant de respecter
l'ordre, dans l'intérêt même de la liberté qui doit présider à

---

aujourd'hui ce qu'elle était hier, ni même ce qu'elle était il y a
quelques heures. Nous devons tenir compte des faits accomplis : on
vous a proposé de déclarer la vacance du trône; je pense que le Corps
législatif ne doit pas hésiter à la prononcer.

M. Martel, rapporteur. — Messieurs, votre commission a
examiné les trois propositions qui vous ont été soumises. Après
délibération, ces trois propositions ont été successivement mises
aux voix, et c'est celle de M. Thiers qui a obtenu le plus grand
nombre de suffrages.

Toutefois, votre commission a ajouté à cette proposition deux
paragraphes.

L'un de ces paragraphes fixe le nombre des membres qui devront
composer la commission de gouvernement et de défense nationale;
l'autre déclare que cette commission nommera des ministres. En
conséquence, voici le texte qui vous est proposé :

« Vu les circonstances, la Chambre nomme une commission de
gouvernement et de défense nationale. Cette commission est composée de 5 membres choisis par le Corps législatif. Elle nommera
les ministres.

« Dès que les circonstances le permettront, la nation sera appelée par une Assemblée constituante à prononcer sur la forme de
son gouvernement. »

M. Thiers parle de la nécessité de la conciliation pour surmonter la crise.

Il reconnaît avoir modifié la proposition lue par lui aux députés
de la gauche, pour obtenir un plus grand nombre d'adhérents.
Mais il déclare revenir à sa première formule : « Vu la vacance du
trône. »

Il accepte d'ailleurs les modifications apportées par le rapporteur à sa proposition, en faisant remarquer toutefois qu'on devrait
ne pas regarder comme définitif le nombre de cinq membres fixé
pour la composition du gouvernement de la défense nationale.

M. Grévy préférerait que la Chambre adoptât la proposition de
l'honorable M. Jules Favre. Cette proposition ne prête ni à l'am-
biguïté ni à l'équivoque, et elle n'outrepasse pas les droits qui
découlent du mandat de député.

M. Martel relit les articles du projet de loi.

Les mots : *Vu les circonstances*, sont remplacés par ceux-ci :
Vu la vacance du trône. Le vote a lieu à une très-grande majorité.

M. Pinard déclare ne pas pouvoir s'associer à cette déclaration,
et proteste.

nos discussions... (Assentiment dans plusieurs tribunes. —
Exclamations et bruits dans d'autres.)

M. Garnier-Pagès répond que c'est pour avoir voulu remonter
le courant, au lieu de le suivre, que l'Assemblée a été entraînée.

M. Thiers ajoute quelques mots pour inviter l'Assemblée à
composer avec la nécessité.

M. Dréolle, tout en constatant les droits de la Chambre et les
défendant énergiquement, engage les députés à céder devant les
faits accomplis. Il se rallie à la proposition de M. Garnier-Pagès,
pour envoyer une délégation à l'Hôtel de Ville porter à leurs
collègues la résolution de la Chambre et se concerter avec eux.

Cette proposition est adoptée. M. Garnier-Pagès est nommé pour
faire partie de la délégation.

M. Garnier-Pagès réplique qu'il ne peut accepter la mission de
ses collègues, parce que, au moment où il parle, son nom figure
peut-être déjà parmi ceux d'un gouvernement provisoire; mais il
offre d'accompagner la délégation à l'Hôtel de Ville.

Sur cette observation, l'on désigne MM. Lefèvre-Pontalis, Martel, Grévy, de Guiraud, Cochery, Johnston et Barthélemy-Saint-
Hilaire. Pour faciliter la conciliation, la Chambre déclare à ses délégués qu'ils peuvent considérer comme provisoire le nombre de
cinq membres devant composer la commission du gouvernement
de la défense nationale.

L'Assemblée s'ajourne à huit heures du soir pour entendre le
rapport de ses délégués.

Les délégations se rendent à l'Hôtel de Ville. M. Garnier-Pagès
les accompagne et les introduit auprès de MM. Jules Favre, Emmanuel Arago, Picard, Jules Simon, Gambetta et plusieurs autres
députés qui délibèrent avec eux.

M. Grévy expose le but de la démarche des délégués, et remet à
M. Jules Favre le projet de loi voté.

M. Jules Favre réplique que la nécessité du salut public a motivé la création immédiate d'un gouvernement de la défense nationale, composé de tous les députés de Paris, et qu'il portera le soir
réponse à la Chambre.

Au sujet de ce récit, la *Gironde* a reçu la lettre rectificative
suivante qui lui a été adressée de Rome par M. Ernest Dréolle :

Rome, 27 février 1871.

A Monsieur le rédacteur en chef de la Gironde.

Monsieur,

La *Gironde* publie, dans son numéro du 22, que je lis aujour-

Un député. — Si vous ne pouvez obtenir le silence des tribunes, suspendez la séance, M. le président.

---

d'hui, un compte rendu de la séance tenue le 4 septembre, vers quatre heures, par le Corps législatif, dans une des salles de l'hôtel de la présidence. Ce compte rendu, dont l'auteur « a joué, dites-vous, un rôle important dans l'histoire politique de notre pays et porté un nom justement honoré, » n'est ni complet ni fidèle. On n'aura jamais un compte rendu sténographique de la deuxième séance du 4 septembre, car le service des sténographes manquait ; mais on pourra avoir des témoins et des acteurs un récit qui dira, dans tous leurs détails, les incidents curieux de cette journée parlementaire. J'ai écrit, monsieur, ces récits le soir même de la séance, en ayant tous mes souvenirs, en consultant des notes que j'avais prises pendant la séance même, et je l'ai complété le lendemain, à l'issue de la réunion que près de 180 députés tinrent à l'hôtel de notre honorable collègue, M. Johnston.

Je ne puis vous offrir aujourd'hui ce travail. Il sera publié quand l'heure viendra de dire la vérité sur la journée du 4 septembre, et je m'empresserai alors de vous en communiquer, si vous le voulez bien, les épreuves. Je me bornerai, dans cette lettre écrite, en songeant bien plus à l'avenir qu'au passé, à rectifier sur quelques points et dans son ensemble le document que vous avez accueilli.

La séance de quatre heures a été provoquée par l'honorable M. Thiers et par moi, alors que nous étions tous errants dans les couloirs de la Chambre, au milieu des nombreux curieux qui en avaient envahi la salle. J'en fis la proposition à M. Thiers, et je désignai en même temps le local qui pouvait nous recevoir. En moins d'un quart d'heure, plus de 200 députés se groupaient, les uns debout, les autres assis, dans une des salles à manger de la présidence, et, m'étant procuré dans le cabinet de M. Valette une liste des députés et un crayon, je demandai à M. Thiers s'il ne jugeait pas bon qu'on fît un appel nominal. — « Cela gênerait peut-être quelques-uns de nos collègues, » me répondit-il avec une finesse malicieuse. Et comme je souriais de cette prudence... pour les autres, il reprit bien vite : « Ne le prenez pas en mauvaise part pour eux ! » L'appel nominal ne fut donc pas fait ; mais, à la sortie de la séance, on s'inscrivit dans le cabinet du secrétaire général, et cette liste de signatures donne à peu près, sauf une vingtaine, le nombre et les noms des présents.

Au moment de former le bureau, et avant de donner la présidence à l'honorable M. Alfred Leroux, nous demandâmes M. Schneider. On se rendit dans ses appartements, et l'on vint nous dire qu'il reposait sur son lit, malade, incapable de descendre à la

En ce moment, M. le comte de Palikao, ministre de la guerre, se lève et quitte la salle après avoir fait au président un geste explicatif de sa détermination.

----

séance. M. Alfred Leroux prit alors la présidence, assisté de MM. Martel et Josseau, en leur qualité de secrétaires. La parole fut aussitôt donnée à M. Garnier-Pagès, qui nous demanda, en effet, comme le dit le compte rendu que vous avez publié, de reconnaître les faits accomplis ; mais, dans les faits accomplis, il voyait la transmission de tous les pouvoirs à la Chambre par l'adoption de la proposition de M. Thiers, l'exercice de ces pouvoirs par un conseil de gouvernement élu par la Chambre, et le maintien absolu de cette Chambre, qui pouvait seule légitimement exercer l'autorité sur le pays, dont elle était le mandataire.

M. Garnier-Pagès répéta plusieurs fois qu'il n'irait point à l'Hôtel de Ville, qu'il ne voulait faire partie d'aucun gouvernement, et que, d'ailleurs, il déplorait autant que personne l'invasion de la Chambre et la substitution de la violence à l'exercice légal, constitutionnel, des droits que nous tenions de nos électeurs. Il nous affirma que ses amis, alors à l'Hôtel de Ville, ne s'étaient point rendus là pour s'emparer du pouvoir, mais pour apaiser la population, rétablir l'ordre et rendre possible pour le soir même la reprise des délibérations du Corps législatif. Souvent interrompu par d'énergiques protestations, M. Garnier-Pagès termina, cependant, en nous disant : « Unissez-vous au gouvernement qui est peut-être fondé, à l'heure qu'il est, à l'Hôtel-de-Ville ! »

J'ai, monsieur, tout le discours de M. Garnier-Pagès, et je crois qu'il n'y a pas dix mots qui ne soient d'une exactitude sténographique. M. Buffet répondit à ce discours avec une admirable chaleur, et salué par les applaudissements de tous les députés.

« Comme homme d'honneur, dit-il en terminant, comme citoyen dévoué à mon pays, chargé d'un mandat librement donné, e m'indigne contre les violences dont vous avez été victimes, et, dussé-je engager ma vie et ma liberté, je ne consentirai jamais, au nom même de la liberté et pour l'honneur de mon pays, à reconnaître le gouvernement qui s'élève sur les ruines de la liberté et du droit. »

Le tumulte et l'agitation furent grands, après ces paroles. De toutes parts on s'écria : « Délibérons ! faisons quelque chose ! Prenons la proposition Thiers ! »

C'est à ce moment que je demandai la parole pour la première fois, et je commençais à parler, quand entrèrent successivement dans la salle, en proie à une vive émotion, MM. Tachard et Estan-

Plusieurs des députés qui étaient rentrés en séance imitent son exemple et sortent par le couloir de droite.

M. le président Schneider se couvre et descend du fauteuil.

---

celin : M. Tachard, pour nous dire qu'il nous suppliait de prendre vite une résolution, notre réunion étant connue et des groupes, stationnés autour du Corps législatif, menaçant de nous envahir de nouveau ; M. Estancelin, pour nous apprendre qu'il revenait des Tuileries et qu'il y avait été informé du départ de l'impératrice. On se demanda si l'on devait rester ; un officier de la garde nationale nous fit offrir de nous rendre, avec le concours de ses hommes, à la salle ordinaire de nos délibérations. Il fut décidé qu'on ne s'éloignerait pas, et la parole me fut donnée.

Voulez-vous, monsieur, me permettre de citer textuellement, d'après mon compte rendu, l'incident qui m'est personnel ? Vous verrez, ce à quoi je tiens beaucoup, que je n'ai pas engagé mes collègues à céder devant les faits accomplis.

M. Ernest Dréolle. — Je demande la parole. (Parlez ! Parlez ! — Le bruit continue.) Messieurs, je vous demande pardon d'insister pour parler. (Oui, oui, parlez !) Je suis un des derniers venus dans cette Chambre, et je n'ai peut-être pas le droit de faire entendre des conseils dans les circonstances présentes. (Si ! si, parlez !) Eh bien ! messieurs, en présence de tout ce que nous apprenons et sous le bénéfice des énergiques paroles de notre honorable collègue M. Buffet, je crois que nous devons chercher à prendre une résolution pratique. M. Garnier-Pagès nous a dit : « Suivez le mouvement, unissons-nous au gouvernement provisoire qui s'est établi à l'Hôtel de Ville. » (Non ! non !) Attendez, messieurs. Je n'accepte pas, moi non plus, cette proposition. Est-il bien vrai, d'ailleurs, qu'il y ait un gouvernement à l'Hôtel de Ville ? Il y a, si j'ai bien retenu les paroles de notre honorable collègue M. Garnier Pagès, plusieurs députés qui, par patriotisme, par dévouement à la chose publique, se sont dévoués... (Rumeurs.) Permettez : je cite M. Garnier-Pagès.

M. Garnier-Pagès. — Vous avez raison : c'est ce que j'ai dit.

M. Ernest Dréolle. — Il y a, en ce moment, à l'Hôtel de Ville plusieurs de nos collègues qui, pour calmer l'effervescence populaire (interruption : ce sont eux qui ont tout fait !), ont accepté ce pouvoir éphémère qu'on appelle le pouvoir populaire. Eh bien ! messieurs, je veux croire à ce qui nous a été dit. Donc, en ce moment, la situation est celle-ci : A l'Hôtel de Ville, des députés qui ne sont encore que des députés, et en qui nous ne pouvons voir que des collègues ; au Corps législatif, la grande majorité de la

M. Glais-Bizoin, se tournant vers la tribune. — Messieurs, on va prononcer la déchéance. Prenez patience! Attendez! (Agitation en sens divers.)

M. le président Schneider, sur les instances de plu-

Chambre, réunie ici parce qu'elle ne veut pas déserter de son poste, et travaillant, elle aussi, à dégager, à sauver la situation. Eh bien! soyons pratiques. Que faut-il faire? Voici ce que je vous propose : établissons l'entente entre nos collègues, qui se dévouent, nous dit-on, et nous, qui demeurons fidèles à notre mandat; qu'un certain nombre d'entre nous soient nommés, séance tenante, et qu'ils se rendent immédiatement en notre nom (très-bien! c'est cela!), et qu'ils se rendent à l'Hôtel de Ville pour s'entendre avec nos collègues, et qu'ils reviennent nous rendre compte de la situation. (Très-bien! très bien!)

M. Pinard (du Nord). — C'est reconnaître le gouvernement provisoire.

M. Estancelin. — Non, et la proposition de M. Dréolle est la seule pratique.

M. Cochery. — Oui. Mettons-la tout de suite aux voix. (Non! non!)

Une assez vive opposition se manifeste dans un groupe d'une dizaine de députés. M. Ernest Dréolle est entouré et complimenté par ses voisins.

M. Garnier-Pagès. — Je crois que la proposition de notre collègue est très-sage. Je m'offre à conduire les délégués que nommera la Chambre.

M. Ernest Dréolle. — Pardon, M. Garnier Pagès, je n'ai pas dit *délégués*. Les mots ont ici leur valeur. Une *délégation* serait la reconnaissance d'un fait qui n'est peut-être pas accompli, que nous soupçonnons bien, mais que nous ne reconnaissons pas, dans tous les cas.

M. Thiers. — L'idée de M. Dréolle est sage. Ce sont des collègues allant à des collègues.

M. Garnier-Pagès. — Bien que je me sois promis de ne pas mettre les pieds à l'Hôtel de Ville, je consens à accompagner la commission. Que M. Dréolle vienne avec moi!

M. Alfred Leroux, président. — Plusieurs de nos collègues me font observer que la première proposition d'entendre la lecture du rapport de M. Martel, au nom de la commission chargée de l'examen de la proposition de M. Thiers, n'exclut pas l'adoption de celle de M. Dréolle; logiquement, il vaudrait mieux que la première fût d'abord adoptée.

sieurs députés, reprend place au fauteuil et se découvre.

M. Girault. — Je demande à dire deux mots... (Tumulte dans les tribunes.)

Un député de la gauche monte les degrés de la tribune et

M. de Talhouët. — Sans doute. Il faut que nous prenions une décision quelconque, et nous en instruirons nos collègues présents à l'Hôtel de Ville. (Oui ! oui !)

MM. Martel et Josseau. — La commission conclut à l'adoption d'une rédaction. On votera sur cette rédaction, et la Chambre en instruira ceux de nos collègues qui sont à l'Hôtel de Ville.

M. Ernest Dréolle. — C'est très juste, et je me rallie à la proposition de M. de Talhouët.

Des voix. — Mais cela prend du temps ! Votons, alors; votons tout de suite !

M. Tachard. — Je vous répète, messieurs, qu'il y a lieu de se hâter.

M. Estancelin. — Nommons tout de suite les membres qui devront aller porter nos délibérations.

Plusieurs voix. — Nommons Garnier-Pagès, Grévy, Dréolle, Estancelin, Cochery, Tachard. (Oui ! oui !)

M. Thiers. — Messieurs, le choix importe peu ! Mais si vous vouliez bien faire un peu de silence, on aurait déjà voté sur le rapport de M. Martel, et il y aurait une délibération acquise. Ce que nous n'avons pu faire dans le lieu ordinaire de nos séances, faisons-le ici, et ultérieurement, et pour sortir de la situation fausse où nous sommes, nous reviendrons à la proposition de M. Dréolle.

M. Buffet et plusieurs de ses voisins. — (Oui ! c'est cela !)

M. Estancelin. — Soit. Mais c'est une perte de temps en formalités, et ce n'est pas le moment de perdre du temps.

M. Cochery. — C'est toujours la même chose !

Plusieurs députés vont de M. Garnier-Pagès à M. Ernest Dréolle et les invitent à partir tous les deux, en s'adjoignant deux ou trois autres collègues pris au hasard. M. Dréolle voit venir à lui M. Garnier-Pagès, qui l'engage également à partir ; il s'y refuse, en disant qu'il est de toute convenance, au moins de sa part, de ne pas devancer le dernier mot de la Chambre sur sa proposition.

Pendant ce temps, la séance a continué.

Ici, monsieur, se place l'incident du vote de la proposition de M. Thiers, après le rapport de M. Martel concluant à l'adoption de ce considérant : « Vu la vacance du pouvoir. » Cet incident a été très-long, très-animé, et la bienveillance de nos collègues m'a

s'efforce de déterminer M. Girault à renoncer à la parole, en lui disant : « Ils ne vous connaissent pas! vous ne serez pas écouté! »

M. Girault (s'adressant toujours au public des tribunes). —

---

permis encore une fois de prendre la parole au milieu d'une agitation indicible. J'hésite à vous transcrire cette seconde partie de mon compte rendu, bien que vous ayez fait appel aux souvenirs de tous les députés présents à la séance. Je vous l'envoie, cependant, parce que vous aurez aussi très-fidèlement, avec la fin de l'incident relatif à ma proposition pour l'envoi de députés à l'Hôtel de Ville, le récit de l'incident le plus caractéristique de cette mémorable séance. Je copie :

M. Alfred Leroux. — J'ai entendu M. Dréolle demander la parole. (Oui! oui! qu'il parle!)

M. Ernest Dréolle, d'une voix émue. — Messieurs, je crois que nul ici ne peut se dire plus impérialiste que moi. Il y a deux heures, j'aurais combattu avec énergie la proposition qui déclarait la vacance des pouvoirs. C'était la déchéance, et je n'aurais pas voté la déchéance de l'empire. Mais, à l'heure présente, ce n'est plus une question de conscience qui nous est posée, c'est malheureusement une question de fait. (C'est cela! c'est cela! Très-bien!) Y a-t-il, en réalité, vacance des pouvoirs? Oui. Tous ceux que j'aimais ne sont plus. (Mouvement.) L'empereur est prisonnier à Sedan : dans quelles conditions, nous le saurons plus tard ; le prince impérial est réfugié à l'étranger, et notre honorable collègue, M. Estancelin, est venu nous apprendre tout à l'heure, dernière douleur pour moi, que l'impératrice avait quitté les Tuileries...

M. Estancelin. — Oui, les Tuileries sont occupées par le peuple.

M. Ernest Dréolle. — Eh bien! messieurs, le chef de l'État et la régence n'étant plus représentés, il y a vacance des pouvoirs, et c'est au Corps législatif, le second pouvoir issu du suffrage universel, qu'il appartient de s'emparer de la direction des affaires. Il y a urgence qu'il le fasse ; car, encore quelques heures, et il y aura contre lui un pouvoir issu de l'émeute, de l'insurrection. Après avoir vu violer son enceinte, il peut voir violer son autorité. (Très-bien!) Je le dis donc, messieurs, à tous mes amis, à tous ceux qui, comme moi, eussent repoussé cette proposition de déchéance, il y a un fait qui nous domine, qui paralyse toutes nos convictions, tous nos dévouements : c'est la vacance du pouvoir. Je les conjure de voter, de voter vite ; et moi, je le déclare bien haut, comme impérialiste et sous la réserve de l'avenir que nous pouvons sauver par une prompte décision, je vote la proposition

Vous ne me connaissez pas? Je m'appelle Girault (du Cher);
personne n'a le droit de me tenir en suspicion.

Je demande qu'il n'y ait aucune tyrannie. Le pays a sa
volonté, il l'a manifestée. Les représentants viennent de l'en-

---

de M. Thiers. (Très-bien! très-bien! — Applaudissements. —
Sensation.)

L'orateur est entouré d'un grand nombre de députés. Beaucoup
lui serrent les mains et le félicitent.

Plusieurs voix. — C'est un acte de patriotisme! Cela vous ho-
nore dans vos convictions.

M. Thiers. — Les paroles de M. Dréolle sont très-sages, et sa
conduite décide le vote.

Plusieurs voix. — Oui! oui! Votons!

M. Alfred Le Roux, président.— Veuillez, monsieur Martel, re-
lire le texte de la proposition.

M. Martel fait cette lecture au milieu d'une grande agitation.
(On n'entend pas!)

M. Ernest Dréolle prend le papier des mains de M. Martel, et
d'une voix forte lit la proposition.

Un vote par assis et levé a lieu. La proposition est adoptée à
l'unanimité, moins cinq ou six membres, qui se lèvent à la contre
épreuve.

M. Alfred Le Roux. — Les conclusions de la commission sont
adoptées. (Bravo!)

M. Estancelin. — Maintenant, messieurs, il faut revenir à la
proposition de M. Dréolle et aller à l'Hôtel de ville. Avec le vote
que vous venez de rendre, il y a quelque chose à faire.

Les paroles de M. Estancelin ayant été accueillies, il s'agit alors,
monsieur, de former la commission. On prononça quelques noms
et particulièrement celui de M. Grévy, qui demande la parole pour
refuser. Il prononça une très-remarquable allocution, que j'ai recueillie, sur les droits de la Chambre, sur son maintien; il affirma
que ses collègues de la gauche avaient tous résolu de conserver
le Corps législatif, dont ils avaient reconnu la légitime autorité,
en réclamant sans cesse son intervention dans les décisions de la
régence. Puis, après avoir cédé aux sollicitations, il demanda à
connaître les noms des collègues avec lesquels il serait appelé à se
présenter à l'Hôtel de ville. Je transcris la fin de son discours et
les incidents qui suivirent :

M. Grévy. — Permettez-moi maintenant de vous faire quelques
observations sur le choix des membres qui viendront avec moi. Ce
choix importe beaucoup. Il ne faut pas que ceux de nos collègues

tendre, ils sont d'accord avec le pays. Laissez-les délibérer, vous verrez que le pays sera content. Ce sera la nation tout entière se donnant la main... Le voulez-vous? Je vais les aller chercher. Ils vont venir, et le pays tout entier ne fera qu'un.

Il ne faut plus de partis politiques devant l'ennemi qui s'approche, il faut qu'il n'y ait aujourd'hui qu'une politique, qu'une France qui repousse l'invasion et qui garde sa souveraineté; voilà ce que je demande.

---

qui rempliront cette mission soient trop ouvertement connus par leurs opinions hostiles au mouvement libéral... (L'orateur s'arrête.) Je ne sais, messieurs, comment dire cela, mais vous me comprendrez... Ainsi, j'en demande pardon à mon honorable collègue, M. Dréolle, mais je crois qu'il représente, lui, une nuance...

Plusieurs membres. — On ne peut pas, cependant, ne choisir que des députés de l'opposition.

D'autres membres. — L'attitude de M. Dréolle a été très-digne et très-louable.

M. Grévy. — Assurément, messieurs, et je l'en félicite...

M. Ernest Dréolle, interrompant. — J'accepte parfaitement, monsieur, vos scrupules en ce qui me concerne, d'avoir, dans les circonstances présentes, accentué ma nuance antirévolutionnaire.

M. Grévy. — Je ne veux, messieurs, blesser personne. Comprenez-moi; il faut que notre démarche réussisse, qu'elle aboutisse à un résultat pratique. Or, vous n'ignorez pas qu'elle agitation entoure, à l'heure qu'il est, nos collègues à l'Hôtel de ville; il serait donc imprudent pour les personnes, et imprudent pour le but à atteindre... si la vue de certains de nos collègues venait à exciter...

La suite des paroles de l'orateur se perd dans le bruit.

Vingt noms sont mis en avant. On désigne enfin, après dix minutes de tumulte, MM. Garnier-Pagès, Lefèvre-Pontalis, Martel, Grévy, de Guiraud, Johnston, Cochery et Barthélemy Saint-Hilaire.

MM. Estancelin, Cochery et Martel engagent M. Dréolle à les suivre. M. Dréolle s'y refuse.

J'arrête là, monsieur, mes citations, en vous demandant pardon de la longueur de cette lettre. Si la *Gironde* consent à les publier, elle mettra en lumière des faits qui devront être connus le jour où l'on voudra que l'histoire se prononce sur les douloureux événements provoqués par le ministère incapable du sieur Ollivier. Tout est à connaître encore depuis les circonstances dans lesquelles une guerre insensée fut déclarée à l'aide de mensonges diploma-

MM. Gambetta et de Kératry paraissent un instant à la tribune.

Le bruit se répand qu'un gouvernement provisoire vient d'être proclamé au dehors.

Plusieurs députés, MM. Glais-Bizoin, Planat, le comte d'Hézecques, Marion, le duc de Marmier, le comte Le Hon, Wilson, etc., quittent leurs places, et, du pourtour, s'adressent aux citoyens qui sont dans les galeries.

---

tiques, jusqu'au soulèvement populaire qui fut, de l'aveu de M. de Kératry et de quelques-uns de ses amis, préparé dans la nuit de 3 au 4 septembre. Je sais, à cet égard, bien des choses, et je les dirai, avec la conviction que les hommes restés, comme moi, fidèles à l'empire, ont tout à gagner à ce que la vérité soit connue.

Agréez, monsieur, avec mes remerciements pour l'accueil que vous voudrez bien faire à cette lettre, mes salutations empressées.

ERNEST DRÉOLLE,
Ancien député de la Gironde.

Ainsi que l'avait promis M. Jules Favre à l'Hôtel de ville, il porta le soir même, accompagné de M. Jules Simon, une communication du nouveau gouvernement au Corps législatif réuni dans le même local sous la présidence de M. Thiers. Remerciant ses collègues de la démarche qu'ils ont faite dans la journée, il les informe qu'il y a des faits accomplis. Un gouvernement provisoire a été nommé, formé de tous les députés de Paris, sauf M. Thiers qui a refusé d'en faire partie. En les énumérant et en citant Rochefort, Jules Favre ajoute : ce dernier ne sera pas le moins sage ; en tout cas, nous avons préféré l'avoir dedans que dehors. Jules Favre s'étant retiré, le président dit que s'il n'a pas adressé aux deux délégués du nouveau gouvernement de questions sur la situation actuelle du Corps législatif, c'est que c'eût été reconnaître ce gouvernement. Or, il ne convient en ce moment ni de reconnaître ni de combattre ceux qui vont lutter contre l'ennemi ; il s'oppose à toute espèce de protestation contre la violation de la Chambre et l'irrégularité du nouvel ordre de chose, car ce serait une cause de division qu'il faut soigneusement éviter. En présence de l'ennemi qui sera bientôt sous Paris, il croit que les membres du Corps législatif n'ont qu'une chose à faire : se retirer avec dignité. La séance est levée à dix heures.

Quelques voix des tribunes. — Écoutons Gambetta.

M. Gambetta. — Citoyens (Bruit.), il est nécessaire que tous les députés présents dans les couloirs, ou réunis dans les bureaux où ils ont délibéré sur la mesure de la déchéance, aient repris place à leurs bancs et soient à leur poste pour pouvoir la prononcer.

Il faut aussi que vous, citoyens, vous attendiez, dans la modération et dans la dignité du calme, la venue de vos représentants à leurs places. On est allé les chercher, je vous prie de garder un silence solennel jusqu'à ce qu'ils rentrent. (Oui! oui!) Ce ne sera pas long. (Applaudissements prolongés. — Pause de quelques instants.)

Citoyens, vous avez compris que l'ordre est la plus grande des forces. Je vous prie de continuer à rester silencieux. Il y va de la bonne réputation de la cité de Paris. On délibère et on va vous apporter le résultat de la délibération préparatoire.

Il va sans dire que nous ne sortirons pas d'ici sans avoir obtenu un résultat affirmatif. (Bravos et acclamations.)

En ce moment — il est trois heures — un certain nombre de personnes pénètrent dans la salle par la porte du fond qui fait face au bureau. Des députés essayent en vain de les refouler, la salle est envahie. On crie : Vive la république! Le tumulte est à son comble.

M. le comte de Palikao, qui était revenu dans la salle et qui avait repris sa place au banc des ministres, sort de nouveau.

M. le président Schneider. — Toute délibération dans ces conditions étant impossible, je déclare la séance levée.

Un grand nombre de gardes nationaux, avec ou sans uniforme, entrent dans la salle par les couloirs de droite et de gauche et par les portes du pourtour. Une foule bruyante et agitée s'y précipite en même temps, occupe tous les bancs, remplit tous les couloirs des travées de l'amphithéâtre et descend dans l'hémicycle en masse compacte, entourant la table des secrétaires rédacteurs ainsi que les pupitres des sténographes en criant : « La déchéance! la déchéance! Vive la république! »

M. le président Schneider quitte le fauteuil et se retire.

A peine a-t-il descendu les dernières marches de l'escalier de droite du bureau, que deux jeunes gens, se dégageant de la foule répandue dans l'hémicycle, s'élancent sur l'escalier de la tribune, et de là sautent, en se cramponnant au rebord de marbre blanc du bureau, sur les pupitres des secrétaires députés (côté droit, — places ordinairement occupées par M. Bournat et M. Terme), et arrivent presque simultanément au fauteuil de la présidence, où ils s'assoient tous deux en même temps. L'un d'eux, après avoir posé la main comme par hasard sur le levier de la sonnette présidentielle, l'agite vivement et longuement.

Presque au même instant, les gardes nationaux entrés par les portes latérales de droite et de gauche prennent possession du double escalier de la tribune et du double escalier du bureau, se placent derrière le chef du service sténographique et derrière les siéges des secrétaires députés, et jusque sur l'estrade où sont, en arrière du fauteuil et du bureau présidentiels, les tables du secrétaire général du Corps législatif et du chef de bureau du secrétariat.

M. Jules Ferry passe alors à travers les rangées des gardes nationaux installés sur les degrés de l'escalier de gauche du bureau, et, avec l'aide de quelques-uns d'entre eux, fait sortir du fauteuil présidentiel les deux jeunes gens qui s'y sont assis, et interrompt le bruit de la sonnette, toujours agitée par celui qui s'en est emparé.

On peut remarquer que la plupart des gardes nationaux, qui portent des shakos, en ont arraché les aigles en cuivre fixés au-dessus de la visière.

M. *Gambetta*, qui, après avoir conféré avec quelques-uns de ses collègues de la gauche, est revenu à la tribune et s'y rencontre d'abord avec M. Steenackers, puis avec M. de Kératry, s'efforce d'en dégager les abords en conjurant les citoyens non gardes nationaux de s'en écarter.

· Voyons, citoyens, dit-il, il ne faut pas violer l'enceinte. Soyez calmes ! Avant un quart d'heure la déchéance sera votée et proclamée. Voyons, reculez ! Est-ce que vous n'avez pas confiance en vos représentants ? (Si ! si ! nous avons confiance en vous !)

Eh bien ! reculez quand je vous le demande, et soyez sûrs que nous allons prononcer la déchéance.

Un citoyen. — Et la république ?

Scène de confusion et d'agitation devant laquelle M. Gambetta descend encore de la tribune, cause avec quelques-uns de ses collègues des premiers bancs de la gauche, et y remonte de nouveau, accompagné de M. de Kératry, qui se tient à côté de lui.

Il se fait un instant de silence.

M. Gambetta. — Citoyens... (Chut ! chut ! — Écoutez !)
Attendu que la patrie est en danger ;

Attendu que tout le temps nécessaire a été donné à la représentation nationale pour prononcer la déchéance ;

Attendu que nous sommes et que nous constituons le pouvoir régulier issu du suffrage universel libre ;

Nous déclarons que Louis-Napoléon Bonaparte et sa dynastie ont à jamais cessé de régner sur la France. (Explosion de bravos et salve géminée d'applaudissements. — Bruyante et longue acclamation.)

Un citoyen agitant le bras. — Et la république ?

Un autre citoyen, debout sur un banc de la salle, à droite. — Nous voulons deux choses, la déchéance d'abord ; la république ensuite.

Une voix. — Et surtout plus d'empire.

Un jeune homme qui parait être un étudiant. — Il est tombé, tombé pour toujours (oui ! oui ! — Vive la république !), tombé avec son chef qui n'a pas même su mourir !

Le tumulte, tant dans l'intérieur de la salle que dans les tribunes publiques, est général et indescriptible.

Des groupes se forment, les uns très-agités, les autres très-calmes, et dans les conversations plus ou moins bruyantes que quelques-uns des envahisseurs engagent, soit entre eux, soit avec les sténographes et les secrétaires rédacteurs, on peut saisir des exclamations et des épiphonèmes tels que ceux-ci : « Un Napoléon ! allons donc ! dites un pseudo-Napoléon ! un Smerdis, un Dimitri ! »

En ce moment, M. Jules Favre, entré par la porte du côté de la salle des Conférences, parvient dans l'enceinte. M. Gambetta va au-devant de lui, et tous deux, fendant la foule des gardes nationaux et du peuple, qui s'efface pour les laisser passer, montent à la tribune au milieu des cris : Vive Jules Favre! vive Gambetta!

Un garde national. — Tambours, battez aux champs.

M. Jules Ferry. — Laissez parler Jules Favre.

Pendant quelques instants, aux adjurations que MM. Gambetta et Jules Favre adressent à la foule pour obtenir le silence, la foule répond par les cris répétés de vive Jules Favre! vive Gambetta!

Le tambour bat à la porte du couloir de droite.

Une intermittence de silence se fait.

M. Jules Favre. — Voulez-vous ou ne voulez-vous pas la guerre civile?

Voix nombreuses. — Non, non, pas de guerre civile! Guerre aux Prussiens seulement!

M. Jules Favre. — Il faut que nous constituions immédiatement un gouvernement provisoire.

Quelques voix. — A l'Hôtel de ville, alors.

M. Jules Favre. — Ce gouvernement prendra en mains les destinées de la France; il combattra résolûment l'étranger, il sera avec vous, et d'avance chacun de ses membres jure de se faire tuer jusqu'au dernier.

Cris nombreux. — Nous aussi! nous aussi! — Nous le jurons tous! — Vive la république!

Un citoyen. — Oui, vive la république! mais vive la France d'abord!

M. Jules Favre. — Je vous en conjure, pas de journée sanglante. (Non! non!) Ne forcez pas de braves soldats français, qui pourraient être égarés par leurs chefs, à tourner leurs armes contre vous. Ils ne sont armés que contre l'étranger. Soyons tous unis dans une même pensée, dans une pensée de patriotisme et de démocratie. (Vive la république!) La république, ce n'est pas ici que nous devons la proclamer.

— Si! si! Vive la république!

Un citoyen (M. Libman). — Et les Prussiens, qu'en faites-vous?

Un jeune homme s'élance à la tribune en criant : La république! la république ici!

Quelques gardes nationaux veulent le faire descendre. Il se débat, en criant toujours : La république! la république ici, tout de suite!

Cris nombreux. — Vive la république!

M. Gambetta. — Oui, vive la république! Citoyens, allons la proclamer à l'Hôtel de ville!

MM. Jules Favre et Gambetta descendent de la tribune en répétant : A l'Hôtel de ville! à l'Hôtel de ville! (Un certain nombre de personnes les suivent, et une partie de la multitude s'écoule par le couloir de gauche.)

Un citoyen. — A l'Hôtel de ville! Et nos députés à notre tête! (Oui! oui!)

Un autre citoyen (M. Peyrouton). — Non, c'est ici qu'il faut proclamer la république. Nous la proclamons.

« La république est proclamée! »

Un garde national. — Non! non! Il faut dire : « La république est rétablie! »

Cris confus. — A l'Hôtel de ville! A bas l'empire! Vive la république! Vive la France! Vive la garde nationale! Vive la ligne!

Le cri : A l'Hôtel de ville! qui a déterminé la sortie d'une partie de la foule à la suite de MM. Jules Favre et Gambetta, n'étant pas entendu ou suffisamment compris de tous, des citoyens étalent en l'air, en élevant les bras, de grandes feuilles de papier qu'ils ont prises sur le bureau ou dans les pupitres des députés, et sur lesquelles ils ont écrit à la main en gros caractères :

A L'HOTEL DE VILLE!

Un citoyen (M. Margueritte, placé au 3e banc de la gauche). — Il est nécessaire qu'un certain nombre de gardes nationaux restent dans la salle afin qu'elle ne puisse pas être réoccupée par les députés de la majorité. (Oui! oui! — Très-bien!)

Une voix. — La majorité n'existe plus!

M. Margueritte. — La majorité peut, en sortant de ses

bureaux, rentrer ici. J'engage les gardes nationaux à rester pour qu'elle ne puisse y reprendre séance. (Oui! oui! — A l'Hôtel de ville!)

Un homme de la foule. — Laissons les gardes nationaux garder la salle.

Sortie de plusieurs personnes de la salle. Aucun mouvement de retraite dans les tribunes publiques.

M. le marquis de Piré, député d'Ille-et-Vilaine, entré dans la salle par une des portes du pourtour, vient s'asseoir à son banc, — septième travée du centre gauche, — et s'y tient en observateur silencieux, les deux mains appuyées sur sa canne.

Dans le même moment, plusieurs des députés de la gauche et du centre gauche paraissent s'apprêter à sortir.

M. Peyrouton. — Quant à moi, je ne sortirai pas d'ici que la république ne soit proclamée.

Un citoyen. — Dites « rétablie. »

M. Margueritte. — Un instant!

On me fait observer qu'il vaut mieux que les gens décidés à aller à l'Hôtel de ville s'y rendent. (Oui! oui!)

Les gardes nationaux proposent aux députés de la gauche, les seuls qui en ce moment représentent la nation.....

M. le marquis de Piré. — Comment? J'ai la prétention de représenter ici la nation tout autant et tout aussi bien que MM. les députés de la gauche. (Mouvement de surprise.)

Une voix, dans le fond. — Qui êtes-vous?

M. le marquis de Piré. — Je suis de Piré, député d'Ille-et-Vilaine. Je proteste! (Oh! oh! Allons donc!)

M. Margueritte. — Je disais que les gardes nationaux s'offraient, vis-à-vis des députés de la gauche, à rester ici... (Oui! oui! — Bruit.) jusqu'à ce que le gouvernement provisoire fût officiellement proclamé. (Oui! oui! — Applaudissements.)

M. le marquis de Piré. — Je proteste! (Nouveau mouvement dans la foule. — Bruyantes exclamations.) Et d'abord il n'y a que les députés qui aient le droit de parler ici. (Allons donc! allons donc!) Laissez-leur remplir leur mission!

Je proteste contre l'envahissement de l'enceinte législative.
(A la porte ! à la porte le récalcitrant !)

Un garde national. — Et nous, nous protestons contre
l'envahissement de la France par les Prussiens.

Les cris de Vive la République ! sont partis avec une in-
tensité nouvelle. — Beaucoup de citoyens assis dans la salle
se lèvent en criant de nouveau : A l'Hôtel de ville ! et sortent en invitant ceux qui sont dans les tribunes publiques à
venir les rejoindre au dehors.

A l'issue de la séance, la foule, saluant en passant de
ses acclamations la statue de Strasbourg pavoisée et
couverte de couronnes, envahit le jardin des Tuileries et pénètre sans lutte dans le palais. Dans tout
Paris, les emblèmes impériaux sont enlevés ou
cachés.

A trois heures, un gouvernement provisoire s'établit à l'Hôtel de ville et proclame la République. Il
ordonne l'élargissement de Rochefort appelé à en faire
partie. L'affiche suivante est placardée le soir sur
tous les murs :

CITOYENS DE PARIS,

La République est proclamée.
Un Gouvernement a été nommé d'acclamation.
Il se compose des citoyens :
Emmanuel ARAGO, CRÉMIËUX, Jules FAVRE, Jules FERRY,
GAMBETTA, GARNIER-PAGÈS, GLAIS-BIZOIN, Eugène PELLETAN,
Ernest PICARD, Henri ROCHEFORT, Jules SIMON, représentants
de Paris.
Le général TROCHU est chargé des pleins pouvoirs mili-
taires pour la défense nationale.
Il est appelé à la présidence du Gouvernement.
Le Gouvernement invite les Citoyens au calme ; le Peuple
n'oubliera pas qu'il est en face de l'ennemi.

Le Gouvernement est, avant tout, un Gouvernement de défense nationale.

Le Gouvernement de la Défense nationale,

ARAGO, CRÉMIEUX, Jules FAVRE, Jules FERRY, GAMBETTA, GLAIS-BIZOIN, GARNIER-PAGÈS, PELLETAN, PICARD, ROCHEFORT, Jules SIMON, Général TROCHU.

Le ministère est composé comme il suit :

Jules Favre, vice-président du gouvernement, ministre des affaires étrangères; Gambetta, ministre de l'intérieur; général Le Flô, ministre de la guerre; l'amiral Fourrichon, ministre de la marine; Crémieux, ministre de la justice; Ernest Picard, ministre des finances; Jules Simon, ministre de l'instruction puplique et des cultes; Dorian, ministre des travaux publics; Magnin, ministre de l'agriculture et du commerce. Le ministère de la présidence du conseil d'État est supprimé. M. Steenackers est nommé directeur des télégraphes; M. de Kératry, préfet de police; M. Étienne Arago, maire de Paris; MM. Floquet et Brisson sont ses adjoints.

Le Sénat, réuni en séance à midi, proteste contre la déchéance de l'empereur et l'annulation de son gouvernement, en accompagnant cette protestation des cris : « Vive l'Empereur ! vive l'Impératrice ! vive le Prince impérial ! vive la dynastie ! »

L'un des premiers actes du gouvernement de la Défense nationale fut de décréter le Corps législatif dissous et le Sénat aboli.

Un autre décret prononce l'amnistie de tous les crimes et délits politiques, et de tous les délits de presse, depuis le **3 décembre 1851** jusqu'au 3 septembre 1870; tous les condamnés encore détenus seront mis immédiatement en liberté. Les élections des officiers et sous-officiers de la garde nationale sont fixées au 6 septembre. La fabrication, le commerce, et la vente des armes sont déclarés absolument libres.

Dans la journée, à 2 h. 50, M. Filon, précepteur du prince impérial, télégraphiait de Paris à M. Duperré, qui était avec le prince à Maubeuge, cette laconique dépêche : « Filons sur Belgique, — Filon. » Et il accompagnait l'impératrice, dont la fuite fut protégée avec beaucoup de courage et de présence d'esprit par MM. de Metternich et Nigra. La princesse Mathilde fut reconduite à la frontière. Le prince Napoléon s'était déjà, depuis plusieurs jours, retiré à sa terre de Prangins, en emportant ses objets d'art les plus précieux. La princesse Clotilde voulut être la dernière de la famille impériale à quitter Paris, et partit publiquement, entourée du respect de tous, laissant à la ville, qu'elle quittait, le souvenir de ses vertus, de sa modestie et de sa charité.

En même temps que ces départs s'effectuaient, les proscrits de l'empire quittaient la terre d'exil et rentraient sur le sol français. L'un des plus illustres d'entre eux, Victor Hugo, fut, à son arrivée à Paris, l'objet d'une ovation enthousiaste.

Ainsi s'établit, sans une goutte de sang répandu, sans désordre et sans troubles, la nouvelle République, acceptée, sinon acclamée par tous. Les sergents de ville, désarmés par la garde nationale et protégés par elle contre quelques démonstrations hostiles de la foule, furent reconduits à leur domicile.

La ville de Lyon, à la première nouvelle des désastres, avait proclamé la République, avant même que Paris l'eût établie. Sans être aussi calme qu'à Paris, son avénement n'amène pas de troubles sérieux, et le drapeau rouge, un moment arboré sur l'Hôtel de ville, ne tarde pas à faire place aux couleurs nationales. Nous verrons cependant encore dans la suite de ce récit la commune de Lyon, s'établissant en face du gouvernement, arborer de nouveau ce drapeau des mauvais jours.

Les nouvelles reçues de la plupart des villes de province annonçaient que partout le nouveau gouvernement avait été accueilli, non-seulement sans opposition, mais avec une grande confiance. On espérait qu'une ère toute nouvelle allait s'ouvrir pour la France. On invoquait l'exemple de 92, et l'on espérait voir la République sauver la patrie.

[**5 septembre 1870**.] — Des nominations et des changements sont faits dans la magistrature et les postes diplomatiques; il est procédé au remplacement d'un certain nombre de préfets. L'impôt du timbre sur les journaux est aboli, et le serment politique supprimé pour tous les fonctionnaires publics de l'ordre administratif, militaire et judiciaire.

Tous les Allemands résidant dans les départements de la Seine et de Seine-et-Oise sont expulsés.

La correspondance de la famille impériale est saisie, et le dépouillement et la publication en sont confiés à une commission.

Un comité de défense de Paris est constitué : en sont membres, MM. Dorian, ministre des travaux publics, le contre-amiral de Dompierre-d'Hornoy, ministre par intérim de la marine et des colonies, M. Dupuy de Lôme, et le général Frébault.

M. Jules Ferry est délégué par le gouvernement à l'administration du département de la Seine.

Des maires provisoires sont nommés pour les vingt arrondissements de Paris.

La liquidation des biens de la liste civile est confiée à une commission.

La justice est rendue au nom du peuple français.

[8 septembre 1870.] — La reconnaissance de la République française, par la République des États-Unis, fut accueillie comme un excellent symptôme. La lettre adressée par M. Washburn au ministre des affaires étrangères était pleine de témoignages de sympathie. On se figura que la nouvelle République trouverait dans sa sœur d'outre-mer une puissante alliée, au besoin une protectrice. Cette illusion dura peu ; car on reconnut d'abord que la doctrine Monroë s'opposait à ce que l'Union nous prêtât aucun secours, et nous donnât autre chose qu'une stérile pitié; puis on s'aperçut bientôt que les véritables sympathies de la puissante République s'étaient toutes portées sur nos vainqueurs, représentés dans les États de l'Union par un nombre imposant d'émigrés. Plus désintéressée et plus loyale, la Confédération helvétique nous montra, en reconnaissant notre nouvelle forme de gouvernement démocratique, des sentiments bienveillants qui devaient se traduire de la manière la plus active et la plus réelle au jour de notre accablement. Les ambassadeurs d'Italie et d'Espagne notifièrent aussi à M. Jules Favre la reconnaissance du nouveau gouvernement par les puissances qu'ils représentaient.

V

LE SIÉGE DE METZ

[**18 août 1870**.] — La bataille de Plappeville ou de Saint-Privat, dont nous avons donné plus haut le récit, et dont l'insuccès doit être attribué en partie au manque de commandement, avait eu pour résultat de rejeter sous les murs de Metz l'armée de Bazaine, et, à partir de ce jour, ces forces imposantes se trouvent complétement isolées et privées absolument de communications avec le reste de la France. Ce fait seul a été reproché au maréchal comme une grande faute, et de plus comme une faute volontaire. En présence des accusations terribles qui se sont élevées contre le maréchal Bazaine, nous croyons, tout en exposant les événements d'après les récits qui nous ont paru les plus véridiques, devoir reproduire en note, à la suite de ce chapitre, le *Rapport sommaire* sur les opérations de l'armée du Rhin, du 13 août au 29 octobre 1870 par le commandant en chef maréchal Bazaine [1].

Les renseignements qui nous ont servi pour le récit que nous présentons sont empruntés, pour la plupart,

---

1. Voir à la suite du chapitre V, page 122, le *Rapport sommaire sur les opérations de l'armée du Rhin du 13 août au 29 octobre* 1870, par le commandant en chef maréchal Bazaine.

6.

à des rapports faits par des officiers de l'armée du Rhin.

[**20 août 1870.**] — A cette date, les lignes prussiennes s'étaient resserrées de telle sorte autour de Metz, que la ville et le camp retranché, réduits aux seules ressources de la place, ne pouvaient plus rien tirer du dehors. Cependant la ville était remplie de paysans réfugiés et de blessés, et le général Coffinières de Nordeck, commandant supérieur de la place de Metz, fit appel au dévouement des habitants pour suppléer à l'insuffisance des hôpitaux et des ambulances. Cette confiance ne fut pas trompée. Le zèle et la charité intelligente dont les malheureux blessés furent l'objet de la part des femmes de Metz donna la mesure du patriotisme de la population.

L'inaction apparente des Prussiens, dans les journées qui suivirent, cachait l'exécution de grands travaux. Ils réparaient nos lignes de chemins de fer et en construisaient une nouvelle de Herny à Pont-à-Mousson.

Nous mêmes, nous nous occupions rapidement de compléter l'armement de la place et de travailler aux nouveaux forts à peine commencés.

Les journées des 23, 24 et 25 août ne furent signalées que par la canonnade des forts, essayant de s'opposer à l'établissement des batteries prussiennes.

[**26 août 1870.**]—Le maréchal, cédant aux instances du général Coffinières, consentit à ne pas attendre dans l'inaction le secours qu'il espérait toujours recevoir de Mac-Mahon. Le départ eut lieu dès le matin par une pluie torrentielle qui ne cessa pas de la journée. Les troupes furent massées sur la rive droite de la Moselle, et le but de l'entreprise était de forcer les lignes ennemies vers Courcelle ou vers Thionville. Il n'y eut en réalité qu'une promenade militaire, et les vivres de plusieurs jours se trouvèrent perdus dans cette tentative inutile.

Les troupes, arrivées sur leurs positions à six heures du matin, y restèrent immobiles; à cinq heures du soir, elles regagnaient leurs camps. L'ennemi, ne pouvant pas plus qu'elles s'expliquer cette démonstration, prétendit qu'on n'avait pas osé l'attaquer.

Nous avions seulement occupé sans combat le village de Noisseville, d'où nous avions délogé l'ennemi.

[**28 août 1870.**] — Le nommé Schull, espion des plus adroits et des plus dangereux, qui par ses rapports avait causé nos désastres du commencement de la campagne, fut enfin arrêté, jugé et fusillé dans les fossés de la ville.

[**31 août 1870.**] — A cinq heures du matin, les troupes campées au ban Saint-Martin et en avant de Plappeville renouvellent le mouvement du 26, et la Moselle est franchie sur trois ponts. C'est seulement vers quatre heures, et alors que l'ennemi a eu le temps d'appeler ses réserves, que l'ordre de prendre l'offensive est donné.

Le maréchal Canrobert attaque par la gauche et le général Le Bœuf par la droite. Le corps de Ladmirault est au centre. Des batteries prussiennes sont établies à Sainte-Barbe, à Servigny et à Gras. Le premier de ces points est l'objectif principal de la journée. Le fort de Saint-Julien répond d'une manière efficace à l'artillerie ennemie. Notre droite gagne du terrain et l'importante position de Servigny est enlevée par deux divisions du 3e corps conduites à l'ennemi par le brave général Changarnier. Mais, dit-on, le maréchal, qui semble satisfait du succès obtenu, rentre en ville sans donner d'ordres. A neuf heures du soir, le 3e corps campe à Flanville sur les positions qu'il a conquises. Au réveil, il est salué par une vive canonnade. Protégé par son artillerie, il se retire, prudemment, mais sans ordre du général en chef. La division Bataille, qui suivait ce mouvement de retraite, reçut l'ordre de s'arrêter dans sa marche, et le général Frossard, ayant donné un ordre contraire, un conflit s'éleva. Enfin l'avis du maréchal Le Bœuf prévalut, et le général Bastoul, qui avait remplacé le général Bataille, blessé au commencement de l'action, fit un retour offensif et occupa de nouveau Flanville. Il quitta cette position pour s'établir à Bellecroix, appuyé par une nombreuse artillerie. Là, encore, des ordres contradictoires de Frossard et de Le Bœuf, résultant de l'absence du commandant en chef, lui faisaient perdre un temps précieux, et lorsque le malentendu fut éclairci, il ne restait plus qu'à rentrer dans Metz, où le maréchal Bazaine, voyant que l'on avait été contraint à la retraite, aurait dit que « c'était fâcheux, parce qu'au moment où le mouvement commençait, il allait se décider à lancer la brigade des voltigeurs de la garde qu'il avait fait avancer. »

Toute l'armée se demanda l'utilité de cette sanglante et coûteuse tentative. Si l'on avait voulu percer les lignes, pourquoi avoir commencé l'attaque si tard, pourquoi n'avoir pas mieux profité des avantages du premier jour en faisant donner le lendemain la garde et la réserve; pourquoi, surtout, avoir laissé chaque corps et même chaque division privée de direction, se mouvoir sans ensemble et sans unité ? Si c'était une simple reconnaissance, elle avait été faite avec une imprudence impardonnable, puisque l'on n'avait pas su apprécier à temps à quelles forces imposantes on allait avoir à faire au matin du second jour. Le maréchal avait d'ailleurs été prévenu, dès le matin du 1er septembre, du retour offensif de l'ennemi sur nos positions. Le bruit qui se répandait d'une bataille livrée par Mac-Mahon, le 31 août, donna à penser à l'armée, qui ne fut pas renseignée par un ordre du jour, qu'il s'était simplement agi de faire une puissante diversion dans le but de soulager l'armée de Mac-Mahon, luttant contre des forces déjà disproportionnées.

A partir de ce moment, on parut se résigner à l'immobilité, et les troupes, s'attendant à rester longtemps dans leurs campements, s'efforcèrent d'y apporter tout le confortable possible. Malgré cette occupation, les troupes laissées dans l'inaction se relâchaient de leur discipline. On pillait les maisons des environs. A l'intérieur, les subsistances et les provisions de fourrages baissaient rapidement.

[**8 septembre 1870**.] — Les bruits de nos désastres de Sedan, qui couraient la ville depuis la veille, furent confirmés par 600 prisonniers de l'armée de Mac-Mahon qui entrèrent dans la ville en échange de 600 Allemands que nous rendîmes. Quelques journaux prussiens, qui pénétrèrent à travers nos lignes, vinrent donner des détails sur la déchéance de l'empire et sur le nouveau gouvernement.

[**13 septembre 1870**.] — La proclamation du général Coffinières, datée du 13 seulement, ne parle de ces faits qu'avec une extrême réserve ; il dit ne connaître ces événements que par un journal.allemand et ne pouvoir ni les affirmer ni les démentir.

[**18 septembre 1870**.] — Des numéros de divers journaux de Paris furent apportés à Metz; les nouvelles qu'ils contenaient circulèrent parmi les habitants, mais la censure du général et du préfet interdit aux journaux de les reproduire sans certaines restrictions. Les attaques contre le régime déchu, le mot de République, tout ce qui pouvait rallier les esprits au gouvernement de la Défense nationale dut être soigneusement élagué [1]. Ces prescriptions furent d'ailleurs peu respectées. Les journaux de Metz proclamèrent la République, d'accord en cela avec les sentiments des habitants. Mais le maréchal continua à faire des nominations dans la garde impériale.

[**27 septembre 1870.**] — Les approvisionnements de la ville, ayant dû servir déjà depuis plus d'un mois à la subsistance d'une armée de 200,000 hommes, ne pouvaient durer bien longtemps; on s'en était avisé un peu tard déjà. On avait fait un recensement des denrées et on en avait fixé le tarif. Depuis plusieurs semaines déjà, l'on ne mangeait plus guère que de la viande de cheval. Pour augmenter les ressources de la place, on tenta des expéditions dans le but d'enlever aux Prussiens leurs approvisionnements.

Depuis quelques jours on parle fort de l'éloignement du général Bourbaki qui a quitté la ville; mais nul ne sait le motif de son absence.

Une attaque du général Lapasset sur le village de Peltre, attaque secondée par l'artillerie du fort Queuleu, donna d'assez heureux résultats.

En même temps, sur un autre point, le château de Mercy, où s'étaient fortifiés les Prussiens, fut vaillam-

---

1. Nayet et Spoll. *Blocus et capitulation de Metz*. Bruxelles, 1870.

ment enlevé et brûlé par deux de nos régiments. D'autres engagements, livrés sur plusieurs points, mettaient en notre pouvoir d'assez grandes quantités de fourrages et d'autres denrées. Ce ravitaillement ne laissa pas de nous coûter plusieurs hommes.

Ces expéditions, ainsi que les reconnaissances assez fréquentes qui eurent lieu par la suite, n'eurent jamais aucun résultat sérieux, et nous abandonnâmes chaque fois les villages occupés, les laissant exposés à des retours offensifs de l'ennemi qui les rasait ou les brûlait.

[**2 octobre 1870**.] — Une expédition sur le château de Ladonchamps fut plus heureuse; il fut enlevé et conservé par nous malgré les efforts de l'artillerie prussienne. La ferme de Sainte-Agathe, enlevée en même temps par un bataillon du 70ᵉ de ligne, nous livra encore des réserves de fourrage. Cette utile provision ne manqua plus à la ville et à l'armée, par la triste raison que le nombre des chevaux diminuait rapidement.

[**7 octobre 1870**.] — Une nouvelle tentative, qui devait être la dernière, eut lieu le 7 octobre, après avoir été annoncée pour le 3. Ce retard fut malheureux, d'abord parce que l'effectif de notre cavalerie et de notre artillerie était réduit chaque jour par la consommation des chevaux, puis parce que, dans l'intervalle, l'ennemi, toujours bien servi par les espions, eut très-probablement connaissance du plan d'attaque.

Nous nous portâmes en avant de Ladonchamps, dans la direction de Thionville. L'élan irrésistible de notre infanterie nous donna d'abord l'avantage sur toute la ligne; mais, de toutes les hauteurs, de formidables batteries de position ouvraient contre elle un feu écrasant. Nous n'avions, à part l'artillerie des forts, que quelques pièces à leur opposer. Malgré tout, nous avions réussi, sur la droite de l'immense ligne occupée par les positions attaquées, à faire replier l'ennemi sur Sainte-Barbe. Au centre, la garde enlevait une batterie prussienne sans pouvoir ramener les pièces. Des renforts successifs arrivant à l'ennemi, on dut, vers cinq heures, sonner la retraite.

Cette journée, si honorable pour notre armée, ne devait avoir pour nous aucun résultat; et la meilleure preuve qu'il n'entrait pas dans les plans du maréchal de faire une trouée, c'est que les hommes étaient partis sans leurs sacs et que les tentes n'avaient pas été levées.

[**10 octobre 1870.**] — La misère et la pénurie de vivres augmentaient. Une souscription ouverte en faveur des habitants malheureux de la ville atteignit rapidement le chiffre de cent mille francs.

Au milieu des souffrances de la ville, attristée par l'inutilité des efforts tentés et par le peu d'espoir qu'il y avait de pouvoir les renouveler, on reçut une dépêche d'origine inconnue, dont voici la teneur :

Deux grandes victoires ont été remportées sous Paris ; l'armée allemande est en pleine retraite sur Reims; les francs-tireurs des Vosges se sont emparés de Lunéville et marchent sur Nancy au nombre de 45,000 hommes. Que Metz tienne bon, on arrive !

Pour calmer la vive émotion causée par ces nouvelles, Bazaine adressa aux journaux de Metz le communiqué suivant :

« Le maréchal commandant en chef de l'armée du Rhin,
n'ayant reçu aucune nouvelle affirmant les heureux faits de
guerre qui se seraient passés à Paris, se borne à en souhai-
ter la réalisation et assure les habitants de Metz que rien ne
leur est caché; qu'ils aient donc confiance dans sa loyauté.
Du reste, jusqu'à ce jour, le maréchal a toujours communiqué à l'autorité militaire de Metz les journaux français ou
allemands tombés entre nos mains.

« Il profite de l'occasion pour assurer que, depuis le blocus,
il n'a jamais reçu la moindre communication du gouvernement, malgré toutes les tentatives faites pour établir des relations. Quoi qu'il advienne, une seule pensée doit, en ce
moment, absorber tous les esprits, c'est la défense du pays;
un seul cri sortir de toutes les poitrines : Vive la France ! »

[**13 octobre 1870.**] — Une manifestation des habitants de Metz, devant l'Hôtel de ville, dans le but d'a-
voir des éclaircissements sur la vérité des événements
du 4 septembre, à Paris, et sur la proclamation de la
République, obtient pour tout résultat cette déclaration adressée par le maire, au nom de la municipalité, au général commandant la place :

Monsieur le Général,

La démarche faite auprès de vous par les officiers de la
garde nationale a été inspirée par leur sérieuse résolution de
s'associer énergiquement à la défense de la ville. La garnison, à qui appartient cette défense, peut compter sur l'ardent concours d'une population incapable de faiblesse, quoi
qu'il arrive,

Les communs efforts de l'une et de l'autre garderont jusqu'aux dernières extrémités à la France sa principale forteresse, et aux Messins une nationalité à laquelle ils tiennent
comme à leur bien le plus cher.

Le conseil municipal se fait l'interprète de la cité tout entière; il ne peut se défendre d'exprimer son douloureux

étonnement de la tardive connaissance qui lui est donnée, par votre lettre de ce jour seulement, des ressources en subsistances sur lesquelles le commandant supérieur peut compter pour assurer la défense de la place.

La population en subira néanmoins les conséquences avec courage ; elle ne veut, sous aucune forme, assumer la responsabilité d'une situation qu'il ne lui a pas été donné de connaître ni de prévenir.

Nous vous prions, Monsieur le général, de faire parvenir à M. le maréchal Bazaine cette expression de nos sentiments. Ils se résument dans le cri : Vive la France !

[14 octobre 1870.] — Le général répondit le lendemain :

Monsieur le Maire,

Le conseil municipal de Metz m'a fait l'honneur de m'adresser une lettre dans laquelle il exprime les sentiments les plus nobles et les plus patriotiques.

Je m'empresse de vous remercier de cette manifestation qui est loin de me surprendre, car je n'ai jamais douté de l'ardent concours que la population de Metz donnera aux troupes chargées de la défense de notre forteresse. Vous pouvez compter également sur l'énergie avec laquelle nous accomplirons notre devoir. Tout ce qu'il sera humainement possible de faire, nous le ferons sans aucune hésitation. Mais je vous prie de dire à vos administrés que, pour atteindre ce résultat désiré par tous, il faut surtout le calme qui caractérise les gens fermement résolus, et qu'il importe de rester unis, en évitant avec soin tout ce qui pourrait ressembler à l'indiscipline, à la sédition et aux vaines déclamations ; il importe surtout d'*exclure la politique de nos préoccupations*, parce que la politique est un dissolvant qui ne peut que troubler l'harmonie qui doit régner parmi nous.

Un gouvernement de fait existe en France ; il a pris le titre de gouvernement de la Défense nationale ; nous devons reconnaître ce gouvernement et attendre les décisions qui seront prises par l'assemblée constituante élue par le pays.

En attendant sa décision, nous devons nous rallier au cri que vous poussez vous-mêmes : « Vive la France ! »

Vous me dites que la population a été péniblement surprise d'apprendre que les ressources en subsistances étaient très-limitées. Il était cependant facile de se rendre compte que, lorsqu'une population civile et militaire de plus de 230,000 âmes a tiré pendant deux mois tous ses vivres d'une place comme Metz, il ne doit plus rester que de faibles ressources.

Du reste, je n'ai jamais fait mystère de cette situation des subsistances : la réduction de la ration de l'armée, les recensements faits en ville, les mesures prises pour assurer le service de la boulangerie, et les conversations que j'ai eues soit avec M. le maire, soit avec divers habitants de la ville, démontrent suffisamment l'épuisement progressif de nos vivres.

Il serait d'ailleurs inutile de *récriminer sur le passé* et de rejeter la responsabilité *sur les uns* ou *sur les autres*.

Envisageons courageusement la situation telle qu'elle est, et, comme vous le dites avec beaucoup de raison, subissons-en les conséquences avec énergie et avec la ferme résolution d'en tirer le meilleur parti possible.

Le général de div. commandant supérieur
de la place de Metz ,
P. COFFINIÈRES.

[**18 octobre 1870.**] — C'est peu de temps après que l'on apprit les premières rumeurs des négociations entamées avec le prince Frédéric-Charles. Puis le général Boyer est envoyé à Versailles. C'est de la bouche de M. de Bismark qu'il reçoit le compte rendu plus ou moins exact de la situation de la France et des événements accomplis; il ne peut sur sa route contrôler de ce rapport que ce qu'il plaît aux Prussiens[1].

---

1. *L'Indépendant de la Moselle*, journal libéral de Metz, reproduisait la pièce suivante rédigée de mémoire par plusieurs offi-

La Prusse, très-bien renseignée sur l'état de la place et ne demandant qu'à gagner quelques jours, subor-

ciers à la suite de la communication verbale qui leur fut faite par leurs chefs le 19 octobre 1870 :

« MESSIEURS,

« Je suis chargé par le général de division et de la part de M. le maréchal commandant en chef de vous faire connaître des faits importants qui se sont produits depuis quelques jours. Les approvisionnements de la place de Metz diminuant de plus en plus, M. le maréchal Bazaine a cru devoir entrer en pourparlers avec l'ennemi. Il a désigné le général Boyer, son premier aide de camp, qui s'est rendu à Versailles au quartier général du roi Guillaume. L'empressement avec lequel l'envoyé du maréchal a été accueilli semble prouver que les Prussiens sont très-désireux de terminer la guerre. Ainsi le général Boyer ayant parcouru en chemin de fer le trajet de Metz à Château-Thierry, le service des trains était interrompu, afin de rendre son voyage plus rapide ; à Château-Thierry, une voiture avec armes du roi de Prusse l'attendait pour le transporter à Versailles. A peine arrivé, le général est reçu par M. de Bismark, qui transmet au roi de Prusse sa demande d'audience ; il est aussitôt introduit, et se trouve en présence d'un conseil de guerre, auquel assistent, sous la présidence du roi de Prusse, les principaux chefs de l'armée prussienne.

« Le général Boyer ayant exposé le but de sa mission, le général de Moltke prit la parole et déclara que, dans une question toute militaire, les négociations ne pouvaient être longues. L'armée de Metz devait subir le sort de l'armée de Sedan et se rendre prisonnière de guerre. M. de Bismark fit observer que la question politique devait primer la question militaire. Je serais disposé à admettre, continua-t-il, une convention qui permettrait à l'armée de Metz de se retirer sur un point désigné du territoire français, afin d'y protéger les délibérations nécessaires pour assurer la paix. Cette idée était suggérée à M. de Bismark par les difficultés que faisait naître pour le gouvernement prussien lui-même l'absence de tout gouvernement en France.

« En effet, les renseignements recueillis par le général le long de la route, auprès des chefs de gare et auprès de diverses personnes, les journaux qu'il a pu rapporter, ne laissent malheureusement subsister aucun doute à cet égard : l'anarchie la plus complète règne actuellement en France. Paris investi, affamé, sans communications extérieures, doit s'ouvrir aux Prussiens dans

donnait à une question politique, dit le rapport du
maréchal, les avantages qui seraient accordés à l'ar-

---

très-peu de jours; la discorde civile y paralyse la défense; les
membres du comité de Défense nationale ont été débordés. Gambetta et de Kératry sont partis en ballon; l'un est venu tomber à
Amiens, l'autre à Bar-le-Duc. Le désordre est au comble dans le
midi de la France. Le drapeau rouge flotte à Lyon, à Marseille, à
Bordeaux. Une armée de volontaires bretons a été détruite du côté
d'Orléans. La Normandie, parcourue par des bandes de brigands,
a appelé les Prussiens pour rétablir l'ordre. Le Havre, Elbeuf,
Rouen, ont actuellement des garnisons prussiennes, qui concourent avec la garde nationale à sauvegarder la sécurité publique.
Un mouvement d'un caractère religieux a éclaté en Vendée. Le
Nord désire ardemment la paix. La Prusse réclame la Lorraine,
l'Alsace et plusieurs milliards d'indemnité de guerre; l'Italie réclame la Savoie, Nice et la Corse.

« Cette anarchie, le gouvernement provisoire étant dispersé, les
différentes villes ne s'accordant pas quant à la forme d'un gouvernement nouveau, les d'Orléans ne s'étant pas présentés, cette
anarchie cause au gouvernement prussien, disposé à traiter de la
paix, des difficultés imprévues. Il ne peut songer à établir des
bases de négociations qu'en s'adressant au gouvernement de fait
qui existait avant le 1er septembre, c'est-à-dire à la régence. On
ignore encore si, dans les circonstances actuelles, la régente voudra prêter l'oreille à des propositions pacifiques. Mais, en cas de
refus, on ne pourrait s'adresser qu'à la chambre des députés, issue du suffrage universel et qui représente encore légalement la
nation. Toutefois, pour que le Corps législatif puisse se réunir de
nouveau et puisse délibérer, il faut qu'il soit protégé par une armée française. Tel est le rôle qu'aura sans doute à remplir l'armée de Metz. En attendant le retour du général Boyer, reparti
pour Versailles avec de nouveaux pouvoirs, il est urgent de faire
savoir aux troupes que la situation pénible où nous nous trouvons
n'est que transitoire. L'armée sépare sa cause de celle de la ville
de Metz. En attendant qu'elle puisse partir pour aller remplir une
nouvelle mission patriotique, elle saura supporter courageusement
encore quelques jours de privations. Si vous avez, Messieurs,
quelques explications nouvelles à demander, je m'empresserai de
vous les donner; mais je dois vous dire qu'aucune discussion ne
saurait être admise.

« Après cette allocution écoutée dans le plus profond silence
la séance a été levée. »

mée du Rhin. Le conseil de guerre décida que le maréchal n'avait pas le droit d'engager la France, et il fut décidé que l'armée devait rester en *dehors de toute manifestation politique.* N'y a-t-il pas ici dans les faits contradiction flagrante, et n'était-ce pas faire acte de politique, après avoir renvoyé le général Boyer à Versailles, que de lui donner l'ordre de se rendre à Chislehurst, auprès de l'impératrice, dans l'espoir *que son intervention auprès du roi de Prusse obtiendrait des conditions plus favorables* pour l'armée de Metz.

La Prusse se refusait à traiter avec le gouvernement de la Défense nationale, et pensait trouver auprès de l'impératrice régente plus de facilité qu'auprès de la République naissante; dans ce cas, les armées formées par celle-ci auraient été considérées comme des forces rebelles que l'armée de Metz aurait au besoin servi à ramener dans le devoir. Quand la Prusse vit qu'il n'y avait rien de pratique et de réalisable dans ce projet, elle déclara que les négociations politiques étaient rompues.

[**25 octobre 1870.**] — L'armée en fut informée le 25 octobre, et de nouvelles négociations, purement militaires, furent ouvertes, sous la condition qu'il ne serait rien stipulé de contraire à l'honneur militaire. Si entière que pût être la bonne foi de l'autorité militaire en prenant cet engagement, elle eût dû comprendre combien il était illusoire, alors qu'on n'avait plus de ressources, que l'ennemi le savait, et qu'il n'y avait plus à compter que sur sa générosité et sa clémence.

[**26 octobre 1870.**] — Le général de Cissey se rend au château de Frescaty, pour la discussion des articles de la capitulation. Nous devons dire, à l'honneur de ce général, que, quelques jours auparavant, il avait soumis au maréchal le plan d'ailleurs très-pratique d'un suprême effort, d'une dernière tentative pour percer les lignes ennemies, mais que cette proposition avait été rejetée. L'intercession de Changarnier, pour obtenir des conditions moins rigoureuses, n'ayant eu aucun succès, la ville et l'armée devaient se rendre sans conditions.

On remarque que, sans doute en prévision de cette solution, le maréchal, depuis quelques jours, conférait un grand nombre de décorations et de grades parmi les défenseurs de Metz.

[**27 octobre 1870.**] — Un ordre adressé à l'armée et mentionné par les journaux avait formellement promis que la ville et l'arsenal où seraient livrées les armes des troupes prisonnières de guerre serait neutralisés jusqu'à la paix, et que ces armes leur seraient rendues à ce moment. Cette croyance calma quelque peu l'agitation de la ville, et la remise de l'armement se fit sans trouble et sans résistance.

L'ordre de brûler les aigles avait été donné à tous les régiments; il ne fut exécuté que par un petit nombre d'entre eux, et cinquante-trois drapeaux tombèrent aux mains de l'ennemi avec notre immense matériel, nos munitions et nos canons.

Le 28, après que les soldats désarmés eurent défilé devant les Prussiens, une partie de la population apprenant enfin, par le protocole signé des généraux Jarras et Stiehle[1], les clauses humiliantes de la capitulation, essaya de se soulever.

---

1. *Protocole de la capitulation de Metz.*

Entre les soussignés, le chef d'état-major général de l'armée française sous Metz et le chef de l'état-major de l'armée prussienne

[**29 octobre 1870.**] — Le 29, conformément à la convention, les forts furent livrés; l'ennemi entra dans la ville musique en tête.

C'est ainsi qu'une armée de 173,000 hommes, protégée par une citadelle imprenable, que l'ennemi n'avait même pas attaquée, fut contrainte de se rendre aux mêmes conditions que l'armée de Sedan.

Il est incontestable que, lorsque la capitulation eut lieu, des souffrances et des privations inouïes rendaient la résistance impossible. Les hôpitaux conte-

---

devant Metz, tous deux munis des pleins pouvoirs de S. E. le maréchal Bazaine, commandant en chef, et du général en chef S. A. R. le prince Frédéric-Charles de Prusse,

La convention suivante a été conclue :

Art. 1er. L'armée française placée sous les ordres du maréchal Bazaine est prisonnière de guerre.

Art. 2. La forteresse et la ville de Metz, avec tous les forts, le matériel de guerre, les approvisionnements de toute espèce et tout ce qui est propriété de l'État, seront rendus à l'armée prussienne dans l'état où tout cela se trouve au moment de la signature de cette convention.

Samedi, 29 octobre, à midi, les forts de Saint-Quentin, Plappeville, Saint-Julien, Queuleu et Saint-Privat, ainsi que la porte Mazelle (route de Strasbourg), seront remis aux troupes prussiennes.

A dix heures du matin de ce même jour, des officiers d'artillerie et du génie avec quelques sous-officiers, seront admis dans lesdits forts pour occuper les magasins à poudre et pour éventer les mines.

Art. 3. Les armes, ainsi que tout le matériel de l'armée consistant en drapeaux, aigles, canons, mitrailleuses, chevaux, caisses de guerre, équipages de l'armée, munitions, etc., seront laissés à Metz et dans les forts à des commissions militaires instituées par M. le maréchal Bazaine pour être remis immédiatement à des commissaires prussiens. Les troupes, sans armes, seront conduites, rangées d'après leurs régiments ou corps et en ordre militaire, aux lieux qui sont indiqués pour chaque corps. Les officiers rentreront alors, librement, dans l'intérieur du camp retranché ou à Metz, sous la condition de s'engager sur l'honneur à

naient 30,000 malades, l'artillerie et le train n'avaient plus de chevaux, le sel manquait à tel point, qu'une bouteille d'eau salée se vendait un prix fabuleux; la ration de pain avait été réduite, en dernier lieu, à 200 grammes de pain non bluté. Les derniers jours, on trouvait dans les rues des soldats et des habitants morts d'inanition.

Mais comment concevoir qu'avec des forces pareilles, le maréchal se fût ainsi laissé réduire à l'impuissance? Le concert de récriminations et de repro-

---

ne pas quitter la place sans l'ordre du commandant prussien.

Les troupes seront alors conduites par leurs sous-officiers aux emplacements de bivacs. Les soldats conserveront leurs sacs, leurs effets et les objets de campement (tentes, couvertures, marmites, etc.).

Art. 4. Tous les généraux et officiers, ainsi que les employés militaires ayant rang d'officiers, qui engageront leur parole d'honneur par écrit de ne pas porter les armes contre l'Allemagne, et de n'agir d'aucune autre manière contre ses intérêts jusqu'à la fin de la guerre actuelle, ne seront pas faits prisonniers de guerre; les officiers et employés qui accepteront cette condition conserveront leurs armes et les objets qui leur appartiennent personnellement.

Pour reconnaître le courage dont ont fait preuve pendant la durée de la campagne les troupes de l'armée et de la garnison, il est en outre permis aux officiers qui opteront pour la captivité d'emporter avec eux leurs épées ou sabres, ainsi que tout ce qui leur appartient personnellement.

Art. 5. Les médecins militaires sans exception resteront en arrière pour prendre soin des blessés; ils seront traités d'après la convention de Genève; il en sera de même du personnel des hôpitaux.

Art. 6. Des questions de détail concernant principalement es intérêts de la ville sont traitées dans un appendice ci-annexé qui aura la même valeur que le présent protocole.

Art. 7. Tout article qui pourra présenter des doutes sera toujours interprété en faveur de l'armée française.

Fait au château de Frescaty, 27 octobre 1870.

(Signé) L. JARRAS,   STIEHLE.

ches qui s'élevèrent contre le maréchal, les brochures et les articles de journaux que publièrent les témoins des événements et les officiers de l'armée de Metz, attribuent la chute à plusieurs causes : l'incapacité du commandant, sa trahison, ou, suivant d'autres, son esprit d'intrigue et d'ambition [1]. Cette incapacité se serait traduite par l'insuffisance et le plan défectueux des batailles livrées et des sorties tentées; par la négligence du commandant qui, trop souvent absent du théâtre de la lutte, ne sut, en aucun cas, profiter des avantages acquis; par la facilité avec laquelle il accueillit les déclarations et les promesses de l'ennemi. La trahison, suivant d'autres, est patente. «Bazaine, disent-ils, n'a pas voulu secourir Mac-Mahon pour se rendre l'homme nécessaire. Il ne croyait pas que Paris pût tenir; il se voyait avec son armée, la seule que possédât la France à ce moment, le maître de la situation. Il ne crut pas non plus à la vitalité du gouvernement du 4 septembre, et s'imagina qu'en traitant avec les Prussiens, d'une part, avec l'impératrice, de l'autre, il pouvait se faire l'agent d'une restauration et conserver la dictature sous la régence, jusqu'à la majorité du prince. Voilà pourquoi il n'a fait depuis le 18 août aucune sortie sérieuse, pourquoi il a avancé, par l'absence de mesures de rationnement bien entendues, le moment de la capitulation; pourquoi enfin il a correspondu plus faci-

---

1. Le général Changarnier, appréciant devant l'Assemblée nationale la conduite du maréchal Bazaine, y reconnaît des fautes militaires, il n'y veut voir aucune trace de trahison; plusieurs membres font observer qu'à côté de son rôle militaire le maréchal a rempli un rôle politique qui doit être l'objet d'une enquête de la part de l'Assemblée. (Séance du 29 mai 1871, tenue à Versailles.)

lement avec Chislehurst qu'avec Tours et Paris. »

Les membres du gouvernement de la Défense nationale, délégués à Tours, accueillirent toutes ces accusations, et les formulèrent dans une proclamation indignée que nous reproduisons :

Français !

« Élevez vos âmes et vos résolutions à la hauteur des effroyables périls qui fondent sur la patrie; il dépend encore de nous de lasser la mauvaise fortune et de montrer à l'univers ce qu'est un grand peuple qui ne veut pas périr, et dont le courage s'exalte au sein même des catastrophes.

« Metz a capitulé ! ! ! Le général sur qui la France comptait, même après l'expédition du Mexique, vient d'enlever à la patrie en danger plus de cent mille défenseurs.

« Bazaine a trahi; il s'est fait l'agent de l'homme de Sedan, le complice de l'envahisseur, et au mépris de l'honneur de l'armée, dont il avait la garde, il a livré, sans même essayer un suprême effort, 120,000 combattants, 20,000 blessés, ses fusils, ses canons, ses drapeaux, et la plus forte citadelle de France, Metz, vierge jusqu'à lui des souillures de l'étranger.

« Un tel crime est au-dessus même des châtiments de la justice; et maintenant, Français, mesurez la profondeur de l'abîme où vous a précipités l'empire. Vingt ans la France a subi ce pouvoir corrupteur, qui tarissait en elle toutes les sources de la grandeur et de la vie.

« L'armée de la France, dépouillée de son caractère national, devenue, sans le savoir, un instrument de règne et de servitude, est engloutie, malgré l'héroïsme des soldats, par la trahison des chefs, dans les désastres de la patrie; en moins de deux mois, deux cent vingt mille hommes ont été livrés à l'ennemi, sinistre épilogue du coup de main militaire de décembre. Il est temps de nous relever, et c'est sous l'égide de la République que nous sommes décidés à ne laisser capituler ni dedans ni dehors, de puiser dans l'extrémité même de nos malheurs le rajeunissement de notre moralité, de notre virilité politique et sociale.

« Oui, quelle que soit l'étendue du désastre, il ne nous trouve ni consternés ni hésitants; nous sommes prêts aux derniers sacrifices, et, en face d'ennemis que tout favorise, nous jurons de ne jamais nous rendre. Tant qu'il restera un pouce de sol sacré sous nos semelles, nous tiendrons ferme le glorieux drapeau de la Révolution française.

« Notre cause est celle de la justice et du droit.

« L'Europe le voit, l'Europe le sent; devant tant de malheurs immérités, spontanément, sans avoir reçu de nous ni invitation ni adhésion, elle s'est émue, elle s'agite. Pas d'illusions, ne nous laissons ni alanguir ni énerver, et prouvons par des actes que nous voulons, que nous pouvons tenir de nous-mêmes l'honneur, l'indépendance, l'intégrité, tout ce qui fait la patrie libre et fière. Vive la France! Vive la République une et indivisible!

« Les Membres du Gouvernement,
« Crémieux, Glais-Bizoin, Gambetta. »

Le maréchal qui avait eu connaissance de ces imputations par le journal le Nord, y répondit par une lettre adressée au directeur de ce journal :

« Cassel, 2 novembre 1870.

« En arrivant à Cassel, où nous sommes internés par l'ordre de l'autorité prussienne, j'ai lu votre bulletin (partie politique) du 1er décembre, sur la convention militaire de Metz et la proclamation aux Français de M. Gambetta. Vous avez raison, l'armée n'eût pas suivi un traître, et pour toute réponse à cette élucubration mensongère afin de continuer à égarer l'opinion publique, je vous envoie l'ordre du jour adressé à l'armée après les décisions prises à l'unanimité par les conseils de guerre des 26 et 28 octobre au matin.

« Le délégué du gouvernement de la Défense nationale ne semble pas avoir conscience de ses expressions ni de la situation de l'armée de Metz, en stigmatisant la conduite du chef de cette armée qui, pendant près de trois mois, a lutté contre des forces presque doubles, dont les effectifs étaient toujours tenus au complet, tandis qu'elle ne recevait même pas une communication de ce gouvernement, malgré les tentatives faites pour se mettre en relation. Pendant cette campagne de trois mois, l'armée de Metz a eu un maréchal et 24 généraux, 2,140 officiers et 42,350 soldats atteints par le feu de l'ennemi.

« Se faisant respecter dans tous les combats qu'elle a livrés, une pareille armée ne pouvait être composée de traîtres ni de lâches. La famine, les intempéries ont fait seules tomber les armes des mains des 65,000 combattants réels qui restent (l'artillerie n'ayant plus d'attelages et la cavalerie étant démontée), et cela après avoir mangé la plus grande partie des chevaux et fouillé la terre dans toutes les directions pour y trouver rarement un faible allégement à ses privations.

« Sans son énergie et son patriotisme, elle aurait dû succomber dans la première quinzaine d'octobre, époque à laquelle les hommes étaient déjà réduits par jour à 300 grammes, puis 250 grammes de mauvais pain. Ajoutez à ce sombre tableau plus de 20,000 malades ou blessés sur le point de manquer de médicaments, et une pluie torrentielle depuis près de quinze jours inondant les camps et ne permettant pas aux hommes de se reposer, car ils n'avaient d'autre abri que leurs petites tentes.

« La France a toujours été trompée sur notre situation qui a été constamment critique. Pourquoi? je l'ignore, et la vérité finira par se faire jour. Quant à nous, nous avons la conscience d'avoir fait notre devoir en soldats et en patriotes.

Le maréchal Bazaine se rendit à Wilhemshœhe, auprès de l'ex-empereur.

Dans la suite de ce récit, nous verrons quelles devaient être les conséquences désastreuses de la capitulation de Metz[1] pour la défense de Paris, et pour les armées qui s'organisaient en province.

---

1. Le roi Guillaume informait la reine de cet événement, qu'il appelait modestement *l'un des plus importants du mois*, et adres-

APPENDICE AU CHAPITRE V

Rapport sommaire sur les opérations de l'armée du Rhin, du 13 août au 29 octobre 1870, par le commandant en chef maréchal BAZAINE.

Ce résumé a pour but de donner un aperçu, aussi exact que possible, sur des faits intéressant l'armée du Rhin pendant cette période.

Les rapports spéciaux établis après chaque combat, citant les corps, les officiers et les soldats qui s'y sont distingués, sont déposés aux archives de l'état-major de l'armée, sous le couvert du ministre de la guerre, et lui parviendront dès que les relations seront rétablies avec la capitale.

Nommé, par décret du 10 août, commandant en chef de l'armée du Rhin, j'en pris, le 13, le commandement, ayant pour chef d'état-major le général de division Jarras, désigné pour ces fonctions par le même décret qui supprimait celles du major général et des deux aides-majors généraux.

Mes instructions étaient de faire passer l'armée de la rive droite de la Moselle, où elle était réunie depuis le 11, sur la rive gauche pour la diriger sur Verdun. Ce mouvement était en pleine voie d'exécution le 14, s'opérant par les deux ailes, quand, vers deux heures de l'après-midi, les troupes allemandes commencèrent l'attaque sur la division Metman, du 3ᵉ corps. Il fallut l'appuyer pour maintenir l'ennemi qui devenait entreprenant ; le 4ᵉ corps, qui avait presque effectué son passage de rivière, revint en partie prendre position en avant du fort Saint-Julien, et concourut à ce combat qui dura jusqu'à la nuit et prit le nom de bataille de Borny.

Nous n'eûmes pas la satisfaction de déjouer les projets de l'ennemi, dont le but était de retarder notre concentration sur le plateau de Gravelotte, et donner le temps à ses troupes d'y arriver avant nous. Leur passage était signalé à Nomény et à Gorze, et

---

sait à son armée une longue proclamation où l'on remarquait l'ingénieuse récompense qu'il avait trouvée pour reconnaître ses héroïques efforts ; nous citons : « Je saisis ce moment pour vous exprimer à tous et à chacun, général ou soldat, ma satisfaction et ma reconnaissance. Je désire vous honorer tous en nommant au grade de feld-maréchal général mon fils, le prince royal, et le général de cavalerie Frédéric-Charles de Prusse, qui récemment vous ont si souvent conduits à la victoire. »

l'armée du prince Frédéric-Charles, dont les coureurs avaient été vus dans les environs de Briey, avançait du même côté.

Le mouvement de nos troupes sur la rive gauche de la Moselle continua le 15 août, et les 2e et 6e corps furent échelonnés derrière la division de cavalerie du général de Forton, qui, depuis la veille, éclairait la route de Mars-la-Tour, tandis que la division du général Du Barail éclairait la route de Conflans. La garde impériale fut établie en avant de Gravelotte.

La concentration des 3e et 4e corps sur le plateau n'était pas complète le 16 au commencement de la bataille, les passages sur les ponts, qui étaient en nombre insuffisant, ayant été plus longs qu'on ne l'avait supposé.

Le 16 août, vers neuf heures du matin, l'ennemi attaqua d'abord la division de Forton qui dut se replier sur le 2e corps ; l'action devint bientôt après générale et dura jusqu'à la nuit close. Ce combat, qui fit éprouver des pertes sensibles à l'ennemi et le tint un moment en échec, prit pour nous le nom de bataille de Rezonville. L'extrait suivant de la dépêche que j'adressai à S. M. l'Empereur et au ministre de la guerre, le 17 août, expose la situation de l'armée après ce combat :

« On dit aujourd'hui que le roi de Prusse serait à Pange ou au château d'Aubigny, qu'il est suivi d'une armée de 100,000 hommes, et qu'en outre des troupes nombreuses ont été vues sur la route de Verdun et à Mont-sous-les-Côtes.

« Ce qui pourrait donner une certaine vraisemblance à cette nouvelle de l'arrivée du roi de Prusse, c'est qu'en ce moment où j'ai l'honneur d'écrire à Votre Majesté, les Prussiens dirigent une attaque sérieuse sur le fort de Queuleu. Ils auraient établi des batteries à Magny, à Marcy-le-Haut et au bois de Pouilly ; dans ce moment, le tir est même assez vif.

« Quant à nous, les corps sont peu riches en vivres ; je vais tâcher d'en faire venir par la route des Ardennes qui est encore libre. M. le général Soleille, que j'ai envoyé dans la place, me rend compte qu'elle est peu approvisionnée en munitions, et qu'elle ne peut nous donner que 800,000 cartouches, ce qui, pour nos soldats, est l'affaire d'une journée. Il n'y a également qu'un petit nombre de coups pour pièces de 4, et enfin il ajoute que l'établissement pyrotechnique n'a pas les moyens nécessaires pour confectionner les cartouches.

« M. le général Soleille a dû demander à Paris ce qui est indispensable pour remonter l'outillage ; mais cela arrivera-t-il à temps? Les régiments du corps du général Frossard n'ont plus d'ustensiles de campement et ne peuvent faire cuire leurs aliments. Nous allons faire tous nos efforts pour reconstituer nos approvisionnements de toute sorte, afin de reprendre notre marche dans deux jours, si cela est possible. Je prendrai la route de Briey. Nous ne perdrons pas de temps, à moins que de nouveaux combats ne déjouent mes combinaisons. »

Je joignis à cette dépêche une note du général Soleille, indiquant le peu de ressources qu'offrait la place de Metz pour le ravitaillement en munitions de l'artillerie et de l'infanterie. Depuis, on trouva dans les magasins du chemin de fer 4 millions de cartouches, et M. le général Soleille donna une telle impulsion à l'arsenal de Metz, que l'on y put fabriquer des fusées percutantes, de la poudre et des cartouches avec un papier spécial ; un marché fut passé pour fondre des projectiles.

Le 17 août, l'armée vint s'établir sur les positions de Rozérieulles, à Saint-Privat-la-Montagne, pour les raisons suivantes :

1° Manque d'eau à Gravelotte et aux environs ;

2° Obligation, avant de continuer la marche en avant, d'aligner les vivres et de remplacer les munitions consommées, principalement en projectiles de 4 ;

3° Évacuer les blessés sur Metz.

Des suppositions ont été faites sur la possibilité de continuer la marche sur Verdun dans la nuit du 16 au 17 ; elles étaient erronées. Ceux qui les émettaient ne connaissaient pas la situation. L'ennemi recevait à chaque instant des renforts considérables et avait envoyé des forces pour occuper la position de Fresnes, en avant de Verdun ; l'armée française, en marche depuis plusieurs jours, venait de livrer deux batailles sanglantes, et elle avait encore des fractions en arrière, y compris le grand parc de réserve de l'armée, qui était arrêté à Toul, attendant une occasion favorable pour rejoindre, ce qu'il n'a pu faire. L'armée pouvait éprouver un échec très-sérieux qui aurait eu une influence fâcheuse sur les opérations ultérieures.

Les corps reçurent l'ordre de se fortifier dans leurs nouvelles positions et d'y tenir le plus longtemps possible. Mon intention était de reprendre l'offensive, le ravitaillement terminé.

Le 18 août, toute l'armée allemande, sous le commandement de S. M. le roi de Prusse, attaqua nos lignes avec une nombreuse artillerie et des masses considérables d'infanterie. Le succès resta toute la journée indécis ; mais, le soir, un suprême effort exécuté par l'ennemi sur Saint-Privat-la-Montagne rendit cette position intenable pour notre aile droite qui, malgré la bravoure et le dévouement du maréchal Canrobert et de ses troupes, dut l'évacuer et le fit en très-bon ordre.

La division de grenadiers de la garde, envoyée comme réserve, n'avait pu être engagée que tardivement.

Le 6ᵉ corps de l'armée du Rhin n'était pas complétement constitué en artillerie, génie, cavalerie, ni même en infanterie; une de ses divisions n'avait même qu'un seul régiment.

Pendant cette action, qui fut des plus meurtrières pour l'ennemi, je dus me tenir, avec les réserves d'artillerie et la garde, sur le plateau de Plappeville pour repousser les tentatives faites par l'ennemi, soit par Vaux et Sainte-Ruffine, soit par Woippy, sur les derrières de nos positions, son but étant de nous couper de Metz. Cette bataille prit le nom de défense des lignes d'Amanvillers.

Dans la matinée du 19, l'armée vint s'établir contre les forts détachés de Metz, et dès ce jour elle resta sur la défensive. Elle avait besoin de repos et surtout de reconstituer ses cadres en officiers de tous grades.

L'ennemi ne perdit par un instant pour compléter notre investissement, en détruisant les ponts sur l'Orne (petite rivière qui se jette dans la Moselle), et en rendant impraticable la voie ferrée de Thionville.

Le 26, les 4ᵉ, 6ᵉ corps de la garde passaient sur la rive droite; j'avais le projet de forcer le passage le long de cette rive; mais une véritable tempête nous surprit et rendit inexécutable, dans de bonnes conditions, tout mouvement offensif dans des terrains aussi détrempés.

Les commandants des corps d'armée et les chefs des armes spéciales furent réunis à la ferme de Grimont, et ils émirent l'avis que l'armée devait rester sous Metz, parce que sa présence maintenait devant elle 200,000 ennemis, qu'elle donnait le temps à la France d'organiser la résistance, aux armées en formation de se constituer, et qu'en cas de retraite de l'ennemi, elle le harcèlerait, si elle ne pouvait lui infliger une défaite décisive. Quant à la ville de Metz, elle avait besoin de la présence de l'armée pour terminer les forts, leur armement, les défenses extérieures du corps de place, et il fut reconnu que celle-ci ne pourrait plus tenir plus de quinze jours sans la protection de l'armée. Malheureusement les autorités civiles et militaires de cette place n'avaient pas pris de dispositions, quand il en était temps encore, pour faire rentrer dans son enceinte toutes les ressources en vivres et fourrages des cantons voisins, et augmenter ainsi les approvisionnements en prévision d'un long blocus. (Quelque temps avant, l'intendant en chef de l'armée était parti pour activer l'exécution des marchés; après lui j'envoyai M. l'intendant de Préval; personne ne put revenir.) Ces autorités ne firent pas non plus sortir de la ville les bouches inutiles, les étrangers qui pouvaient être nuisibles par leurs relations nationales. Les sages dispositions prescrites par les règlements militaires furent négligées pour ne pas inquiéter la population.

Nous étions donc réduits, dès le début, aux faibles approvisionnements des magasins de Metz et des villages sur lesquels nous étendions notre action.

Il fut, en outre, convenu, dans la réunion du 26, que, pour soutenir le moral des troupes, on ferait des coups de main pour harceler l'ennemi et augmenter nos ressources.

Des compagnies de partisans furent organisées dans les divisions et rendirent de bons services.

Le 30 août, je reçus par le retour d'un émissaire que j'avais envoyé à S. M. l'empereur au camp de Châlons l'avis suivant :

« Reçu votre dépêche du 19 dernier à Reims ; me porte dans la direction de Montmédy ; serai après-demain sur l'Aisne, où j'agirai selon les circonstances pour vous venir en aide. »

Je réunis l'armée, le 31, en avant des forts de Queuleu et de Saint-Julien, et j'indiquai comme objectif à enlever de vive force le plateau de Sainte-Barbe, ayant le projet, en cas de réussite, de gagner Thionville par Bettelainville et Redange, avec les 3e, 4e et 6e corps, en faisant filer la garde et le 2e corps par la route de Malroy.

La rive droite offrait l'avantage de ne pas traverser l'Orne ; puis, en prenant Sainte-Barbe pour objectif, l'ennemi était incertain si je me dirigerais vers l'Est pour couper les communications, ou vers les forteresses du Nord.

L'opération réussit en partie le 31 ; mais, pendant la nuit, les troupes qui occupaient Servigny furent obligées de se replier par suite d'un retour offensif de l'ennemi en nombre très-supérieur.

Le combat recommença le 1er, par un brouillard très-intense qui nous fut défavorable ; nous ne pûmes reprendre la position conquise le 31, et le maréchal Le Bœuf dut quitter le village de Noisseville sur lequel s'appuyait la droite du 3e corps, parce qu'il était fortement battu par un feu violent d'artillerie, et voyait sa retraite compromise par l'arrivée de fortes colonnes ennemies.

Nos pertes étaient sensibles ; il était à craindre que l'ennemi ne nous inquiétât pendant notre retour sur la rive gauche, car ses projectiles fouillaient déjà les terrains en arrière des forts.

Les 4e, 6e corps et la garde repassèrent sur la rive gauche pour reprendre des positions plus étendues et plus favorables à l'installation des troupes que les anciennes, et l'on s'occupa activement d'y faire exécuter les travaux de défenses nécessaires, travaux sommairement indiqués par le général Coffinières de Nordeck, et qui devaient nous établir solidement dans un véritable camp retranché. Je prévins l'empereur et le ministre de la guerre de notre insuccès par la dépêche suivante (cette dépêche, envoyée le 1er septembre, fut expédiée en duplicata le 3, puis expédiée de nouveau le 7) :

« Après une tentative de vive force, laquelle nous a amenés à un combat qui a duré deux jours, dans les environs de Sainte-

Barbe, nous sommes de nouveau dans le camp retranché de Metz, avec peu de ressources en munitions d'artillerie de campagne, ni viande, ni biscuit ; enfin un état sanitaire qui n'est pas parfait, la place étant encombrée de blessés. Malgré les nombreux combats, le moral de l'armée reste bon. Je continue à faire des efforts pour sortir de la situation dans laquelle nous sommes ; mais l'ennemi est très-nombreux autour de nous. Le général Decaen est mort. Blessés et malades environ 18,000. »

J'ai toujours ignoré si cette dépêche était parvenue, car depuis cette époque je n'ai plus reçu aucune communication du gouvernement.

Nous connûmes indirectement la bataille de Sédan et la capitulation qui s'ensuivit par les hourras poussés dans les avant-postes allemands, et par un médecin de l'internationale qui avait été soigner les blessés allemands.

Les nouvelles des événements du 4 septembre nous parvinrent par un prisonnier qui avait pu s'échapper d'Ars.

J'en donnai connaissance à l'armée dès que la confirmation m'en eût été donnée par le quartier-général allemand, par l'ordre du jour ci-après :

A l'armée du Rhin.

D'après deux journaux français du 7 et du 10 septembre, apportés au grand quartier général par un prisonnier français qui a pu franchir les lignes ennemies, S. M. l'empereur Napoléon aurait été interné en Allemagne après la bataille de Sedan, et l'impératrice, ainsi que le prince impérial, ayant quitté Paris le 4 septembre, un pouvoir exécutif, sous le titre de gouvernement de Défense nationale, s'est constitué à Paris. Les membres qui le composent sont : (suivent les noms.)

Généraux, officiers et soldats de l'armée du Rhin, nos obligations militaires envers la patrie en danger restent les mêmes. Continuons donc à la servir avec dévouement et la même énergie en défendant son territoire contre l'étranger, l'ordre social contre les mauvaises passions.

Je suis convaincu que votre moral, ainsi que vous en avez déjà donné tant de preuves, restera à la hauteur de toutes les circonstances, et que vous ajouterez de nouveaux titres à la reconnaissance et à l'admiration de la France.

Ban Saint-Martin, le 16 septembre 1870.

J'ai tenté à diverses reprises (15 et 25 septembre) de me mettre en relations avec le gouvernement de la Défense nationale. Je lui ai adressé en trois expéditions la dépêche qui suit :

« Il est urgent pour l'armée de savoir ce qui se passe à Paris et en France. Nous n'avons aucune communication avec l'intérieur, et les bruits les plus étranges sont répandus par les prisonniers que nous a rendus l'ennemi, qui en propage également de nature alarmante. Il est important pour nous de recevoir des instructions et des nouvelles.   ·

« Nous sommes entourés par des forces considérables que nous avons vainement essayé de percer le 31 août et le 1er septembre. »

Mes missives restèrent toujours sans réponse, et aucun de mes émissaires, qui n'étaient autres que des soldats de bonne volonté, ne revint. Nous n'avions de nouvelles que par les journaux allemands trouvés sur les prisonniers que l'on faisait, ou par les parlementaires, quand ils voulaient en donner.

Un fait à signaler, c'est que très-peu d'hommes du pays se sont offerts pour nous servir pendant la campagne ou le blocus, et qu'un petit nombre a répondu à l'appel de la mobilisation.

Pendant le mois de septembre et les premiers jours d'octobre, les opérations militaires principales furent celles de Lauvallier, Vany, Chieulles, Mercy et Peltres, Lessy, Ladonchamps, Bellevue et Saint-Rémy.

Indépendamment de ces opérations, les compagnies de partisans ne cessèrent de harceler l'ennemi, de lui faire des prisonniers, et je renouvelai les ordres déjà donnés de tenir constamment l'ennemi sur le qui vive par des attaques incessantes sur ses avant-postes afin de le forcer à maintenir un gros effectif devant Metz, espérant retarder l'investissement de la capitale et gagner du temps pour l'organisation de la défense nationale.

Depuis le 14 août, l'armée avait livré trois grandes batailles, tenté deux grandes sorties, effectué de très-fréquentes attaques sur les positions de l'ennemi.

Pendant cette période, les pertes éprouvées par l'armée du Rhin, en tués, blessés et disparus, furent de 25 officiers généraux, 2,499 officiers de tous grades et 40,339 sous-officiers et soldats.

Les malades étaient nombreux, et l'on pouvait craindre une épidémie. Notre situation devenait de plus en plus critique par l'épuisement des approvisionnements ; la ration de pain, qui depuis longtemps était à 500 grammes, puis à 300 grammes, fut réduite à 250 grammes sans blutage (limite extrême d'après l'opinion du médecin en chef de l'armée.)

Les chevaux qui servaient à nourrir l'armée et la ville (celle-ci recevait cinquante chevaux par jour) ne mangeaient que des feuilles et des écorces d'arbres, et succombaient rapidement sous l'influence d'une pareille alimentation et d'une intempérie persistante.

Ne comptant plus sur une armée de secours et ayant eu connaissance de l'insuccès de la mission de M. Jules Favre, comme de la non-convocation de la Constituante, j'écrivis la lettre confidentielle ci-après aux commandants des corps d'armée et aux chefs des armes spéciales :

« Ban Saint-Martin, le 7 octobre 1870.

« Le moment approche où l'armée du Rhin se trouvera dans la position la plus difficile peut-être qu'ait jamais dû subir une armée française. Les graves événements militaires et politiques qui se sont accomplis loin de nous, et dont nous ressentons le douloureux contre-coup, n'ont ébranlé ni notre force morale ni notre valeur comme armée. Mais vous n'ignorez pas que des complications d'un autre ordre s'ajoutent journellement à celles que créent pour nous les faits extérieurs.

« Les vivres commencent à manquer, et, dans un délai qui ne sera que trop court, ils nous feront absolument défaut. L'alimentation de nos chevaux de cavalerie et de trait est devenue un problème dont chaque jour qui s'écoule rend la solution de plus en plus improbable ; nos ressources sont épuisées, nos chevaux vont dépérir et disparaître.

« Dans ces graves circonstances, je vous ai appelés pour vous exposer la situation et vous faire part de mon sentiment.

« Le devoir d'un général en chef est de ne rien laisser ignorer, en pareille occurrence, aux commandants des corps d'armée placés sous ses ordres, et de s'éclairer de leurs avis et de leurs conseils.

« Placé plus immédiatement en contact avec les troupes, vous savez certainement, monsieur, ce que l'on peut attendre d'elles, ce que l'on doit espérer. Aussi, avant de prendre un parti décisif, ai-je voulu vous adresser cette dépêche, pour vous demander de me faire connaître par écrit, après un examen très-mûri et très-approfondi de la situation et après en avoir conféré avec vos généraux de division, votre opinion personnelle et votre appréciation motivée.

« Dès que j'aurai pris connaissance de ce document, dont l'importance ne vous échappera point, je vous appellerai de nouveau dans un conseil suprême, d'où sortira la solution définitive de la situation de l'armée dont S. M. l'empereur m'a confié le commandement.

« Je vous prie de me faire parvenir dans les quarante-huit heures l'opinion que j'ai l'honneur de vous demander, et de m'accuser réception de la présente dépêche. »

A cette même date, le *Journal officiel* disait :

« La position de Bazaine est toujours excellente. »

(Article signé par tous les membres du gouvernement de la Défense nationale.)

Le 10 octobre, un conseil de guerre eut lieu au grand quartier général, dans lequel il fut décidé, *à l'unanimité*, que le général

Boyer serait envoyé au grand quartier général royal à **Versailles**, pour tâcher de connaître la situation réelle de la France, les intentions des autorités prussiennes au sujet d'une convention militaire, et les concessions qu'on pourrait en attendre dans l'intérêt de l'armée de Metz comme dans celui de la paix.

L'extrait du procès-verbal de ce conseil de guerre, concernant cette décision, fut ainsi conçu :

« Après avoir rappelé les principaux traits de la situation, le maréchal Bazaine a ajouté que, malgré toutes les tentatives faites pour se mettre en communication avec la capitale, il ne lui était jamais parvenu aucune nouvelle officielle du gouvernement ; qu'aucun indice d'une armée française, opérant pour faire une diversion utile à l'armée du Rhin, ne lui avait été signalé.

« De l'examen de nos ressources alimentaires de toutes sortes, il résultait qu'en faisant tous les efforts imaginables, en fusionnant toutes les ressources de la ville avec celles de la place et de l'armée, en réduisant la ration journalière de pain à 300 grammes, en rationnant les habitants, en consommant les réserves des forts et en réduisant le blutage des farines au taux le plus bas, sans compromettre la santé des hommes, il était possible de vivre jusqu'au 20 octobre inclus, y compris les deux jours de biscuit existant dans le sac des hommes.

« La ration de viande de cheval devait être élevée à 600 grammes d'abord et poussée à 750 grammes, tous les chevaux étant considérés comme sacrifiés vu l'impossibilité de les nourrir autrement que par un pacage presque illusoire, et la mortalité faisant chaque jour chez ces animaux des progrès effrayants.

« Il fut déclaré ensuite que l'état sanitaire était gravement compromis dans la place, tant par l'accumulation de 19,000 blessés ou malades que par le défaut de médicaments, des moyens de couchage, de locaux et d'abris, et par l'insuffisance du nombre de médecins.

« Les rapports du médecin en chef constatent que le typhus, la variole, la dyssenterie et le cortége des maladies épidémiques commençaient à envahir les établissements hospitaliers et à se répandre dans la ville.

« L'affaiblissement causé par la mauvaise alimentation à laquelle on était réduit ne pouvait qu'augmenter les causes morbides. On constata que les ambulances et les hôpitaux étaient encombrés, que près de 2,000 malades ou blessés étaient encore recueillis chez les habitants, et la conclusion fut que, si un nombre considérable de blessés devait de nouveau être dirigé sur la place, il y aurait d'abord « impossibilité de les installer, mais surtout danger immédiat « pour la santé publique. »

« Cet exposé de la situation de nos ressources et de l'état sanitaire étant connu de tous les membres du conseil de guerre, l'on passe à l'examen de la situation militaire.

« Après lecture faite en conseil des rapports des commandants des corps d'armée et de la place de Metz, la situation militaire se résuma dans les questions suivantes :

« 1º L'armée doit-elle tenir sous les murs de Metz jusqu'à l'entier épuisement de ses ressources alimentaires ?

« 2º Doit-on continuer à faire des opérations autour de la place pour essayer de se procurer des vivres et des fourrages ?

« 3º Peut-on entrer en pourparlers avec l'ennemi pour traiter d'une convention militaire ?

« 4º Doit-on tenter le sort des armes et chercher à percer les lignes ennemies ?

« La première question est résolue affirmativement, *à l'unanimité*, par cette raison que la présence de l'armée sous les murs de Metz y retient, en les immobilisant, 200,000 ennemis, et que, dans les conditions où elle se trouve, le plus grand service que l'armée du Rhin puisse rendre au pays est de gagner du temps et de lui permettre d'organiser la résistance dans l'intérieur.

« La deuxième question est résolue négativement, *à l'unanimité,* en raison du peu de probabilité qu'il y a de trouver des ressources suffisantes pour vivre quelques jours de plus à cause des pertes que ces opérations occasionneraient, et de l'effet dissolvant que leur insuccès pourrait avoir sur le moral de la troupe.

« La troisième question est résolue affirmativement, *à l'unanimité*, à la condition toutefois d'entamer les ouvertures dans un délai qui ne dépassera pas quarante-huit heures, afin de ne pas permettre à l'ennemi de retarder le moment de la conclusion de la convention jusqu'au jour et peut-être au-delà du jour de l'épuisement de nos ressources.

« Tous les membres du conseil de guerre déclarent énergiquement que les clauses de la convention devront être honorables pour nos armes et pour nous-mêmes.

« La quatrième question en amène une cinquième. **M.** le général Coffinières de Nordeck demande s'il ne serait pas préférable de tenter le sort des armes avant d'entamer les négociations, le succès de cette tentative pouvant rendre les pourparlers inutiles, ou bien le résultat de nos efforts pouvant peser dans la balance des pertes que nous aurions fait subir à l'ennemi.

« Cette question est écartée par la majorité, et il est décidé à l'unanimité que, si les conditions de l'ennemi portent atteinte à l'honneur militaire, on essayera de se frayer un chemin par la force avant d'être épuisé par la famine, et tandis qu'il reste la possibilité d'atteler encore quelques batteries.

« Il est donc convenu et arrêté :

« 1º Que l'on tiendra sous Metz le plus longtemps possible ;

« 2º Que l'on ne fera pas d'opérations autour de la place, le but à atteindre étant plus qu'improbable ;

« 3º Que des pourparlers seront engagés avec l'ennemi dans un délai qui ne dépassera pas quarante-huit heures, afin de conclure une convention militaire honorable et acceptable pour tous ;

« 4º Que, dans le cas où l'ennemi voudrait imposer des conditions incompatibles avec notre honneur et le sentiment du devoir militaire, on tentera de se frayer un passage les armes à la main.

« Suivent les signatures :

« Maréchal Canrobert, commandant le 6ᵉ corps.

« Général Frossard, commandant le 2ᵉ corps.

« Maréchal Le Bœuf, commandant le 3ᵉ corps.

« Général Ladmirault, commandant le 4ᵉ corps.

« Général Desvaux, commandant provisoirement la garde impériale.

« Général Soleille, commandant l'artillerie de l'armée.

« Général Coffinières de Nordeck, commandant supérieur de Metz.

« Intendant Lebrun, intendant en chef de l'armée.

« Maréchal Bazaine, commandant en chef de l'armée du Rhin. »

L'autorisation demandée pour M. le général Boyer, qui avait été refusée le 11 octobre, fut accordée le 12, sur une dépêche télégraphique du roi de Prusse.

Cet officier général se mit immédiatement en route pour Versailles, accompagné de deux officiers de l'état-major du prince Frédéric-Charles.

A son arrivée à Versailles, le 14, où on ne le laissa pas communiquer librement, il fut reçu par M. le comte de Bismark, qui lui donna une seconde audience le lendemain, à l'issue du conseil.

M. le général Boyer revint à Metz le 17, et une nouvelle conférence eut lieu le 18, à laquelle voulut bien assister M. le général Changarnier, pour entendre le récit de la mission dont le général Boyer avait été chargé.

Il rendit compte des conditions qui étaient exigées pour que l'armée sous Metz pût sortir avec armes et matériel. Ces conditions subordonnaient à *une question politique* les avantages qui seraient accordés à l'armée du Rhin.

Il exposa la situation intérieure de la France telle qu'elle lui avait été dépeinte : l'impossibilité de traiter avec le gouvernement de la Défense nationale sans la convocation préalable d'une Assemblée constituante qui seule pouvait garantir le traité à intervenir, convocation ajournée par ce gouvernement de fait que la Prusse n'avait pas reconnu, le pouvoir émanant de la constitution

de 1870, votée en mai par le peuple français, représentant encore
le gouvernement de droit.

Il fut décidé, à la majorité de 7 voix contre 4, que le général
Boyer retournerait à Versailles, et de là se rendrait en Angleterre,
dans l'espoir que l'intervention de l'impératrice-régente auprès du
roi de Prusse obtiendrait des conditions plus favorables pour l'armée de Metz.

Il fut résolu à l'unanimité : que le maréchal commandant en
chef ne « saurait accepter aucune délégation » pour signer les
bases d'un traité impliquant des questions étrangères à l'armée,
« celle-ci devant rester en dehors de toute négociation politique. »

La mission du général Boyer n'avait donc d'autre but que de
tâcher de faire sortir l'armée du Rhin de la situation pénible où
elle se trouvait et de la conserver à la France.

Je ne reçus plus aucune nouvelle directe de la mission du général Boyer ; mais j'appris plus tard que ses loyales tentatives n'a-
vaient pas pu aboutir, les garanties demandées par l'autorité
militaire allemande ayant paru excessives, et leur acceptation ne
dépendant en aucune manière des chefs de l'armée.

Le 21 octobre, j'envoyai en six expéditions, à Paris et à Tours,
la dépêche suivante :

« A plusieurs reprises, j'ai envoyé des hommes de bonne volonté pour donner des nouvelles de l'armée et de Metz. Depuis,
notre situation n'a fait qu'empirer, et je n'ai jamais reçu la moindre communication ni de Paris ni de Tours. Il est cependant urgent
de savoir ce qui se passe dans l'intérieur du pays et dans la capitale ; car, sous peu, la famine me forcera de prendre un parti dans
l'intérêt de la France et de cette armée. »

M. de Valcour, interprète du général Blanchard, était un des
porteurs de cette dépêche.

Le 24 octobre seulement, je reçus, par l'intermédiaire du
prince Frédéric-Charles, l'avis que l'on n'entrevoyait plus, au grand
quartier général royal, aucune chance d'arriver à un résultat par
des négociations politiques.

Le 25, au matin, une nouvelle réunion eut lieu pour donner
connaissance de la communication ci-dessus.

Le conseil, désirant être complétement et définitivement édifié
sur les intentions du quartier général de l'armée allemande à
notre égard, pria M. le général Changarnier, le glorieux vétéran
de nos guerres d'Afrique, qui, pendant toute cette campagne, a
été pour l'armée du Rhin un bel exemple d'abnégation et de bravoure dans les combats, un guide sage et loyal dans les conseils,
de se rendre auprès du prince Frédéric-Charles pour tâcher d'obtenir, non une capitulation, mais un armistice-avec ravitaillement,
ou que l'armée pût se retirer en Afrique.

8

L'illustre général accepta, par dévouement, cette délicate mission, qui n'eut pas un meilleur résultat que les précédentes.

Il fallut se résigner, parce qu'une tentative de vive force, qui déjà précédemment n'avait été considérée que comme un dernier acte de désespoir, aurait été dans les circonstance actuelles un vrai suicide, en offrant à l'ennemi une victoire facile sur une armée épuisée, qui, cependant, n'avait jamais été vaincue, et c'eût été un crime de sacrifier inutilement des milliers d'existences confiées par la patrie à la responsabilité de chefs éprouvés.

Le conseil fut réuni de nouveau, le 26 au matin, pour entendre le résultat de la mission du général Changarnier et prendre un parti définitif.

Il fut convenu, « à l'unanimité, » non sans la plus vive douleur, que M. le général de division Jarras, chef d'état-major général, serait envoyé au quartier général du prince Frédéric-Charles, comme délégué par le conseil et muni de ses pleins pouvoirs, pour arrêter et signer une convention militaire par laquelle l'armée française, vaincue par la famine, se constituerait prisonnière de guerre.

Au rapport du 26 octobre, j'avais donné l'ordre au général commandant l'artillerie de faire réunir par les soins de l'artillerie les aigles des régiments, pour les déposer à l'arsenal où ils devaient être détruits: mais cet ordre ne fut malheureusement pas exécuté dans tous les corps. On en demanda un nouveau avec attache de l'état-major général; on perdit ainsi des moments précieux, et, une fois la convention signée, c'eût été manquer à la parole donnée que de ne pas en exécuter rigoureusement toutes les clauses, quelque pénibles qu'elles fussent. Du reste, les trophées militaires n'ont de valeur morale que quand ils sont pris sur le champ de bataille; ils n'en ont aucune quand ils sont déposés dans un arsenal.

Cette convention militaire fut signée par les chefs d'état-major des deux armées, dans la soirée du 27, au château de Frescaty, pour être mise à exécution le 28, à midi. Elle fut acceptée par le conseil dans sa séance du 27, à huit heures et demie du matin.

Voici le procès-verbal de cette dernière conférence :

« Le 28 octobre 1870, à huit heures et demie du matin, étaient réunis en conseil, sous la présidence du maréchal Bazaine, à son quartier général, MM. les commandants des armées spéciales, à l'effet d'entendre la lecture de la convention signée, le 27 octobre 1870, au château de Frescaty, près Metz, par M. le général chef d'état-major général de l'armée, muni à cet effet des pleins pouvoirs de M. le maréchal Bazaine et de tous les membres du conseil, lesquels lui ont été conférés dans la séance du 28 octobre, au matin.

« Le général Jarras a fait la lecture dudit document, ainsi que de l'appendice qui y est joint, et, après les explications qui ont été demandées et données sur la portée et l'interprétation de quelques articles, le conseil a reconnu que son mandataire avait usé des larges instructions qu'il avait reçues d'une manière aussi satisfaisante que le comportait la situation de l'armée, et il a donné son approbation au protocole et à son annexe.

« MM. le maréchal Canrobert, commandant le 6e corps.

  « le maréchal Le Bœuf, commandant le 3e corps.

  « le général Ladmirault, commandant le 4e corps.

  « le général Frossard, commandant le 2e corps.

  « le général Desvaux, commandant provisoirement la garde impériale.

  « le général Soleille, commandant en chef de l'artillerie.

  « le général Coffinières de Nordeck, commandant supérieur de Metz et commandant en chef le génie de l'armée.

  « l'intendant Lebrun, intendant général de l'armée.

  « le général de division Jarras, chef d'état-major général de l'armée.

  « le général Changarnier.

  « le maréchal Bazaine, commandant en chef de l'armée du Rhin. »

Le 29 octobre, à cinq heures du soir, je me suis constitué prisonnier à Corny, quartier général du prince Frédéric-Charles, puis j'ai été dirigé sur Cassel, par ordre de S. M. le roi de Prusse.

En me séparant de cette brave armée qui a toujours été un modèle de discipline et de loyauté, je lui adressai l'ordre du jour ci-après, faible expression de ma reconnaissance pour son patriotisme et les solides qualités militaires dont elle a donné tant de preuves pendant les plus tristes périodes de la campagne :

« A l'armée du Rhin.

« Vaincus par la famine, nous sommes contraints de subir les lois de la guerre, en nous constituant prisonniers. A diverses époques de notre histoire militaire, de braves troupes commandées par Masséna, Kléber, Gouvion Saint-Cyr, ont éprouvé le même sort qui n'entache en rien l'honneur militaire, quand, comme vous, on a aussi glorieusement accompli son devoir jusqu'à l'extrême limite humaine.

« Tout ce qu'il était loyalement possible de faire pour éviter cette fin a été tenté et n'a pu aboutir.

« Quant à renouveler un suprême effort pour briser les lignes fortifiées de l'ennemi, malgré votre vaillance et le sacrifice de milliers d'existences qui peuvent encore être utiles à la patrie, il eût été infructueux par suite de l'armement et des forces écrasantes qui gardent et appuient ces lignes ; un désastre en eût été la conséquence.

« Soyons dignes dans l'adversité ; respectons les conventions honorables qui ont été stipulées, si nous voulons être respectés comme nous le méritons. Evitons surtout, pour la réputation de cette armée, les actes d'indiscipline comme la destruction d'armes et de matériel, puisque, d'après les usages militaires, places et armements doivent faire retour à la France lorsque la paix est signée.

» En quittant le commandement, je tiens à exprimer aux généraux, officiers et soldats toute ma reconnaissance pour leur loyal concours, leur brillante valeur dans les combats, leur résignation dans les privations, et c'est le cœur navré que je me sépare de vous.

« Ban Saint-Martin, le 28 octobre 1870. »

Tel est le récit succinct et fidèle de la conduite de l'armée du Rhin. J'espère que l'histoire lui rendra justice et que la grande voix de l'opinion publique dira qu'elle a bien mérité de la patrie.

VI

LA RÉSISTANCE DE LA PROVINCE

Tant que les armées envahissantes avaient eu devant elles les troupes encore imposantes de Mac-Mahon et de Bazaine, elles n'avaient guère eu d'autre objectif que de se rencontrer avec elles afin de les anéantir ou de les réduire à l'inaction. C'est le résultat qu'elles avaient obtenu à Sedan et dans les batailles sous Metz. A partir de ce moment leurs colonnes innombrables, tout en poursuivant leur marche vers Paris, où les précédait une nombreuse cavalerie, s'étendent librement dans les départements du Nord-Est, assiégent les villes fortes, pillent les villes ouvertes et les bombardent lorsqu'elles résistent. Bientôt elles ont investi la capitale même, et se répandant dans l'Ouest et le Centre, elles portent la désolation sur une vaste portion de notre territoire. Avant de nous occuper de la défense de Paris, nous consignerons d'abord les efforts et les souffrances de la province.

[**10 août 1870.**] — La place de Strasbourg fut bientôt coupée de ses communications avec Paris et Lyon et sommée de se rendre par le général Bayer, commandant le corps badois. Le général Uhrich et le préfet du Bas-Rhin, M. Prou, répondirent par un refus catégorique et adressèrent aux habitants de Strasbourg la proclamation suivante :

AUX HABITANTS DE STRASBOURG

« Des bruits inquiétants, des paniques ont été répandus ces jours derniers, involontairement ou à dessein, dans notre brave cité. Quelques individus ont osé manifester la pensée que la place se rendrait sans coup férir. Nous protestons énergiquement, au nom de la population courageuse et française, contre ces défaillances lâches et criminelles.

« Les remparts sont armés de 400 canons. La garnison est composée de 11,000 hommes sans compter la garde nationale sédentaire.

« Si Strasbourg est attaqué, Strasbourg se déféndra tant qu'il restera un soldat, un biscuit, une cartouche. Les bons peuvent se rassurer; quant aux autres, ils n'ont qu'à s'éloigner . »

Le quartier général de l'armée d'investissement était établi à Lampertheim. Les Badois ayant ouvert le feu, la ville leur répondit et réduisit en cendres la ville de Kehl.

8.

[**14 août 1870**.] — La petite place de Phalsbourg subit un bombardement de onze heures. Les projectiles ennemis atteignent et mettent en flammes la plus grande partie de la ville. Le commandant refuse à plusieurs reprises les capitulations les plus honorables. L'ennemi n'ayant que des pièces de campagne suspend l'attaque des fortifications et se borne à laisser quelques forces pour investir la ville.

[**16 août 1870**.] — Le commandant Huch défendait la place de Toul investie par la garde royale prussienne. Après plusieurs sommations restées infructueuses, le bombardement commence. L'artillerie de la place répond avec avantage.

[**17 août 1870**.] — Le capitaine Stevenot de la mobile du Bas-Rhin, sorti de Schelestadt avec quarante-huit hommes, tient pendant quatre heures contre trois cents Prussiens et leur fait éprouver des pertes sensibles. Il les met en complète déroute, et rentre à Schelestadt ramenant sept prisonniers et n'ayant que deux hommes blessés. Nous avons voulu mentionner ce fait, l'un des premiers que l'on ait à signaler dans l'Est parmi les nombreux exploits de la guerre de partisans, plus fatale aux Allemands que les batailles les plus sanglantes.

[**25 août 1870**.] — Un corps de 8 à 10,000 hommes, commandé par le prince de Saxe, attaque Verdun. Après un combat très-vif de trois heures pendant lequel 300 obus furent lancés contre la ville, les Prussiens sont repoussés sur toute la ligne. Nos pièces étaient en grande partie servies par la garde nationale sédentaire. Pendant le bombardement, l'évêque étant monté sur la plate-forme de la cathédrale avec le drapeau parlementaire, y est tué par un projectile.

Devant Strasbourg, les assiégeants ayant eu à plusieurs reprises leurs batteries démontées renoncent au tir de jour, mais bombardent chaque nuit la ville. Les habitants se réfugient dans les caves. Les espions prussiens sont nombreux dans la ville, et avertissent l'ennemi des mouvements et des sorties préparés par les assiégés. Bientôt les bombes continuant leurs ravages nocturnes, la cathédrale est atteinte, et le feu prend à la nef dans la nuit du 25; la bibliothèque de la ville [1], l'église du Temple-Neuf, le musée de peinture et le plus beau quartier de la ville sont réduits en cendres. L'évêque de Strasbourg, Mgr Ræss, se rend au quartier général allemand pour demander que le feu soit dirigé sur les ouvrages de défense et non sur les habitants inoffensifs. « C'est aux habitants, lui est-il répondu, à forcer le général à capituler », et le bombardement continue. Il demande que les habitants puissent évacuer la ville, cette permission lui est refusée. Le digne évêque mourait quelques jours après de chagrin, d'émotion et de fatigue. Les travaux d'établissement des batteries et les tranchées sont faits par les paysans alsaciens que les Allemands forcent à travailler sous le feu de leurs compatriotes. C'est là un de ces procédés tout nouveaux dans les annales de la guerre, qui nous ont révélé, durant toute l'invasion, chez les envahisseurs, avec une absence complète de préjugés· et de routine, un esprit ingénieux et pratique.

---

1. La bibliothèque de Strasbourg possédait 180,000 volumes, 12,000 manuscrits, 2,000 *incunables* à partir de 1459. Le monde savant protesta tout entier contre la destruction de ces monuments précieux des origines de l'imprimerie, et l'Académie française stigmatisa par un manifeste solennel cet acte de barbarie.

[16 août 1870.] — Un détachement de uhlans, s'étant présenté à Épernay, attaque la gare où se trouvaient à ce moment dix soldats du génie. D'autres cavaliers pénètrent dans la ville. La garde nationale prend aussitôt les armes et vient en aide aux soldats du génie. Les Prussiens sont repoussés après avoir perdu dix-sept hommes dont un officier. Mais le maire d'Épernay, M. Auban-Moët, d'accord en cela avec son conseil municipal, invite ses administrés à ne pas se défendre. Il est destitué.

Huit cents mobiles se laissent surprendre à Sainte-Menehould par l'ennemi, qui, jugeant par ce seul fait notre garde mobile, déclare dans les feuilles allemandes qu'elle n'est pas à craindre.

La petite place de Vitry est obligée de se rendre.

[30 août 1870.] — Une fausse nouvelle jette un moment la panique sur toutes nos côtes. On prétendait que vingt navires flibustiers, armés aux États-Unis, venaient de prendre la mer amenant les colons allemands. Ces corsaires devaient mettre à feu et à sang tous nos ports et ruiner notre marine. Ce bruit ne tarda pas à être démenti.

[3 septembre 1870.] — Après la lutte de trois jours dont les environs de Sedan avaient été le théâtre, les armées allemandes, dont les succès inouïs avaient été chèrement achetés, avaient de nombreux blessés à évacuer. La Prusse demanda qu'il lui fût permis d'employer pour cela les chemins de fer belges, ce qu'on dut lui refuser, dans la persuasion que cette demande n'avait pas pour motif le prompt soulagement des blessés, mais le désir de dégager ses voies de transport dans l'Est.

[5 septembre 1870.] Des parlementaires prussiens

s'étant présentés à Montmédy, les 2 et 3 septembre, furent éconduits. Le 5, le bombardement commença. Il fut un moment suspendu ; mais le capitaine Reboul, commandant la place, ayant répondu par un troisième refus à une nouvelle sommation, les batteries prussiennes rouvrirent leur feu. La résistance de la ville décide les Allemands à renoncer pour le moment au siége ; ils s'éloignent le lendemain.

[**6 septembre 1870.**] — On apprend avec un certain étonnement que notre flotte est rappelée et quitte la Baltique.

Le gouvernement de la Défense nationale, installé depuis le 4 septembre, publie, entre autres nominations, celle de M. Valentin à la préfecture du Bas-Rhin, et celle de M. Esquiros à l'administration supérieure des Bouches-du-Rhône.

[**9 septembre 1870.**] — Le général Vinoy en quittant la ville de Laon, après son habile retraite de Mézières, la laissait aux mains du général Thérémin d'Hame. La situation de ce commandant était difficile. D'une part, les habitants étaient absolument opposés à toute espèce de résistance et craignaient que la défense de la citadelle n'exposât la ville à une destruction complète ; d'autre part, la garnison n'était composée que de garde mobile. L'artillerie de la mobile paraissait bien disposée ; mais, malgré tous les efforts des officiers, la désertion se mettait dans l'infanterie.

Le 6, le général fit tirer sur une trentaine de uhlans qui s'étaient avancés jusqu'aux portes. Le lendemain et le surlendemain, des parlementaires se présentèrent sans rien obtenir, et des forces allemandes se massèrent à quelques kilomètres autour de la ville. La population effrayée assiége l'hôtel où se trouve le général et veut le retenir prisonnier. Deux compagnies de mobiles vont le délivrer; mais pendant ce temps l'effectif de la garnison diminue à vue d'œil. En présence de ces fâcheuses dispositions des habitants et des troupes, il n'était plus possible de résister. Le général ayant consulté par dépêche le ministre de la guerre, il lui fut répondu que la citadelle n'était pas en état de défense et devait se rendre. Le commandant de Chézelles dut alors porter la capitulation au quartier général allemand. A onze heures le grand duc de Mecklembourg entrait dans la citadelle. La mobile déposa les armes et commençait à défiler, lorsqu'une double détonation retentit; c'était la poudrière qui sautait. On attribue ce désastre à un garde du génie[1], qui, furieux de voir la lâcheté des habitants et des mobiles, aurait mis dans un moment de démence le feu aux poudres. Les ravages de l'explosion se firent sentir à une grande distance de la citadelle. Le grand duc de Mecklembourg et le général Thérémin d'Hame furent blessés. Il y eut de nombreuses victimes plus encore parmi les mobiles que parmi les Allemands. Il fut facile de voir que l'autorité militaire n'était, en quoi que ce fût, la cause de ce sinistre déplorable, et cependant quelques feuilles allemandes s'empressèrent de citer ce fait comme une nouvelle preuve de la mauvaise foi française.

La ville de Soissons, sommée de se rendre, refuse énergiquement d'ouvrir ses portes.

[**10 septembre 1870**.] — La ville de Lyon, qui, comme nous l'avons dit, avait proclamé la Répu-

---

1. Ce garde s'appelait Henriot, il fut la première victime de la catastrophe.

blique avant Paris, maintenait, en dehors du gouvernement généralement accepté, la commune qu'elle avait érigée. Ce pouvoir dictatorial se livra, dès les premiers jours, à des actes arbitraires, arrestations, suppressions de journaux, violations de toutes les libertés, lois révolutionnaires, tranchant sans se soucier de droit ni de légalité les plus graves questions[1].

[**11 septembre 1870.**]—L'ennemi, ayant tenté une attaque de vive force sur Toul, est repoussé avec des pertes sensibles, après une lutte de neuf heures. La ville était défendue en partie par la garde mobile de

---

1. Nous reproduisons deux des décisions prises par la commune de Lyon.

RÉPUBLIQUE FRANÇAISE.

Commune de Lyon.

Le comité de salut public arrête :

Tout homme valide se doit à la défense de la patrie.

Nul ne peut se soustraire par un titre religieux aux lois qui l'appellent à l'incorporation immédiate conformément à son âge.

Lyon, le 11 septembre 1870.

Pour le comité de salut public :

Les présidents,

PERRET, CHEPIÉ, CHAVEROT.

—

Le comité de salut public, dans sa séance du 10 septembre 1870,

Considérant que tout habitant, à quelque nationalité qu'il appartienne, qui serait connu avoir des rapports quelconques avec l'ennemi, est un danger pour la République :

Décide qu'il sera immédiatement incarcéré et ultérieurement expulsé.

La même décision sera applicable aux repris de justice qui ne pourraient pas prouver leurs moyens d'existence.

Pour le Comité,

CHEPIÉ, CHEVEROT, PERRET.

Nancy. L'assemblée proclame que Toul a bien mérité de la patrie.

[**12 septembre 1870.**] — Par décret en date du 12 septembre, le gouvernement délègue M. Crémieux garde des sceaux, pour le représenter et organiser la défense dans les départements. Il résidera à Tours. La Cour de cassation, consultée par le ministre sur l'opportunité de se transporter dans cette ville, déclare qu'elle veut partager les périls de la population parisienne.

[**13 septembre 1870.**] — Arrivé à Tours, M. Crémieux publie la proclamation suivante :

A LA FRANCE

FRANÇAIS,

L'ennemi marche sur Paris. Le gouvernement de la Défense nationale, livré dans ce moment suprême aux travaux et aux préoccupations que lui impose la capitale à sauver, n'a pas voulu, dans l'isolement où il va se trouver momentanément, que sa légitime influence manquât à nos patriotiques populations des départements. Pendant qu'il dirige sa grande œuvre, il a remis tous ses pouvoirs au garde des sceaux, ministre de la justice, le chargeant de veiller au gouvernement du pays que l'ennemi n'a pas foulé. Entouré des délégations de tous les ministères, c'est aux sentiments de notre peuple de France que j'adresse ces premières paroles.

Chacun de vous tient dans ses mains les destinées de la patrie. L'union, la concorde entre tous les citoyens, voilà le premier point d'appui contre l'ennemi commun, contre l'étranger. Que la Prusse comprenne que si, devant les remparts de notre grande capitale, elle trouve la plus énergique, la plus unanime résistance, sur tous les points de notre territoire elle trouvera ce rempart inexpugnable qu'élève contre l'invasion étrangère l'amour sacré de la patrie.

Placé dans un département qui m'a témoigné, dans les

plus graves circonstances, les plus vives sympathies, je sais que la Touraine est pleine de courage et de dévouement à la République. J'appelle tous les départements libres à nous soutenir de leur patriotique appui. Souvenons-nous que nous étions, il y a deux mois à peine, le premier peuple du monde. Si le plus odieux et le plus inepte des gouvernements a fourni à l'ennemi les moyens d'envahir notre territoire, malgré les prodiges d'héroïsme de nos armées qu'il était impuissant à conduire, souvenons-nous de 92, et, dignes fils des soldats de la Révolution, renouvelons, avec leur courage qu'ils nous ont transmis, leurs magnifiques victoires : comme eux refoulons l'ennemi et chassons-le du sol de notre République.

Le garde des sceaux, ministre de la justice et représentant du gouvernement de la Défense nationale,

AD. CRÉMIEUX.

[**15 septembre 1870.**] — Colmar est occupé, après une courte résistance, par 5,000 Badois.

Un ballon, parti de Metz et tombé à Neufchâteau, apporte des nouvelles de l'armée de Bazaine.

[**16 septembre 1870.**] — Des forces allemandes occupent la ville de Mulhouse laissée sans défense. Nous signalerons la belle et patriotique conduite des principaux fabricants de la ville et notamment de M. Dolfus. Grâce à leurs efforts et à leurs sacrifices, une population de 40,000 ouvriers eut sa subsistance assurée pendant tout le temps de l'occupation, malgré le chômage des usines.

[**19 septembre 1870.**] — Le nouveau préfet de Strasbourg, Valentin, réussit à pénétrer dans la ville pour y occuper ses fonctions; il déploie dans son voyage, véritable odyssée, une audace et un sang-froid incroyables. La République a été proclamée à Strasbourg. Les fortifications sont fortement entamées par les batteries prussiennes. Le 20, les Allemands s'emparent de la lunette n° 53. Une protestation de fidélité de l'Alsace à la France se couvre de signatures. La population civile est enfin autorisée, sur les instances de la Suisse, à quitter la ville. Plus de 2,000 personnes se réfugient sur le territoire helvétique; mais le général de Werder refuse bientôt de nouveaux sauf-conduits.

Saint-Dizier, envahi par les Prussiens, est frappé de lourdes réquisitions, puis pillé.

[**20 septembre 1870**.] — L'investissement de Paris est dès ce moment complet; en nous occupant de la défense de la capitale, nous reviendrons sur les faits qui l'avaient précédé.

Les événements que nous signalerons à cette date se passent hors de France. M. Jacobi, l'un des membres les plus importants du parti populaire prussien, est arrêté à Kœnigsberg pour avoir parlé contre l'annexion de l'Alsace et de la Lorraine à l'Allemagne.

Les troupes italiennes entrent à Rome. Les fortifications, faibles en plus d'un point, cèdent en bien peu de temps à l'artillerie des assaillants, et le souverain pontife, voulant éviter l'effusion du sang, fait hisser le drapeau blanc après un court engagement où les troupes pontificales se comportent vaillamment.

Le général Steinmetz est nommé gouverneur des provinces de Posen et de Silésie, son armée est réunie à celle de Fréderic-Charles avec laquelle elle concourt à l'investissement de Metz.

[**22 septembre 1870**.] — Une insurrection éclate à la Martinique, à la nouvelle de la proclamation de la République à Paris. Une centaine de noirs perdent la vie dans cette tentative faite par eux pour rendre la colonie indépendante. Au courrier suivant (5 octobre), le calme était rétabli.

Un engagement de francs-tireurs et de mobiles contre des Prussiens, signalés par le maire de Rambervilliers, a lieu à Raon-l'Étape (Vosges). L'avantage nous reste; l'officier commandant le détachement allemand est tué. Par une méprise fatale, les francs-tireurs de la Haute-Saône dont le costume ressemblait un peu aux uniformes allemands furent, à un moment du combat, pris pour des Prussiens par les mobiles qui en atteignirent plusieurs.

[**23 septembre 1870**.] — Le conseil général du Calvados vote trois millions pour organiser la défense. Nous regrettons de ne pouvoir mentionner tous les sacrifices faits par les villes et les départements pour activer l'armement.

Les armées d'investissement, sous Paris, détachent dans toutes les directions des partis de cavaliers et des colonnes mobiles qui vont visiter et réquisitionner les villes voisines. Sur certains points, elles rencontrent une vive résistance de la part des habitants et des corps francs. C'est ainsi que les Allemands, après avoir pillé la gare de Mantes et envoyé quelques boulets dans la ville, brûlent le petit village de Mézières, près Mantes, pour le punir de s'être valeureusement défendu.

Devant Strasbourg, les Allemands tentent un assaut sans obtenir d'autre résultat que d'occuper la lunette n° 52.

Toul capitule après une héroïque résistance, et près de 2,500 prisonniers tombent entre les mains des Prussiens avec 200 canons dont 48 rayés et 3,000 fusils.

[**24 septembre 1870.**] — M. Glais-Bizoin, membre du gouvernement de la Défense nationale, avait accompagné à Tours le ministre de la justice. Ils s'adjoignent l'amiral Fourrichon et les trois délégués adressent aux départements la proclamation suivante :

A LA FRANCE

Avant l'investissement de Paris, M. Jules Favre a voulu avoir une entrevue avec M. de Bismark pour connaître les dispositions dont l'ennemi était animé.

Voici la déclaration par laquelle l'ennemi a répondu à cette ouverture :

La Prusse veut continuer la guerre et réduire la France à l'état de puissance de second ordre.

La Prusse veut la cession par la France de l'Alsace et de la Lorraine jusqu'à Metz par droit de conquête.

La Prusse, pour consentir à un armistice, ose demander la reddition préalable des forteresses de Strasbourg, de Toul et du Mont-Valérien.

Paris, exaspéré de pareilles exigences, s'ensevelirait sous ses ruines plutôt que de s'y soumettre.

A d'aussi insolentes prétentions on ne répond que par une lutte à outrance. La France accepte cette lutte et compte, pour la soutenir, sur le patriotisme de tous ses enfants.

CRÉMIEUX, GLAIS-BIZOIN, FOURRICHON.

[**28 septembre 1870.**] — La capitulation de Strasbourg, rendue fatale par le manque de munitions, a lieu le 27, et, le 28, les troupes allemandes prennent possession de la place. Le général Uhrich ne la rendait qu'après une héroïque défense où il avait été secondé par le courage et la résignation de la population civile [1].

---

1. Le commandant, le préfet et le maire de Strasbourg avaient à plusieurs reprises adressé au gouvernement des dépêches déchi-

La garnison obtient des conditions honorables ; les officiers sont prisonniers sur parole et libres de choisir leur résidence. L'armée régulière est dirigée sur l'Allemagne, les gardes mobiles sont autorisés à rester dans leurs foyers. Le général de Barral s'échappe déguisé en paysan.

Les conséquences de cette capitulation sont de rendre disponible l'armée du général de Werder qui va continuer à s'avancer dans l'Est, et d'augmenter le nombre des pièces de siége que les Allemands peuvent amener devant Paris.

Les forces allemandes qui entouraient la capitale ayant été jugées suffisantes, de fortes colonnes s'étaient, dès le 20 septembre, dirigées vers Malesherbes (Loiret), et les jours suivants les troupes cantonnées à Melun, Fontainebleau, Rambouillet, Dourdan, Étampes, Arpajon, se concentrent à Ramoulu, entre Malesherbes et Pithiviers où elles forment un camp.

A Bazoches, petit village en avant d'Orléans, quelques escadrons de cavalerie française ayant attaqué témérairement des forces supérieures, entre Chevilly et Cercottes, sont ramenés sur Arthenay. Là, les mobiles du Loiret et de la Nièvre obligent les Allemands à se replier sur Bazoches ; mais l'approche d'un corps d'armée commandé par le prince Albert nous force à nous rapprocher d'Orléans.

[1ᵉʳ octobre 1870.] — On reçoit à Paris la nouvelle

---

rantes, dépeignant l'horrible situation de Strasbourg et de l'Alsace et demandant du secours qu'on ne pouvait malheureusement leur envoyer. A l'une de ces pressantes sollicitations, le ministère Palikao répondit d'une manière dérisoire en conseillant à la garnison de se jeter dans le grand duché de Bade. Voir *Papiers et Correspondance de la famille impériale*, t. 1ᵉʳ, p. 463 et suiv.

que le général de Polhès est à Étampes, et l'on en conclut de suite que les armées de secours sont prêtes à donner la main aux défenseurs de la capitale. Il n'avait avec lui qu'une brigade, et la marche des Allemands dans la direction d'Orléans l'oblige, au bout de quelques jours, à se retirer sur la Loire.

[**2 octobre 1870.**] — Un décret du roi Guillaume dispose que les départements occupés par les Allemands, en dehors des gouvernements généraux d'Alsace et de Lorraine, formeront un gouvernement général dont le siége sera à Reims.

[**3 octobre 1870.**] — De nombreux engagements de francs-tireurs ont lieu dans les contrées envahies.

Un détachement prussien, attaqué dans la forêt de Fontainebleau par des francs-tireurs (infanterie et cavalerie), perd 200 hommes et se retire vers Chailly. Une petite escarmouche est signalée entre des Prussiens et des francs-tireurs aux environs de Provins. On prétend qu'une troupe de partisans a fait sauter le tunnel de Saverne (Bas-Rhin), ce qui doit gêner les mouvements de troupes et l'approvisionnement des Allemands.

Des corps francs continuent à s'organiser. En Vendée, MM. de Cathelineau, Stofflet et Queriaux obtiennent, non sans peine, du gouvernement l'autorisation de lever des volontaires.

[**5 octobre 1870.**] — A Toury (Loiret), le général Reyau attaque un corps de cavalerie allemande qu'il repousse, et qui est poursuivi sur son passage par les francs-tireurs et les gardes nationaux levés en masse.

[**6 octobre 1870.**] — La petite ville d'Épernon résiste de 11 heures du matin à 7 heures du soir à l'attaque des Prussiens, bien qu'elle n'ait pas d'artillerie à opposer à la leur. Elle était défendue par les gardes nationaux, des gardes mobiles et des francs-ti-reurs.

Les Allemands font une première apparition à Vernon et frappent la ville de réquisitions d'une va-leur de 15,000 francs. La garde nationale avait dé-cidé, non toutefois à l'unanimité, que Vernon étant ville ouverte ne se défendrait pas, et qu'à l'approche de l'ennemi les armes seraient dirigées sur Rouen ou sur Évreux.

Le général Uhrich, prisonnier sur parole, vient à Tours donner au gouvernement des explications sur sa conduite pendant la défense de Strasbourg.

Le colonel Arohnson, qui avait organisé un batail-lon de francs-tireurs, est destitué à Tours par ses hommes.

A Lyon, le préfet, M. Challemel-Lacour, malgré son énergie et sa prudence, avait fort à faire pour te-nir tête aux agitateurs. Le 30 septembre, il avait été un moment prisonnier de l'émeute, mais il fut dégagé par la garde nationale. Pour faire face à tous les évé-nements qui pourraient se produire et pour lutter avec plus d'avantage contre la *commune* qui cherchait toujours à s'établir, le gouvernement de Tours envoie au préfet de pleins pouvoirs, en vertu desquels celui-ci fait immédiatement arrêter le général Mazure, commandant le département. On assure que c'est en apprenant ce fait que l'amiral Fourrichon donna sa démission de ministre de la guerre, dans la crainte que des pouvoirs semblables ne fussent donnés à d'autres préfets et que son administration ne fût dé-membrée.

[**5 octobre 1870.**] — Le colonel von Kahlden, commandant la ville de Laon, adresse aux habitants l'avis suivant :

« Comme dans les derniers jours les habitants du pays se sont montrés hostiles envers les troupes allemandes, j'annonce pour cela que, pour la moindre attaque et résistance, la plus rigoureuse vengeance sera exécutée, et que, pour chaque soldat allemand tué, il sera, par contre, fusillé quatre Français coupables ou innocents et que les environs payeront une forte contribution. »

[**6 octobre 1870**.] — Des bruits que rien ne vient confirmer courent sur la mort d'un grand personnage allemand, et les légendes les plus fantaisistes circulent sur cet événement mystérieux.

Le général Dupré, attaqué entre Raon et Bruyères par 8 à 10,000 Prussiens avec de l'artillerie, se bat toute la journée et conserve ses positions, contrairement à l'assertion des Allemands qui prétendent que les Français se dispersent. Le général est blessé.

[**7 octobre 1870**.] — Gisors est défendu par la garde nationale, qui repousse les Prussiens dans les bois voisins.

Neufbrisach subit un bombardement de quinze heures.

Garibaldi débarque à Marseille.

Gambetta, adjoint à la délégation de Tours, part de Paris en ballon porteur d'une proclamation du gouvernement de la Défense nationale aux départements. En passant au-dessus des avant-postes prussiens, l'aérostat, qui se tenait à une hauteur de 600 mètres, essuie la fusillade de l'ennemi. A Creil, il se trouve de nouveau exposé aux balles prussiennes. Enfin il s'arrête aux environs de Montdidier (Somme). De là, Gambetta se dirige vers son poste par Amiens, Rouen et Le Mans.

[8 octobre 1870.] — Un déplorable accident de chemin de fer se produit à Critot (ligne du Nord), entre Clères et Buchy : plusieurs hommes du 20ᵉ chasseurs à pied sont tués ou blessés.

Des hussards prussiens ayant été surpris à Ablis (canton de Dourdan) par des francs-tireurs de Paris, les Allemands reviennent le lendemain et brûlent le village, sous prétexte que les habitants ont massacré trois des leurs. Il résulte de renseignements officiels que les trois prétendues victimes étaient au nombre des 69 prisonniers faits pendant l'action et étaient dirigés vers l'île d'Oléron, où ils devaient être internés.

[9 octobre 1870.] — En arrivant à Tours, le ministre de l'intérieur Gambetta adressa aux citoyens des départements une proclamation destinée à réchauffer leur zèle : pour atteindre ce but, il exagéra quelque peu, non les efforts louables tentés à Paris, mais les résultats obtenus et les ressources disponibles :

CITOYENS DES DÉPARTEMENTS,

Par ordre du gouvernement de la République j'ai quitté Paris pour venir vous apporter, avec les espérances du peuple renfermé dans ses murs, les instructions et les ordres de ceux qui ont accepté la mission de délivrer la France de l'étranger.

Paris, depuis vingt jours étroitement investi, a donné au monde un spectacle unique, le spectacle de plus de deux millions d'hommes qui, oubliant leurs préférences, leurs dissidences antérieures pour se serrer autour du drapeau de la République, ont déjà déjoué les calculs de l'envahisseur qui comptait sur la discorde civile pour lui ouvrir les portes de la capitale.

La Révolution avait trouvé Paris sans canons et sans

armes : à l'heure qu'il est, on a armé quatre cent mille
hommes de garde nationale, appelé cent mille mobiles,
groupé soixante mille hommes de troupes régulières ; les
ateliers fondent des canons, les femmes fabriquent un million de cartouches par jour. La garde nationale est pourvue
de deux mitrailleuses par bataillon ; on lui fait des canons
de campagne pour qu'elle puisse opérer bientôt des sorties
contre les assiégeants ; les forts occupés par la marine res-
semblent à autant de vaisseaux de haut bord immobiles
garnis d'une artillerie merveilleuse et servie par les premiers pointeurs du monde. Jusqu'à présent et sous le feu de
ces forts, l'ennemi a été impuissant à établir le moindre
ouvrage. L'enceinte elle-même, qui n'avait que cinq cents canons le 4 septembre, en compte aujourd'hui 3,800. A la même
date, il y avait 30 coups de canon à tirer par pièce ; aujour-
d'hui, il y en a quatre cents, et l'on continue à fondre des
projectiles avec une fureur qui tient du vertige ; tout le
monde a son poste marqué dans la cité et sa place de combat. L'enceinte est perpétuellement couverte par la garde nationale qui, de l'aube à la nuit, se livre à tous les exercices
de la guerre avec l'application du patriotisme. On sent tous
les jours grandir la solidité de ces soldats improvisés. Derrière cette enceinte ainsi gardée, s'élève une troisième enceinte construite sous la direction du Comité des barricades.
Derrière ces pavés savamment disposés, l'enfant de Paris a
retrouvé, pour la défense des institutions républicaines, le
génie même du combat des rues. Toutes ces choses partout
ailleurs impossibles se sont exécutées, au milieu du calme,
de l'ordre, et grâce au concours enthousiaste qui a été
donné aux hommes qui représentent la République. Ce n'est
point une illusion, ce n'est pas non plus une vaine formule :
Paris est inexpugnable, il ne peut être pris ni surpris. Restaient aux Prussiens deux autres moyens d'entrer dans la
capitale : la sédition et la faim. La sédition ! Elle ne viendra
pas, car les suppôts et les complices du gouvernement déchu, ou bien ils ont fui, ou bien ils se cachent. Quant aux
serviteurs de la République, les ardents comme les tièdes
trouvent dans le gouvernement de l'Hôtel de ville d'incor-

ruptibles otages de la cause républicaine et de l'honneur national. La famine! Prêt aux dernières privations, Paris se rationne volontairement tous les jours, et il a devant lui, grâce aux accumulations de vivres, de quoi défier l'ennemi pendant de longs mois encore; il supportera avec une mâle constance la gêne et la disette, pour donner à ses frères des départements le temps d'accourir et de le ravitailler.

Telle est, sans déguisements ni détours, la situation de la capitale de la France.

Citoyens des départements, cette situation vous impose de grands devoirs : le premier de tous, c'est de ne vous laisser divertir par aucune préoccupation qui ne soit pas la guerre, le combat à outrance; le second, c'est, jusqu'à la paix, d'accepter fraternellement le commandement du pouvoir républicain sorti de la nécessité et du droit. Ce pouvoir d'ailleurs ne saurait, sans déchoir, s'exercer au profit d'aucune ambition. Il n'a qu'une passion et qu'un titre : arracher la France à l'abîme où la monarchie l'a plongée; cela fait, la République sera fondée et à l'abri des conspirateurs et des réactionnaires. Donc, toutes autres affaires cessantes, j'ai mandat, sans tenir compte ni des difficultés ni des résistances, de remédier, avec le concours de toutes les libres énergies, aux vices de notre situation et, quoique le temps manque, de suppléer, à force d'activité, à l'insuffisance des délais. Les hommes ne manquent pas : ce qui fait défaut, c'est la résolution, la décision et la suite dans l'exécution des projets; ce qui fait défaut après la honteuse capitulation de Sedan, ce sont les armes. Tous nos approvisionnements de cette nature avaient été dirigés sur Sedan, Metz et Strasbourg, et l'on dirait que, par une dernière et criminelle combinaison, l'auteur de tous nos désastres a voulu, en tombant, nous enlever tous les moyens de réparer nos ruines. Maintenant, grâce à l'intervention d'hommes spéciaux, des marchés ont été conclus qui ont pour but et pour effet d'accaparer tous les fusils disponibles sur les marchés du globe. La difficulté était grande de se procurer la réalisation de ces marchés; elle est aujourd'hui surmontée. Quant à l'équipement, à l'habillement, on va multiplier les ateliers et requérir les matières premières, si besoin est ; ni les bras ni le zèle des travailleurs ne manquent, l'argent ne manquera pas non plus. Il faut enfin mettre en œuvre toutes nos ressources qui sont immenses, secouer la torpeur de nos campagnes, réagir contre de folles paniques, multiplier la guerre de partisans, et, à un ennemi si fécond en embûches et en surprises, opposer des piéges, harceler ses flancs, surprendre ses derrières, et enfin inaugurer la guerre nationale.

La République fait appel au concours de tous ; son gouvernement se fera un devoir d'utiliser tous les courages, d'employer toutes les capacités. C'est sa tradition à elle d'armer les jeunes chefs ; nous en ferons. Le ciel lui-même cessera d'être clément pour nos adversaires ; les pluies d'automne viendront, et, retenus, contenus par la capitale, les Prussiens, si éloignés de chez eux, inquiétés, troublés, pourchassés par nos populations réveillées, seront décimés par nos armes, par la faim, par la nature.

Non, il n'est pas possible que le génie de la France se soit voilé pour toujours, que la grande nation se laisse prendre sa place dans le monde par une invasion de cinq cent mille hommes.

Levons-nous donc en masse et mourons plutôt que de subir la honte du démembrement. A travers tous nos désastres et sous les coups de la mauvaise fortune, il nous reste encore le sentiment de l'unité française, l'indivisibilité de la République. Paris cerné affirme plus glorieusement encore son immortelle devise, qui dictera aussi celle de toute la France : Vive la nation ! vive la République une et indivis- s ble !

Le membre du gouvernement de la Défense nationale,
ministre de l'intérieur,

LÉON GAMBETTA.

Le sous-préfet de Saint-Quentin, **M. A.** de la Forge, se met à la tête de la garde nationale et de la population de la ville. Les Prussiens commencent leur attaque à dix heures du matin. Après une lutte de cinq heures, dans laquelle nos pertes sont légères et où le préfet est blessé à la jambe, l'ennemi bat en retraite.

[**10 octobre 1870**.] — Le général Von der Thann, à la tête de forces bavaroises considérables, attaque à Artenay (petit bourg de 1,100 habitants, à 20 kilomètres au nord d'Orléans), la brigade du général Longuerue renforcée de quelques compagnies d'infanterie seulement.

Nos troupes sont délogées de leurs positions et Artenay occupé par l'ennemi, lorsque le général Reyau arrive sur le lieu de l'action avec cinq régiments, quatre bataillons et une batterie de huit. Malgré ce renfort et après avoir résisté jusqu'à deux heures et demie du soir, nos troupes sont refoulées sur la forêt d'Orléans. Les Prussiens disent avoir fait 1,000 prisonniers et pris trois canons.

Les Allemands attaquent Cherisy près Dreux (Eure-et-Loir), avec deux régiments d'infanterie, six escadrons de cavalerie et une batterie d'artillerie. Les habitants barricadent les rues et repoussent l'ennemi; mais une partie du village est en feu. Les Prussiens incendient tous ceux des villages voisins qui tentent de résister. Ils sont repoussés le lendemain à Dreux.

[**11 octobre 1870**.] — Les débris du corps de Reyau, poursuivis dans leur retraite sur Orléans, et les troupes qui protégeaient la ville se trouvent attaqués le 11 au matin par les troupes de Von der Thann. Devant ces forces disproportionnées nos troupes se replient et se rapprochent en combattant d'Orléans, dont les faubourgs sont bientôt exposés aux projectiles des Allemands. A sept heures, après une vive résistance, nous sommes obligés d'évacuer la ville, en passant sur la rive gauche de la Loire, et les Prussiens entrent à Orléans.

Dans cette journée où l'armée de la Loire d'une formation encore toute récente fit généralement très-bonne contenance, on admira surtout l'héroïque conduite des zouaves pontificaux revenus de Rome, et de la légion étrangère qui fut cruellement éprouvée.

A Montdidier (Somme), la garde nationale et les francs-tireurs, au lieu d'attendre les Allemands dans la ville, s'avancent à leur rencontre; devant cette attitude offensive les Prussiens se replient.

La garnison de Montmédy fait une sortie heureuse. La ville d'Épinal est occupée par l'armée du général von Werder.

Un combat d'avant-garde a lieu entre les troupes du général Cambriels et 1,500 Prussiens. L'avantage nous reste malgré l'infériorité de notre artillerie; mais le général craignant d'être cerné par des forces plus considérables effectue sa retraite sur Besançon.

[**12 octobre 1870.**] — Le général Senfft von Pilsach occupe Breteuil en en repoussant 3,000 mobiles.

Un décret du gouvernement de la Défense nationale, motivé par les circonstances exceptionnelles que crée l'état de guerre, suspend pour toute sa durée les lois qui règlent les nominations et l'avancement dans l'armée. En conséquence, des avancements extraordinaires peuvent être accordés en raison de services rendus ou de capacités distinguées, et des grades militaires pourront être conférés à des personnes n'appartenant pas à l'armée. La première application de ce décret est la nomination de Garibaldi comme général de l'armée des Vosges. Le ministre de la guerre, pressentant ou apprenant que ce choix était loin d'être unanimement approuvé, adressa au général Cambriels, qui depuis plusieurs semaines opérait très-activement dans l'Est, la lettre suivante :

Tours, le 13 octobre 1870.

Général, je fais appel à votre patriotisme. Le commandement des compagnies franches avec une brigade de mobiles, dans la zone des Vosges, a été donné au général Garibaldi, qui a généreusement offert son épée et ses services à la République française. Le général Garibaldi est parti pour aller vous voir et se concerter avec vous sur les moyens d'action. Je compte sur le bon accueil que vous allez lui faire, et je suis sûr qu'un homme de cœur tel que vous mettra loyalement sa main dans celle de l'illustre patriote, pour triompher ensemble des difficultés présentes.

Léon Gambetta.

Le général Cambriels encore souffrant de la blessure qu'il avait reçue à Sedan donna sa démission.

A Marseille, un conflit s'élève entre l'administration préfectorale des Bouches-du-Rhône et le gouvernement de Tours, par suite des mesures arbitraires prises par M. Esquiros, administrateur supérieur du département. Parmi ces mesures, nous mentionnerons la suspension de la *Gazette du Midi*, l'expulsion des jésuites et la séquestration de leurs biens. Le ministre Gambetta ayant annulé ces décisions, M. Esquiros offre sa démission. M. Marc Dufraisse nommé à sa place rencontre une vive opposition de la part du conseil départemental, lequel exige le maintien d'Esquiros. Il est même retenu prisonnier par la garde civique, corps dont M. Gambetta prononce la dissolution; mais ce décret demeure lettre morte : il n'est ni affiché, ni exécuté, ni publié par aucun journal.

[**14 octobre 1870.**] — Un décret prohibe toute exportation, réexportation ou transit des bestiaux, viandes, graines, farines, sons et fourrages. La Suisse, profondément lésée par cette mesure, proteste énergiquement.

Le général Bourbaki arrive à Tours. Les motifs de son départ de Metz ne sont pas encore pleinement éclairés. Une opinion très-répandue est que Bazaine, gêné dans ses projets par la présence de cet énergique soldat, l'engagea à se charger d'une prétendue mission auprès de l'ex-impératrice, à Chilsehurst. Muni d'un ordre de départ et d'un sauf-conduit, il partit le 25 septembre, après avoir obtenu la promesse qu'un permis lui serait délivré pour effectuer son retour. Arrivé en Angleterre, le général apprit de l'ex-impératrice qu'elle ne l'avait pas fait demander, et qu'il n'y avait en ce moment aucune négociation entamée. Le permis promis lui fut refusé au retour, et le général vint mettre son épée au service du gouvernement de la Défense nationale.

Le général de La Motte-Rouge, destitué, est remplacé par le général d'Aurelles de Paladines, vieux soldat d'Afrique connu dans l'armée pour sa discipline inflexible.

Un décret organise les bataillons de gardes nationales mobilisées. Un autre dispose que : sera traduit devant un conseil de guerre tout chef de corps ou de détachement qui se sera laissé surprendre par l'ennemi, ou qui se sera engagé sur un point où il ne soupçonnait pas la présence de l'ennemi.

[**15 octobre 1870.**] — M. de Chaudordy, suppléant

le ministre des affaires étrangères, adresse aux agents diplomatiques, à l'étranger, une circulaire destinée à répondre aux assertions de M. de Bismark. Nous en reproduisons un passage :

Il demeure donc établi que la France ne menaçait point l'intégrité de l'Allemagne ; des aspirations tout opposées l'animaient. La première, d'ailleurs, elle s'était engagée dans le système des libertés commerciales qui rendait sa fortune solidaire de celle des peuples voisins, et le sentiment le plus clair de ses intérêts l'obligeait à se maintenir dans une voie pacifique.

Telle est la nation contre laquelle M. de Bismark ne trouve plus la ligne du Rhin suffisante. Il lui faut encore l'Alsace et la Lorraine ; et cela au moment même où les résultats de la guerre actuelle prouvent précisément que c'est la France qui est entièrement ouverte à l'Allemagne, au moment où l'Allemagne s'est constituée à l'état le plus redoutable qu'une puissance ait jamais atteint, unité militaire absolue sous un seul chef, tandis que la France n'a encore rien modifié dans son organisation.

Pas plus en 1870 qu'en 1792, la Prusse n'a eu à se garder des attaques de la France ; c'est elle qui a pris le rôle qu'elle nous attribue avec tant d'injustice. Il ne lui répugne même pas de faire subir à des populations une nationalité qu'elles détestent ; elle ne songe pas non plus que ce serait perpétuer la guerre ; tout sera foulé aux pieds par elle, pourvu qu'elle arrive à son but.

Il n'est plus possible de conserver de doute à cet égard. Si la France succombe, c'est la guerre menaçant de nouveau l'Europe, paralysant tout essor de la pensée, tout progrès de la prospérité des peuples. La France ne lutte pas seulement pour l'intégrité de son territoire et son indépendance ; elle combat même pour la liberté politique du peuple allemand que la Prusse voudrait confisquer, elle combat aussi pour le maintien de l'équilibre en Europe.

M. de Kératry ayant donné sa démission de préfet

de police, et étant parti en ballon de Paris le 11, arrive à Tours.

[**16 octobre 1870.**]—Cinq cents mobiles, prisonniers près de Château-Thierry, profitent d'une attaque des francs-tireurs pour s'échapper.

La ville de Soissons, après trois jours de bombardement et de résistance énergique, est obligée de capituler. Les Allemands obtiennent l'avantage dans un combat à Écouis (Loiret) et nous obligent à évacuer Beaugency où ils nous remplacent, mais qu'ils abandonnent le soir même.

[**17 octobre 1870.**] — Revenus en force à Montdidier, les Prussiens frappent la ville de réquisitions pour une valeur de 50,000 francs. Le maire et un adjoint sont emmenés en otages.

Vesoul est occupé par les Prussiens.

[**18 octobre 1870.**] — Au premier rang des villes ouvertes qui ont donné l'héroïque exemple de la résistance, et qui ont préféré les sacrifices de la lutte à la honte d'une soumission sans défense, nous devons placer Châteaudun.

Lors de l'attaque des Prussiens qui s'y présentèrent avec 12,000 hommes environ et 24 pièces de canon, la ville ne contenait pas plus de 1200 hommes dont 700 francs-tireurs parisiens, 120 francs-tireurs nantais, 50 du Var, le reste appartenait à la garde nationale. La ville qui s'était résolument préparée à la résistance, était protégée par un système de barricades assez bien entendu, mais ne disposait pas d'une seule pièce d'artillerie. C'est à midi que retentit le premier coup de canon, au moment même où les francs-tireurs se préparaient à faire une reconnaissance. Malgré leur nombre, les Allemands, arrêtés devant les barricades défendues par un feu continu, ne peuvent venir à bout de cette résistance qu'au moyen de leur artillerie. Nombre de maisons sont en feu; la plus grande partie de la ville est criblée par les projectiles prussiens ; néanmoins, ce n'est qu'à neuf heures du soir que l'ennemi pénêtre dans Châteaudun. Lorsqu'après avoir forcé l'une des barricades, il débouche sur la place, il est reçu aux chants de la *Marseillaise*, par une charge désespérée et fait des pertes inouïes. Rendu furieux par cette résistance inattendue, il se livre à des actes d'une odieuse cruauté. Il attise les incendies, alors qu'ils ne peuvent plus être utiles à son attaque, et achève les blessés qu'il trouve derrière les barricades.

Une dépêche prussienne (*Versailles, 19 octobre*) rend compte de ce fait d'armes, mais en dénaturant singulièrement les circonstances.

Le gouvernement déclare que Châteaudun a bien mérité de la patrie, et une somme de 100,000 francs est votée pour venir en aide aux habitants, victimes de la défense. Une souscription est ouverte dans le même but, et réunit en peu de temps une somme importante.

[19 octobre 1870.] — M. de Chaudordy, dans une circulaire diplomatique, en réponse à un mémorandum de M. de Bismark, déclare que la France et son nouveau gouvernement ne sont plus responsables de la continuation de la guerre. La France souhaite la paix, mais une paix durable. A la suite de cette déclaration se trouve un véritable réquisitoire contre la conduite des Allemands dans les régions envahies et contre la barbarie de leurs procédés militaires. Les faits les plus avérés et les plus authentiques relevés pendant l'occupation y sont signalés à l'indignation de l'Europe.

Après un rapide voyage à Besançon, où il avait été pour obtenir de Cambriels qu'il retirât sa démission, Gambetta revient à Tours; il donne à Bourbaki le commandement de l'armée du Nord. M. Laurier va contracter un emprunt à Londres. M. Thiers arrive à Tours, après avoir rempli auprès des cabinets de Londres, de Pétersbourg et de Vienne, la mission qu'il avait acceptée. Il attend de l'autorité militaire prussienne un sauf-conduit pour se rendre à Paris, afin d'en faire connaître le résultat au gouvernement.

La garnison de Thionville fait une sortie heureuse.

[**19 octobre 1870.**] — Le bombardement de Schelestadt commence. A Rambervilliers (Vosges), un parti de uhlans trouve la ville abandonnée par la garde nationale, qui tenait la campagne, mais l'attitude menaçante des femmes de la ville, qui, en un instant, se sont réunies au nombre d'un millier, armées de tout ce qu'elles ont pu trouver pour se défendre, les fait repartir au plus vite.

A Verdun, éprouvé depuis plusieurs semaines par le bombardement, la garnison, sous le commandement du général Guérin de Waldersbach, fait une sortie qui inflige aux Allemands des pertes sérieuses[1].

---

1. Nous reproduisons un passage d'une lettre adressée par le gouverneur au général prussien. Après avoir répondu à une demande d'échange de prisonniers, il ajoute :

« Général, je profite de cette lettre pour vous exprimer le sentiment qui pénètre chez moi sur la manière dont vous avez attaqué Verdun. J'avais pensé, jusqu'à ce jour, que la guerre entre la France et la Prusse devait être un duel entre les deux armées, et j'étais loin de m'imaginer que des habitants inoffensifs, des fem-

[**21 octobre 1870.**] — M. de Kératry, chargé d'une mission du gouvernement, part en Espagne.

Chartres ayant été investi par une force de 20,000 hommes, avec 40 pièces de canon, le préfet conclut avec le général Wittich une convention, en vertu de laquelle toutes les troupes régulières et irrégulières pourront quitter la ville qui ne sera frappée d'aucune contribution en argent, et toutes les réquisitions en nature ne seront faites que par l'intermédiaire de la municipalité.

Belle conduite des mobilisés de l'Yonne et des gardes nationaux de Seine-et-Marne dans un engagement à Grand-Puits, près Nangis.

[**22 octobre 1870.**] — Saint-Quentin, qui une fois avait pu repousser les Allemands, et menacé par une colonne de 25,000 hommes. Malgré l'opposition énergique du sous-préfet, M. A. de La Forge, l'autorité mi-

---

mes et des enfants verraient leur fortune et leur vie si injustement engagées dans la lutte. Si vous pensez, général, que cette manière d'agir de votre part, que je me dispense de qualifier, peut contribuer en quoi que ce soit à hâter la reddition de la place, vous êtes dans une profonde erreur ; car ce que les habitants ont souffert jusqu'à ce jour n'a contribué, vous pouvez me croire, qu'à augmenter chez eux l'abnégation que commandent leur position et leur sentiment patriotique.

« Ni la pluie des bombes et des boulets, ni les privations auxquelles la garde nationale et l'armée peuvent être exposées ne les empêcheront de faire leur devoir jusqu'au dernier moment. Leur plus grand désir serait de se mesurer corps à corps avec les troupes prussiennes. Permettez-moi de vous dire, général, que c'est sur la brèche que nous vous attendons, et que nous espérons que vous sortirez un jour de derrière les montagnes qui vous tiennent cachés à nos coups.

« Recevez, général, etc.

« Le général commandant supérieur,
« Baron GUÉRIN DE WALDERSBACH. »

litaire décide que la ville ne fera pas de nouvelle résistance. Attaquée par 5,000 Mecklembourgeois, avec 12 pièces de canon, la ville est occupée après une canonnade d'une heure, et une réquisition de 2 millions lui est imposée.

Le colonel de Kahlden, dont nous avons déjà eu occasion de parler, prévient les habitants que, si un coup de feu est tiré sur un soldat allemand, six habitants seront fusillés ; et, dans un autre avis : que « chaque individu *compromis* ou *soupçonné* sera puni de mort. »

Dans tout le territoire occupé, c'est une mesure de sûreté, généralement adoptée par les Allemands, de faire monter dans chaque train de chemin de fer, sur la machine, quelques habitants notables du pays.

La petite ville de Vernon (Eure) n'avait fait sauter son pont que le 14 octobre, après une première visite des Allemands. Le 22, à onze heures, l'ennemi paraît sur les coteaux de la rive droite de la Seine, et demande que le maire se rende auprès de lui. Quelques gendarmes, composant à ce moment la seule défense de la ville, tirent, d'une rive à l'autre de la Seine, sur les Prussiens. Ceux-ci répondent par une vive fusillade, et pointant deux pièces sur la ville, y envoient leurs obus pendant une heure et demie. A bout de munitions, ils se retirent dans la direction de Gisors. En traversant la forêt de Vernonet, l'officier qui avait commandé cette canonnade, sans motif et sans résultat, tombe sous la balle d'un paysan caché sous bois.

En même temps, sur un autre point du département, à Hécourt près Pacy, une colonne, formée de francs-tireurs-Mocquart, de mobiles de l'Ardèche, de l'Eure et du Calvados, est attaquée par deux bataillons d'infanterie, six escadrons de cavalerie, et six pièces d'artillerie. Après une canonnade de deux heures et une vive fusillade, l'ennemi, successivement délogé de ses positions à Villegast et craignant d'être tourné, cesse l'attaque pour songer à la retraite. Le rapport du commandant Mocquart, estimant à 200 hommes les pertes de l'ennemi, est loin d'être exagéré.

Une dépêche adressée de Besançon à Tours, par le général Cambriels, est ainsi conçue :

Besançon, 22 octobre, 10 h. 8 m. matin.

Général Cambriels au ministre de la guerre.

Combat sérieux aujourd'hui toute la journée, commencé à neuf heures du matin par la colonne mobile, terminé à la nuit devant Besançon, entre Vorey et Cussey. Charge vigoureuse à la baïonnette par les zouaves et les bataillons des Vosges.

Les dépêches des Allemands présentent ce combat comme un avantage pour eux.

La garnison de Soissons forte d'environ 4,000 hommes, et emmenée prisonnière par une escorte de 600 Allemands, se trouvait dans le voisinage du village d'Hardennes, lorsque quelques Français tentèrent de s'échapper. Une décharge des Prussiens tua ou blessa plusieurs mobiles ; un grand nombre réussit à s'enfuir à travers bois.

M. de Kératry, rappelé d'Espagne, est nommé au commandement de l'armée de Bretagne; M. Carré-Kérisouët lui est adjoint avec le rang de général de brigade, comme commissaire de guerre.

[**23 octobre 1870.**] — Le général Cambriels, attaqué par les Prussiens dans ses positions de Châtillon-le-Duc, les repousse en leur faisant quelques prisonniers.

[**24 octobre 1870.**] — Le général Bourbaki met Lille en état de défense, et prescrit les inondations qui protégent la place. Les Allemands qui entouraient La Fère en interrompent le siége.

Le gouvernement de Tours rend un décret donnant une nouvelle organisation à l'Algérie. En voici les principales dispositions :

Division en trois départements administrés par des préfets, sous l'autorité d'un gouverneur général civil.

Chaque département élira deux représentants du peuple.

M. Henri Didier est nommé gouverneur général civil, et le général Lallemand, commandant des forces de terre et de mer.

Les israélites d'Algérie sont déclarés citoyens français.

Cette dernière mesure mécontenta fortement la population arabe de la colonie.

Une circulaire de Gambetta aux préfets les engage à prévenir les maires que la résistance à l'ennemi est plus que jamais à l'ordre du jour ; que tout le monde doit faire son devoir, notamment les magistrats municipaux, qui ne peuvent faire moins que les gardes nationaux mobilisés.

« Les villes et communes qui se rendraient sans avoir tenté la résistance seraient dénoncées au pays par le *Moniteur*. »

[**25 octobre 1870.**] — Schelestadt capitule.

[**26 octobre 1870.**] — L'emprunt de 250 millions, négocié par M. Laurier à Londres, est émis à 85 francs,

portant intérêt à 6 p. 100, et remboursable à 100 fr. en trente-quatre ans. Le premier tirage doit avoir lieu en 1873.

M. Thiers part pour Paris.

[**27 octobre 1870.**]—Un petit détachement de francs-tireurs du Havre rencontre, à Lyons-la-Forêt, une colonne allemande, et, malgré la disproportion du nombre, il résiste pendant deux heures, et fait subir à l'ennemi des pertes supérieures à son propre effectif. Par contre, entre Montereau et Nangis, dit une dépêche prussienne, un corps de francs-tireurs et de mobiles est dispersé; les Allemands font de nombreux prisonniers.

Les forces allemandes, malgré les attaques répétées du corps de Cambriels et des francs-tireurs placés sous les ordres de Garibaldi et de ses lieutenants, s'avançaient toujours vers Dijon. A Talmay, 12,000 Prussiens rencontrent un détachement de troupes françaises, que la disproportion du nombre et l'absence d'artillerie obligent à se replier après une lutte acharnée.

Nous rappelons que c'est à cette date que s'accomplissait la capitulation de Metz, dont nous avons rendu compte.

[**28 octobre 1870.**] — Le général Bourbaki adresse une proclamation à l'armée du Nord qu'il a organisée, il proteste de sa loyale adhésion au gouvernement de la Défense nationale.

Les Prussiens, repoussés par les mobiles à Formeries (Nord), incendient en se retirant le village de Bouvresse.

[**29 octobre 1870.**] — Le général Manteuffel est nommé commandant de la première armée qui doit opérer dans le Nord et dans l'Ouest.

[**30 octobre 1870.**] — Le général Michel remplace le général Cambriels au commandement de l'armée de l'Est.

Les Allemands, marchant vers Dijon au nombre de dix mille hommes avec de l'artillerie, sont arrêtés aux faubourgs de la ville par une vive résistance. La lutte dure de neuf heures du matin à cinq heures du soir; mais à ce moment l'ennemi ayant établi des batteries qui bombardent la ville, le commandant français, ne pouvant dès lors opposer une résistance utile, se décide à battre en retraite.

La ville, par une convention, s'engage à nourrir toutes les troupes allemandes qui occuperont et traverseront la ville, et dépose une caution de 500,000 francs.

A Marseille, le *club de la Révolution* arrête, entre autres résolutions, qu'il adhère unanimement à la *Ligue du Midi* présidée par le citoyen Esquiros et qui a pour mission d'organiser les efforts des quinze départements ligués, et décide qu'un *Comité de salut public* sera formé par ledit Esquiros.

Une manifestation se rend à la préfecture pour lui présenter le drapeau noir, emblème de vengeance. M. Esquiros harangue la foule et lui fait jurer de s'ensevelir sous les ruines de la patrie.

Cette manifestation ayant été suivie de graves désordres, M. Alphonse Gent, délégué du gouvernement de Tours, à peine arrivé à Marseille, se rend à l'hôtel de ville, escorté par la garde nationale. Mais là, la garde civique s'oppose à son entrée. On parlemente, on veut obtenir que M. Gent s'associe à Esquiros. Sur son refus, on veut qu'il donne sa démission. Il ne cède pas; un coup de pistolet, tiré sur lui, le blesse dans la région du ventre.

Quelques désordres ont lieu à Grenoble où la foule, au sortir d'un club, envahit l'hôtel du général Barral et le fait prisonnier ; à Toulouse, où le préfet Duportal fait à ses administrés la déclaration suivante : « Si la guerre civile devient nécessaire, je serai votre capitaine pour la guerre civile ; mais l'heure des vengeances n'est pas encore venue ; alors je saurai frapper et frapper partout, croyez-le. »

Nîmes éprouve aussi quelques troubles ; mais c'est à Perpignan que se passent les scènes les plus sanglantes. Plusieurs officiers et fonctionnaires, assaillis par les factieux, sont gravement blessés ou laissés pour morts.

A Alger, la population lassée du régime militaire n'attend pas pour s'y soustraire l'application du décret du 24 octobre. Le conseil municipal fait enlever le général Walsin Esterhazy par la garde nationale, et l'embarque pour la France. Ce général, qui avait remplacé le général Durieu, avait amené le conflit et provoqué par ses actes le soulèvement qui s'effectua sans effusion de sang, et sans que l'ordre matériel fût un moment troublé.

Le roi Guillaume, dans un télégramme adressé au représentant de la confédération du Nord, à Madrid, déclare, relativement à la candidature du duc d'Aoste au trône d'Espagne, que le maréchal Prim doit proposer dans quelques jours aux Cortès, qu'il est prêt à reconnaître toutes les résolutions que l'Espagne croira devoir prendre. Il ne suivra pas l'exemple du gouvernement français avant la guerre, essayant d'intervenir dans les affaires intérieures de l'Espagne.

[31 octobre 1870.] — Le général Bourbaki, malgré la franchise de son adhésion au gouvernement, malgré les efforts puissants et heureux qu'il fait pour organiser l'armée du Nord , reçoit à Douai, de la part de la population, un accueil très-hostile.

[1er novembre 1870.] — Le ministre de l'intérieur et de la guerre adresse à l'armée la proclamation suivante :

SOLDATS !

Vous avez été trahis, non déshonorés ! Depuis trois mois, la fortune trompe votre héroïsme. Vous savez aujourd'hui à quels désastres l'ineptie et la trahison peuvent conduire les plus vaillantes armées. Débarrassés de chefs indignes de vous et de la France, êtes-vous prêts, sous la conduite de chefs qui méritent votre confiance, à laver dans le sang des envahisseurs l'outrage infligé au vieux nom français ?

En avant ! vous ne luttez plus pour l'intérêt et les caprices d'un despote, vous combattez pour le salut même de la patrie, pour vos foyers incendiés, pour vos familles outragées, pour la France, notre mère à tous, livrée aux fureurs d'un implacable ennemi. Guerre sainte et nationale, mission sublime pour le succès de laquelle il faut, sans jamais regarder en arrière, nous sacrifier tous et tout entiers.

D'indignes citoyens ont osé dire que l'armée avait été rendue solidaire de l'infamie de son chef. Honte à ces calomniateurs qui, fidèles au système des Bonaparte, cherchent à séparer l'armée du peuple, les soldats de la République. Non ! j'ai flétri, comme je le devais, la trahison de Sedan et le crime de Metz, et je vous appelle à venger votre propre honneur qui est celui de la France.

Vos frères d'armes du Rhin ont déjà protesté contre ce lâche attentat, et retiré avec horreur leurs mains de cette capitulation à jamais maudite. A vous de relever le drapeau de la France qui, dans l'espace de quatorze siècles, n'a jamais subi une pareille flétrissure.

Le dernier des Bonaparte et ses séides pouvaient seuls

amonceler sur nous tant de honte en si peu de jours ! Vous nous ramènerez la victoire ; mais sachez la mériter par la pratique des vertus militaires, qui sont aussi les vertus républicaines, le respect de la discipline, l'austérité de la vie, le mépris de la mort.

Ayez toujours présente l'image de la patrie en péril. N'oubliez jamais que faiblir devant l'ennemi à l'heure où nous sommes, c'est commettre un parricide et en mériter le châtiment ; mais le temps des défaillances est passé, c'est fini des trahisons. Les destinées du pays vous sont confiées, car vous êtes la jeunesse française, l'espoir armé de la patrie ; vous vaincrez, et, après avoir rendu à la France son rang dans le monde, vous resterez les citoyens d'une république paisible, libre et respectée !

Vive la France !

Vive la République !

Le membre du gouvernement, ministre de
l'intérieur et de la guerre,

Léon Gambetta.

Tours, le 1er novembre 1870.

La population d'Orléans conserve pendant tout le temps de l'occupation ennemie l'attitude la plus digne. L'évêque, Mgr Dupanloup, reçoit du conseil municipal l'expression solennelle de la reconnaissance publique, pour le zèle et le courage qu'il ne craint pas de déployer afin de fléchir les rigueurs de l'ennemi.

A Tours, à la nouvelle de la capitulation de Metz, une manifestation nombreuse a lieu devant la préfecture. On demande la levée en masse, la démission de Crémieux, celle de Bourbaki.

Dans beaucoup d'autres villes de la province, la connaissance de ce nouveau désastre amena des troubles plus ou moins graves ; à Marseille, les désordres se continuent; une manifestation se rend un moment maîtresse de l'Hôtel de Ville et tente d'y établir une nouvelle commission municipale ou même un nouveau gouvernement dont Cluseret est nommé général [1]. Quelques jours après, le nouveau préfet,

---

[1]. Malgré l'importance secondaire de ce fait qui n'eut pas de suite, nous croyons devoir reproduire la proclamation que le nouveau général eut le temps d'adresser à la population de Marseille.

« RÉPUBLIQUE FRANÇAISE

« UNE ET INDIVISIBLE

« Liberté, Égalité, Fraternité.

« CITOYENS,

« Grâce à l'énergique action de la Ligue du Midi, grâce surtout à l'initiative patriotique de Marseille, la France républicaine va posséder enfin une armée républicaine. Appelé par la volonté du peuple à la commander, je remplirai ma mission et justifierai sa confiance.

« Je saurai maintenir l'ordre et la discipline, car vingt années de guerre en Afrique, Crimée, Italie, Amérique, m'ont appris que sans organisation et sans discipline les armées ne sont que des troupeaux à l'abattoir.

« Fille de l'austérité républicaine, la victoire se rendra aux mâles embrassements d'un peuple lâchement trahi, mais fort et vigoureux et surtout brûlant de venger son honneur. Plus de divisions, de haines, de rancunes. Oublions le passé pour ne songer qu'à l'avenir, et tous ensemble marchons à l'ennemi commun.

« On a assez parlé de droits, parlons de devoir et sachons l'accomplir. Le devoir de tout patriote est de mourir pour la patrie.

« Aux armes ! Plus de chaînes, plus d'entraves, plus de servilité lâche ! Place à l'initiative individuelle ! Aux armes ! Que le rugissement populaire répercuté d'écho en écho, des Alpes aux Pyrénées, des Bouches-du-Rhône au Ballon d'Alsace, fasse trembler la terre, et annonce au monde que des larges flancs de la liberté va sortir un nouveau peuple et de nouvelles victoires.

« En avant et vive la République Universelle !

« La première brigade quittera Marseille dimanche.

« Marseille, le 1er novembre 1870.

Le général commandant en chef,
CLUSERET.

par sa conduite conciliante, avait réussi à rétablir l'ordre.

[**2 novembre 1870.**] — Le bombardement de Neuf-Brisach commence. Le feu est ouvert contre la ville et le fort Mortier.

L'ennemi investit Belfort.

[**3 novembre 1870.**] — On annonce la mort de M. Baroche, ancien ministre de l'empire, réfugié à Jersey.

[**4 novembre 1870.**] — Décret ordonnant la mobilisation de tous les hommes valides de 20 à 40 ans, même mariés ou veufs avec enfants.

Chaque département est tenu de faire les frais d'une batterie d'artillerie par cent mille habitants.

[**5 novembre 1870.**] — Deux des ballons au moyen desquels Paris investi communique avec la province, étant tombés dans les lignes prussiennes, M. de Bismark envoie les passagers comme prisonniers en Allemagne, où il prétend qu'ils soient jugés comme espions.

A Brazey (Côte-d'Or), les francs-tireurs de Garibaldi repoussent l'ennemi qui tentait de passer la Saône à Saint-Jean-de-Losne et qui se retire à Bretonnières, près Dijon.

[**7 novembre 1870.**] — Une colonne ennemie, forte de deux bataillons, 1,500 cavaliers et 10 pièces d'artillerie, ayant attaqué nos postes de Poisly à Saint-Laurent-des-Bois (Loiret), est repoussée, abandonnant des morts et des blessés et laissant entre nos mains 64 prisonniers.

[**8 novembre 1870.**] — Malgré sa belle défense, ses sorties heureuses et son courage pendant un bombardement épouvantable, la ville de Verdun est obligée de capituler; mais elle obtient les honneurs de la guerre, et la garnison sort enseignes déployées et musique en tête. Les officiers, ayant tous refusé de donner leur parole, restent prisonniers de guerre avec leurs soldats. Le général Marnier partage avec le général Guérin de Waldersbach la gloire de cette héroïque résistance. Ajoutons que le commandant ne se serait résigné à capituler que sur la communication qui lui aurait été faite de dépêches annonçant la reddition de Metz et donnant, comme conséquences à ce fait véritable, la capitulation de Paris et la fin de la guerre.

[**9 novembre 1870**.] — L'armée de la Loire, se trouvant assez forte et suffisamment organisée, prend l'offensive. Les troupes prussiennes, de leur côté, avaient reçu des renforts importants à la suite de la capitulation de Metz. Le prince Frédéric-Charles lui-même s'avançait pour se joindre à l'armée du général Von der Thann. Le premier engagement a lieu à Coulmiers (Loiret), où le général d'Aurelles de Paladines attaque l'armée bavaroise. Toutes les positions de l'ennemi sont enlevées; le feu de son artillerie est éteint par la nôtre, et il se retire en arrière d'Orléans qu'il est obligé d'évacuer et que nous occupons. Il laisse entre nos mains 2,000 prisonniers et ses pertes sont considérables. Le général de Chanzy, bien que placé à un poste secondaire, se distingua dans cette action.

[**10 novembre 1870**.] — Le lendemain, l'état des chemins détrempés par la neige et la pluie rendit impossible la poursuite. Il fut fait cependant, vers Saint-Peravy, une reconnaissance qui ramena deux pièces d'artillerie, un convoi de munitions et une centaine de prisonniers.

Les dépêches allemandes, rendant compte de ces deux journées, prétendent que Von der Thann a eu l'avantage, mais s'est retiré devant les renforts que recevait l'ennemi.

Le fort Mortier, ouvrage défendant la place de Neuf-brissach, s'était rendu le 9 novembre. Le lendemain la place capitule. Ce sont encore 5,000 prisonniers et cent canons qui tombent aux mains de l'ennemi.

On signale la présence du maréchal Bazaine auprès de l'ex-empereur à Wilhelmshœhe. Mac-Mahon au-rait, dit-on, refusé formellement de s'y rendre.

[**12 novembre 1870**.] — Par une circulaire datée du 19 octobre, mais communiquée aujourd'hui seulement par les représentants de la Russie aux puissances, le prince Gortschakoff annonce que l'Empereur dénonce la convention additionnelle au traité de 1856, fixant le nombre et la dimension des batiments de guerre que les puissances riveraines pourront entretenir dans la mer Noire, attendu que le traité a été enfreint dans plusieurs de ses clauses.

Cette déclaration, se présentant à un moment où la Prusse était trop occupée pour s'y opposer, ou peut-être par suite d'un accord au moins tacite avec cette puissance, eut pour résultat de nous ramener très-brusquement et sans transition toutes les sympathies de l'Angleterre.

La proposition de conférences entre les puissances signataires ne tarda pas à être adoptée, et écarta les craintes que l'on avait pu concevoir un instant d'une conflagration européenne.

Il est créé, près de Toulouse, un camp d'instruction sous le commandement supérieur du général Demay (général de division à titre auxiliaire).

Un journal de province, *l'Avenir de Rennes*, nous apprend que M. Vatel a mis à la disposition de M. de Kératry une somme de dix millions sans intérêts pour organiser le service des vivres de l'armée de Bretagne.

[13 novembre 1870.] — Un parti de francs-tireurs ayant surpris à Nemours, le 13 novembre, quelques uhlans qui y logeaient, une colonne allemande forte de 5,000 hommes cerne la ville le lendemain. L'ennemi incendie le quartier où les uhlans avaient été pris : on affirme que, pendant cette exécution, les Prussiens faisaient de la musique auprès du foyer de l'incendie, et qu'ils obligèrent les membres du comité de défense de la ville à y assister.

M. de Bismark décide que les équipages des navires allemands capturés par la flotte française n'ayant pas été rendus (ce qui est absolument conforme aux usages de la guerre), quarante otages français doivent être pris et conduits en Allemagne. C'est en exécution de cet ordre que, quelques jours après, M. le baron Thénard fut arrêté dans son château de Talmay (Côte-d'Or)[1].

[14 novembre 1870.] — Tergnier (Aisne) est occupé par 1,200 Allemands.

Interdiction aux journaux de publier un seul mot

---

1. Le 20, M. le baron Thénard a été arrêté dans son château avec un grand appareil de forces. 25 uhlans et 50 fantassins ont entouré son château à Talmay. L'officier qui les commandait lui a déclaré qu'il était chargé de l'arrêter de la part du roi de Prusse, mais qu'il lui offrait de lui laisser la liberté s'il voulait prendre l'engagement de faire rendre les officiers de marine pris par la flotte française près de Hambourg. M. le baron Thénard, indigné d'une semblable proposition, lui a répondu : « Si vous voulez la

qui ait rapport aux mouvements de l'armée de la Loire.

[**15 novembre 1870**.] — Sortie de la garnison de Belfort dans la direction de Bessoncourt, infligeant aux Prussiens des pertes sensibles.

Dans un engagement aux environs d'Harcy (Ardennes), les francs-tireurs mettent hors de combat 200 Prussiens.

[**16 novembre 1870**.] — La garde nationale et la garnison de Mézières font une sortie, tuent à l'ennemi 500 hommes et lui prennent un canon. Le lendemain, les Allemands essaient en vain de jeter un pont sur la Meuse, et sont contraints de se retirer hors de la portée des canons de la ville.

[**17 novembre 1870**.] — Les francs-tireurs du Puy-de-Dôme, ceux de la Gironde et quelques gardes nationaux de l'Eure, après plusieurs jours d'escarmouches contre les cavaliers allemands, supportent à Marsilly, près Ivry-la-Bataille (Eure), le choc d'une colonne de 1,500 Prussiens venus de Dreux. L'ennemi reçoit dans la journée des renforts qui portent son effectif à 6,000 hommes, et les francs-tireurs qui, au début de l'action, n'étaient pas plus de 250, sont obligés de se replier après avoir courageusement lutté, mais horriblement décimés.

« peau d'un baron, la voilà ; si vous voulez celle d'un membre de « l'Institut, elle est à vous. Si vous voulez ma fortune, vous ne « l'aurez pas, à moins que vous ne la voliez ; je n'ai rien autre « chose à vous dire. » M. le baron Thénard a changé en toute hâte de vêtements et il a été emmené en Allemagne, laissant les paysans, au courant de son arrestation, aussi irrités que consternés et ne demandant pas mieux que de le venger à la première occasion propice.   (*Union franc-comtoise.*)

[**18 novembre 1870.**] — Investissement de Montmédy. Sortie de la garnison de La Fère sur Tergnier, que l'ennemi est obligé d'évacuer.

[**19 novembre 1870.**] — Ricciotti Garibaldi surprend les Prussiens qui, au nombre d'un millier, occupaient Châtillon-sur-Seine (Côte-d'Or), et les rejette hors de la ville. Les Allemands perdent 120 hommes tués et 167 prisonniers. Après ce fait d'armes, les francs-tireurs Garibaldiens se retirent, laissant la ville sans défense. Les jours suivants, les Prussiens y entrent en force et y exercent de terribles représailles, malgré les représentations des habitants qui se déclarent étrangers à la surprise du 19. Les magasins sont livrés au pillage, quelques maisons brûlées et la ville frappée d'une contribution d'un million.

[**20 novembre 1870.**] — A Nuits (Côte-d'Or), un engagement a lieu entre 300 francs-tireurs et 1,200 Prussiens.

[**21 novembre 1870.**] — Les Prussiens entrent sans coup férir dans la ville de Montargis (Loiret), qui cependant s'était préparée depuis longtemps à la résistance. Il fut convenu que la ville serait sauve si on laissait les troupes prussiennes la traverser, et que les mobilisés seraient libres de se retirer avec armes et bagages.

[**22 novembre 1870.**] — Quelques cavaliers allemands, venus du quartier général de Breuilpont (Eure) à Vernon, annoncent imprudemment que la ville doit être occupée le lendemain. Le commandant de la garde nationale télégraphie à Rouen que la ville est complétement abandonnée depuis deux jours par les mobiles, gendarmes et francs-tireurs qui depuis quelque temps avaient tenu l'ennemi en respect, mais qui s'étaient repliés sur Gaillon et Louviers. Dans la nuit, deux bataillons de mobiles de l'Ardèche, déposés par le chemin de fer à Gaillon, viennent occuper les collines qui dominent Vernon. A huit heures du matin, les Allemands descendent par l'avenue d'Ivry et arrivent sans résistance à la place d'armes. Quelques cavaliers se dirigeant sur la mairie sont reçus à coup de fusil; ils se replient, et une forte colonne vient, en menaçant les fenêtres, occuper la mairie. Tout est fermé et les rues sont désertes. Devinant un piége, les ennemis font marcher à leur tête deux conseillers municipaux, le secrétaire de la mairie et le tambour de la ville. Arrivée à la porte de Rouen, la colonne est saluée par la fusillade des Ardêchois. Elle revient sur ses pas et dans la bagarre, grâce au dévouement de quelques habitants, les otages des Prussiens leur sont enlevés. L'ennemi, comprenant qu'il était cerné, cherche à regagner les bois; mais, pour cela, il est obligé de défiler devant des vignes et des fourrés occupés par les mobiles et perd nombre d'hommes.

Engagement à Bretoncelles, dans l'Orne. Les mobiles luttent pendant quatre heures contre des forces supérieures.

Bombardement de Thionville.

[**23 novembre 1870.**] — On reçoit de Saïgon (Cochinchine) la nouvelle que la colonie est en état de siége et que les Allemands en ont été expulsés.

Gambetta est au Mans; il doit aller visiter le camp qui se forme à Conlie sous le commandement de Kératry et surveiller la défense de cette région vers laquelle l'ennemi semble se diriger en grandes forces.

Le général Bourbaki, ayant mené à bien son œuvre d'organisation de l'armée du Nord, était en mesure d'écrire le 20 novembre au général Trochu :

Mes troupes sont prêtes à marcher. J'ai avec moi de l'artillerie et de la cavalerie. Je suivrai vos instructions. Pas de Prussiens entre Amiens, Beauvais, Chantilly et Gisors.

Mais à ce moment même Bourbaki est appelé à Tours, et remplacé dans son commandement par le général Faidherbe. Le gouvernement, auprès duquel il était, on ne sait pourquoi, en disgrâce, se décide, pressé par l'opinion publique, à lui confier le commandement du 18e corps qui devait servir de noyau à la première armée du centre en formation à Nevers.

[**24 novembre 1870.**] — Thionville capitule après avoir subi un effroyable bombardement auquel l'ennemi n'a pas voulu que les femmes et les enfants puissent se soustraire. L'ennemi fait 4,000 prisonniers et s'empare de 200 canons.

Un engagement a lieu entre l'armée du Nord et le corps de Manteuffel aux environs d'Amiens. Ici encore les dépêches françaises et prussiennes sont contradictoires. Suivant les Allemands, ils auraient obtenu un avantage complet sur des forces supérieures. Les dépêches françaises estiment à 30,000 hommes les forces ennemies. A Villers-Bretonneux, nous aurions eu l'avantage jusqu'à quatre heures du soir, mais nous aurions dû nous replier devant les renforts survenus à l'ennemi; à Boves, nous aurions été réellement défaits; mais à Bury nous aurions gardé nos positions. Les soldats de marine se sont conduits admirablement dans cette action, mais ils ont été cruellement éprouvés.

Un détachement de cavaliers prussiens est mis en fuite près de Bonneval par les francs-tireurs et la légion Charrette.

[**25 novembre 1870.**] — Garibaldi quitte Dôle pour Autun, abandonnant ainsi la ligne de l'Oignon, au grand désespoir des populations civiles qu'il laisse sans défense. A Autun, où il arrive le 25, il surprend le détachement prussien qui occupait la ville.

Le général de Sonis attaque à Marboué (Eure-et-Loir) l'ennemi qui occupait sur les hauteurs une position très-forte. Les Français occupent Yèvres, et poursuivent les Allemands jusqu'à trois kilomètres au delà de Brou.

[**26 novembre 1870.**] — Les Garibaldiens tentent de reprendre Dijon; ils s'avancent jusqu'à la place Darcy, mais ils sont obligés de se retirer devant le feu de l'artillerie prussienne.

Dans la Somme, une colonne formée de 2 bataillons avec deux canons attaque 1,500 Prussiens retranchés à Demuin avec 3 canons. Elle les déloge et les poursuit jusqu'au Quesnel.

A Normandie (Eure), un détachement de mobiles, cerné par les Allemands, est secouru par des mobiles de l'Ardèche, venus de Vernon, qui repoussent l'ennemi jusqu'à son camp retranché de Cravent.

[**27 novembre 1870.**] — Capitulation de La Fère. La ville a beaucoup souffert du bombardement. Le nombre des prisonniers est de 1,000 hommes, celui des canons rendus, 70.

Le ministre Gambetta procède aux destitutions et nominations suivantes :

Le général Kersalaün est destitué pour avoir abandonné Evreux que les Prussiens ont occupé le 19 après quelques coups de canon.

Le commandant de la garde nationale de Saint-Calais est destitué pour avoir empêché la défense de la ville.

La démission de MM. de Kératry [1] et Carré-Kérisouet est acceptée. Le général Gougeard est nommé au commandement de l'armée de Bretagne.

---

1. Voici la lettre par laquelle M. de Kératry explique sa démission :

« Augers, le 28 novembre 1870.

« *A Monsieur le Ministre de la guerre, à Tours.*

« MONSIEUR LE MINISTRE ,

« Par décret du 22 octobre dernier, vous m'aviez nommé commandant en chef des forces mobilisées des cinq départements de Bretagne. A cette date, rien n'existait encore. Grâce au patriotisme de mes compatriotes et au dévouement de tous mes officiers, le 22 novembre le camp de Conlie était créé et rendu inexpugnable.

« Quarante-sept bataillons de Bretons mobilisés, sept compagnies de francs-tireurs hardis et disciplinés étaient accourus tout équipés à mon appel; neuf batteries d'artillerie, toutes formées en matériel et en personnel, n'attendaient plus que des harnais pour manœuvrer utilement. Ce spectacle était unique en France : et le 24 novembre, après avoir vu de vos propres yeux, vous exprimiez hautement à tous les coopérateurs de cette œuvre nationale votre plus vive satisfaction, dont vous m'avez renouvelé l'assurance le même soir à la préfecture du Mans.

« A la même heure, le Mans était menacé, l'aile gauche de l'armée de la Loire pouvait être débordée; les troupes du général Fiéreck avaient été déroutées, et fuyaient de Nogent-le-Rotrou jusqu'aux portes de mon camp. Vous fîtes un appel pressant à l'armée de Bretagne : 10,000 de ses enfants, malgré leur organisation incomplète, comptant plus sur leur courage que sur leur armement inachevé, me suivirent, le 24 novembre au matin, du camp de Conlie au bivouac d'Yvrée, et le 26 nous faisions une marche de 31 kilomètres à l'ennemi. Mes braves volontaires marins traînèrent leurs pièces d'artillerie pendant douze heures de route; l'ennemi venait d'évacuer en toute hâte.

[**28 novembre 1870.**] — Des engagements successifs de 8 heures et demie du matin à 7 heures et demie du soir, dit une dépêche officielle assez vague, ont lieu sur le front de l'armée de la Loire entre Pithiviers et Montargis. Sur les divers points, l'ennemi est repoussé faisant des pertes sensibles et nous laissant de nombreux prisonniers.

Le dernier de ces engagements est le combat

« Les intérêts de la défense ne me permettent pas d'ajouter un seul mot aujourd'hui.

« Malgré les prières de mes troupes, je vous ai informé, le 27 novembre, que la teneur de vos ordres conçus le 26 novembre, à Tours, à l'heure même où nous allions à l'attaque, me forçait, à tous égards, à résigner mon commandement.

« Vous avez accepté le même jour ma démission, qui aurait dû paraître aujourd'hui même au *Journal officiel.*

« La douleur que j'avais d'abandonner l'armée que j'avais formée avec mon brave ami et ancien collègue, Carré-Kérisouet, qui a cru devoir me suivre dans la retraite, a été profonde; mais elle ne me fait pas oublier mes devoirs impérieux.

« Rentré dans la vie privée, j'ai retrouvé ma liberté politique, que j'avais aliénée complétement sous l'uniforme. En appelant mes concitoyens à la défense de la patrie, j'avais contracté charge d'âmes; aussi j'ai l'honneur de vous annoncer que, dès que les événements vont me le permettre, je ferai traduire en conseil de guerre les hautes administrations de la guerre et de la marine : du même coup, elles et moi nous comparaîtrons à la barre du pays, et aucun des documents que j'ai sous la main ne sera écarté.

« Agréez, monsieur le ministre, l'assurance de ma haute considération.

« Comte DE KÉRATRY.

« *P. S.* J'ai entre les mains les décrets et les arrêts que vous avez signés comme ministre; vous avez commis l'insigne faiblesse de les laisser tous protester, et cela par une administration dont M. Loverdo est le véritable chef, et qui, pour tous les yeux clairvoyants, personnifie la trahison vis-à-vis de la France non impérialiste. Il n'y a que vous qui ne vous en soyez pas aperçu, malgré mes avertissements réitérés et télégraphiés. »

assez vif, mais indécis, de Beaune-la-Rolande (Loiret).

Sur leur droite, les Allemands font une tentative infructueuse sur Château-Gaillard, près Toury (Eure-et-Loir).

Nos troupes évacuent Amiens dont la défense n'est pas jugée possible.

[**30 novembre 1870.**] — Le général Briand, commandant les troupes de la Seine-Inférieure, surprend les Prussiens à Étrépagny, d'où il les chasse en leur causant de grandes pertes. Mais, dès qu'il s'est retiré, l'ennemi revient et brûle le village.

Gambetta informe Trochu que, depuis trois jours, l'armée a repris l'offensive avec succès, et qu'elle occupe Montargis.

[**1er décembre 1870.**] — Les journaux de l'Aube sont requis par la préfecture prussienne d'insérer les dépêches suivantes :

Défaite de Garibaldi; 400 morts ou blessés.

Défaite de l'armée du Nord; pertes assez considérables de la part de l'ennemi.

Tentatives de sorties sans résultat de la part de l'armée de Paris; plusieurs centaines de prisonniers.

Défaite complète de la plus grande partie de l'armée de la Loire; 1,000 morts, 1,600 prisonniers.

En même temps, Gambetta avait une tout autre manière d'interpréter les événements qui, on peut le dire, étaient à ce moment assez satisfaisants pour nous. On remarque seulement une certaine exagération de quelques détails, et l'affirmation de faits au moins douteux dans la proclamation dont nous reproduisons la fin :

L'affaire a été rapportée à Paris par le général Trochu. Ce rapport, où on fait l'éloge de tous, ne passe sous silence que la grande part du général Trochu à l'action ; ainsi faisait Turenne. Il est constant qu'il a rétabli le combat sur plusieurs points en entraînant l'infanterie par sa présence. Durant cette bataille, le périmètre de Paris était couvert par un feu formidable, l'artillerie fouillant toutes les positions de la ligne d'investissement.

L'attaque de nos troupes a été soutenue pendant toute l'action par des canonnières lancées sur la Marne et sur la Seine. Le chemin de fer circulaire de M. Dorian, dont on ne saurait trop célébrer le génie militaire, a coopéré à l'action à l'aide de wagons blindés faisant feu sur l'ennemi. Cette même journée du 30, dans l'après-midi, a donné lieu à une pointe vigoureuse de l'amiral La Roncière, toujours dans la direction de l'Hay et Chevilly.

Il s'est avancé sur Longjumeau et a enlevé les positions d'Épinay, au delà de Longjumeau, positions retranchées des Prussiens qui nous ont laissé de nombreux prisonniers et encore deux canons.

A l'heure où nous lisons la dépêche de Paris, une action générale doit être engagée sur toute la ligne. L'attaque du sud du 1er décembre doit être dirigée par le général Vinoy.

D'aussi considérables résultats n'ont pu être achetés que par de glorieuses pertes : deux mille blessés. Le général Renault, commandant le 2e corps, et le général La Charrière ont été blessés.

Le général Ducrot s'est couvert de gloire, et a mérité la reconnaissance de la nation.

Les pertes prussiennes sont très-considérables.

Tous ces renseignements sont officiels, car ils sont adressés par le chef d'état-major général, le général Schmitz.

Le génie de la France, un moment voilé, réapparaît.

Grâce aux efforts du pays tout entier, la victoire nous revient, et, comme pour nous faire oublier la longue série de nos infortunes, elle nous favorise sur presque tous les points. En effet, notre armée de la Loire a déconcerté, depuis trois semaines, tous les plans des Prussiens et repoussé toutes leurs attaques. Leur tactique a été impuissante sur la solidité de nos troupes, à l'aile droite comme à l'aile gauche.

Étrépagny a été enlevé aux Prussiens, et Amiens évacué à la suite de la bataille de Paris.

· Nos troupes d'Orléans sont vigoureusement lancées en avant. Nos deux grandes armées marchent à la rencontre l'une de l'autre. Dans leurs rangs, chaque officier, chaque soldat sait qu'il tient dans ses mains le sort même de la patrie ; cela seul les rend invincibles. Qui donc douterait désormais de l'issue finale de cette lutte gigantesque ?

Les Prussiens peuvent mesurer aujourd'hui la différence qui existe entre un despote qui se bat pour satisfaire ses caprices et un peuple armé qui ne veut pas périr. Ce sera l'éternel honneur de la république d'avoir rendu à la France le sentiment d'elle-même ; et, l'ayant trouvée abaissée, désarmée, trahie, occupée par l'étranger, de lui avoir ramené l'honneur, la discipline, les armes, la victoire.

L'envahisseur est maintenant sur la route où l'attend le feu de nos populations soulevées.

Voilà, citoyens, ce que peut une grande nation qui veut garder intacte la gloire de son passé, qui ne verse son sang et celui de l'ennemi que pour le triomphe du droit et de la justice dans le monde. La France et l'univers n'oublieront jamais que c'est Paris qui, le premier, a donné cet exemple, enseigné cette politique, et fondé ainsi sa suprématie morale en restant fidèle à l'héroïque esprit de la révolution.

Vive Paris ! Vive la France ! Vive la République une et indivisible !

Léon Gambetta.

Le mouvement offensif de l'armée de la Loire, annoncé par Gambetta, débute par un succès. L'ennemi, fortement établi avec 20,000 hommes et 40 pièces de canon entre Guillonville et Terminiers (Eure-et-Loir), est délogé à la baïonnette de ses positions de Meneville, Villepion et Favrolles par les troupes du

16e corps. Les honneurs de la journée sont au contre-amiral Jauréguiberry et à ses marins.

[2 décembre 1870.] — A l'autre extrémité de la vaste ligne occupée par l'armée du général d'Aurelles de Paladines, au village de Sougy, entre Patay et Arthenay, nous ne sommes pas aussi heureux. Au moment où l'ennemi avait l'avantage et où quelques soldats se débandaient, les zouaves pontificaux soutiennent seuls tout l'effort de l'ennemi en attendant un renfort demandé au 17e corps. Le général de Sonis est blessé et fait prisonnier; le duc de Luynes est parmi les morts; Charette, qui chargeait à leur tête, est blessé, disent les uns, prisonnier, disent les autres. Ce n'est pas une défaite, mais c'est un insuccès qui a pour résultat d'empêcher notre droite de poursuivre sa marche en avant.

Le général Cambriels est nommé au commandement du camp d'instruction, à Bordeaux.

[3 décembre 1870.] — Ne pouvant continuer le mouvement projeté, le général d'Aurelles de Paladines reprend, en avant de la forêt d'Orléans, les positions qu'il occupait quelques jours auparavant.

[4 décembre 1870.] — Il y est attaqué, entre Chevilly et Chilleurs-aux-Bois, par des forces que l'on peut estimer à 80 ou 100,000 hommes et formées par la jonction de l'armée du duc de Mecklembourg avec celle du prince Fréderic-Charles. L'artillerie ennemie était tellement nombreuse, que ses décharges ont été comparées à des feux de peloton. Aussi, malgré l'appui que les pièces de marine, installées le long de la forêt, donnaient à nos troupes, celles-ci durent se replier sur Orléans en défendant le terrain pied à pied.

11.

Nous reproduisons la circulaire par laquelle le ministre de l'intérieur rendait compte aux préfets de l'évacuation d'Orléans, qui eut lieu le soir même, et des circonstances qui l'avaient amenée.

Après les divers combats livrés dans les journées des 2 et 3 décembre, qui avaient causé beaucoup de mal à l'ennemi, mais qui en même temps avaient arrêté la marche en avant de l'armée de la Loire, la situation générale de cette armée parut tout à coup inquiétante au commandant en chef, le général d'Aurelles de Paladines.

Dans la nuit du 3 au 4, le général d'Aurelles parla de la nécessité qui s'imposait, suivant lui, d'évacuer Orléans, et d'opérer la retraite des divers corps de l'armée sur la rive gauche de la Loire.

Il lui restait cependant une armée de plus de 200,000 hommes, pourvue de plus de 500 bouches à feu, retranchée dans un camp fortifié de pièces de marine à longue portée.

Il semblait que ces conditions, exceptionnellement favorables, dussent permettre une résistance, qu'en tout cas les devoirs militaires les plus simples ordonnaient de tenter. Le général d'Aurelles n'en persista pas moins dans son plan de retraite. « Il était sur place, disait-il ; il pouvait juger mieux que personne de la situation réelle des choses. »

Après une délibération prise en conseil de gouvernement, à l'unanimité, la délégation de Tours fit passer le télégramme suivant au commandant en chef de l'armée de la Loire :

« L'opinion du gouvernement consulté était de vous voir tenir ferme à Orléans, vous servir des travaux de défense et ne pas s'éloigner de Paris.

« Mais puisque vous affirmez que la retraite est nécessaire, que vous êtes mieux à même, sur les lieux, de juger la situation, que vos troupes ne tiendraient pas, le gouvernement vous laisse le soin d'exécuter les mouvements de retraite sur la nécessité desquels vous insistez et que vous présentez comme de nature à éviter à la défense nationale un plus grand désastre que celui même de l'évacuation d'Orléans. En conséquence, je retire mes ordres de concentration active et forcée à Orléans et dans le périmètre de nos feux de défense.

« Donnez des ordres d'exécution à tous nos généraux placés sous votre commandement en chef. »

Signé : LÉON GAMBETTA, AD. CRÉMIEUX,
GLAIS-BIZOIN, L. FOURICHON.

Cette dépêche était envoyée à onze heures. A midi, le général d'Aurelles écrivait d'Orléans :

« Je change mes dispositions ; je dirige sur Orléans le 16e et 17e corps, j'appelle le 18e et le 20e. J'organise la résistance. Je suis à Orléans, à la place.

« Signé : D'AURELLES. »

Ce plan de concentration était justement celui qui, depuis vingt-quatre heures, était conseillé, ordonné par le ministre de la guerre.

M. le ministre de la guerre voulut se rendre lui-même à Orléans pour s'assurer de la concentration rapide des corps de troupes. A une heure et demie, il partait par un train spécial. A quatre heures et demie, en avant du village de la Chapelle, le train dut s'arrêter ; la voie était occupée par un parti de cavaliers prussiens, qui l'avaient couverte de madriers et de pièces de bois pour entraver la marche des convois. A cette heure, on entendait la canonnade dans le lointain ; on pouvait croire qu'on se battait en avant d'Orléans.

A Beaugency, où le ministre de la guerre était revenu pour prendre une voiture, afin d'aller à Écouis, croyant que la résistance continuait à Orléans, il ne fut plus possible d'avoir des nouvelles. Ce n'est qu'à Blois, à 9 heures du soir, que la dépêche suivante fut envoyée à Tours :

« Depuis midi, je n'ai reçu aucune dépêche d'Orléans ; mais à l'instant, en même temps que la vôtre, 6 h. 3 m., je reçois deux dépêches d'Orléans : une de l'inspecteur du chemin de fer annonçant qu'on a tiré sur votre train à la

Chapelle, l'autre du général d'Aurelles, ainsi conçue :
« J'avais espéré jusqu'au dernier moment pouvoir me dis-
« penser d'évacuer la ville d'Orléans ; tous mes efforts ont
« été impuissants. Cette nuit, la ville sera évacuée. »

« Je suis sans autres nouvelles. » (Signé, Freycinet.)

En présence de cette grave détermination, des ordres im-
médiats furent donnés de Blois pour assurer la bonne retraite
des troupes.

Le ministre ne rentra à Tours que vers trois heures du
matin. Il trouva à son arrivée les dépêches suivantes que
le public appréciera :

« Orléans, 5 décembre, 12 h. 10 m. matin.

« *Général des Pallières à Guerre. — Tours.*

« Ennemi a proposé notre évacuation d'Orléans à 11 h. et
demie du soir, sous peine de bombardement de la ville.
Comme nous devions la quitter cette nuit, j'ai accepté au
nom du général en chef. Batteries de la marine ont été en-
clouées ; poudre et matériel détruits. »

« Orléans.

« *Secrétaire général à l'intérieur.*

« L'ennemi a occupé Orléans à minuit. On dit les Prussiens entrés presque sans munitions. Ils n'ont presque point
fait de prisonniers. »

A l'heure actuelle, des dépêches des différents chefs ae
corps annoncent que la retraite s'effectue en bon ordre,
mais on est sans nouvelles du général d'Aurelles qui n'a rien
fait parvenir au gouvernement.

Dans cette dépêche, plusieurs termes faisaient pla-
ner sur le général d'Aurelles de graves accusations.
Il donna sa démission et demanda à passer devant un
conseil de guerre. Quelque temps après, Gambetta,
qui avait nommé une commission d'enquête, é ant

revenu sans doute sur ses opinions défavorables, lui offrit un commandement que le général crut devoir refuser.

[**4 décembre 1870.**] — A Châteauneuf (Côte-d'Or), le général Crémer bat une colonne prussienne forte de 7,000 hommes et commandée par le général Keller, et la poursuit vigoureusement.

[**5 décembre 1870.**] — La ville de Rouen qui paraissait bien disposée à résister, malgré les difficultés de sa situation, se voit, à la suite d'un engagement disproportionné qui a lieu entre les mobilisés et une forte colonne allemande, à Buchy, abandonnée par le général Briand, qui se retire vers le Havre. Il devenait en effet de toute impossibilité de défendre une ville aussi étendue et d'occuper en forces suffisantes les collines qui là dominent. Les Allemands entrent à Rouen et depuis ce jour, la ville est accablée de réquisitions. Il faut dire que l'attitude des Rouennais, pleine de dignité et fort peu sympathique pour les envahisseurs, ne leur concilie pas les bonnes grâces de ceux-ci. L'armée de Manteuffel se divise en deux corps : l'un se dirige vers le Hàvre, l'autre vers la basse Normandie.

[**6 décembre 1870.**] — M. Détroyat, ancien officier de marine et directeur du journal *la Liberté*, est nommé général, et commande le camp d'instruction de La Rochelle.

[**7 décembre 1870.**] — Les Allemands poursuivent leur marche au-delà d'Orléans, attaquent les troupes du général Chanzy, sur la ligne de Meung à Saint-Laurent-des-Bois. L'ennemi, qui est commandé par le prince Fréderic-Charles et dont l'effort principal porte sur Beaugency, est repoussé à Marolles. Malgré les pertes considérables des Allemands et les prisonniers qu'ils nous laissent, Guillaume informe la reine qu'un combat *violent* et *heureux* a été livré : il ajoute qu'il s'attend encore à plus de résistance.

[**10 décembre 1870**.] — Le général Chanzy, tout en opérant sa retraite, dont le but paraît être de se rapprocher du Mans, continue de livrer à Frédéric-Charles une série de combats où il a généralement l'avantage ; mais le mouvement de recul qu'il poursuit permet aux Prussiens de dire qu'ils sont victorieux, malgré des pertes considérables. C'est ce qui a lieu pour le combat de Marchenoir, livré le 8. Le 9, l'arrière-garde de Chanzy, attaquée par toutes les forces du duc de Mecklembourg, leur inflige de grandes pertes et les oblige à reculer, en menaçant de les tourner. Le 10, à Origny, le général fait un retour offensif et met l'ennemi dans un tel désarroi, qu'il peut suspendre son mouvement de retraite et cantonner ses troupes. Gambetta vient à son quartier général et constate que, contrairement aux assertions des dépêches allemandes, la deuxième armée du centre est en parfait état.

Le 9, les Allemands sont surpris à Ham et chassés de la ville où ils laissent 200 prisonniers : la citadelle se rend.

Dieppe est occupé par Manteuffel.

Les deux armées du centre, devant opérer dans le voisinage de Tours, la délégation du gouvernement de la Défense nationale se transporte à Bordeaux avec tous les services publics. La nombreuse population, qui s'était rassemblée dans la ville depuis quelques mois, s'émeut à la nouvelle de cette mesure annoncée sans préparation ; une véritable panique s'empare d'elle, et le départ du gouvernement s'effectue dans la plus grande confusion. Le même désordre se produit à Bordeaux pour son installation.

[**11 décembre 1870**.] — Phalsbourg se rend avec 52 officiers, 1,800 hommes et 65 canons.

Le bombardement de Montmédy commence. Dans l'Ouest, les Allemands se rapprochent du Hâvre; mais, sur l'autre rive de la Seine, ils s'éloignent de Honfleur devant une colonne française partie de Caen.

[**13 décembre 1870.**] — Occupation de Blois par les Allemands.

[**14 décembre 1870.**] — La ville de Montmédy, réduite à l'état de ruine par le bombardement, capitule. L'ennemi y trouve 3,000 hommes, 65 canons et 237 Allemands prisonniers.

[**15 décembre 1870.**] — Après avoir soutenu, en avant de Vendôme, l'attaque de l'armée de Mecklembourg, sans se laisser entamer, le général Chanzy évacue Vendôme.

Dans sa retraite, il fait sauter les ponts du Loir et se dirige vers le Mans.

La dépêche prussienne ne manque pas de dire que les Allemands ont, de vive force, chassé les Français de la ville.

Sortie de la garnison de Belfort qui repousse l'ennemi jusqu'à Bourcoigne; le lendemain, elle remporte un nouvel avantage.

Mise en état de blocus des ports du Havre, de Fécamp et de Dieppe.

Les rigueurs de l'occupation prussienne deviennent de plus en plus accablantes pour les départements de l'Est. A Reims, les attroupements de plus de trois personnes sont interdits sous les peines les plus sé-

rères. A Dijon, les familles des hommes propres au
service qui vont rejoindre les armées françaises sont
frappées d'une amende exorbitante. Des mesures aussi
rigoureuses, appliquées en Alsace, ne font pas beaucoup d'effet; car plus de 4,000 hommes s'échappent
à travers les lignes prussiennes pour reprendre les
armes contre les Allemands. De nombreuses émigra-
tions se remarquent aussi en Lorraine où les habitants semblent fort désireux de se soustraire à l'administration du comte Henkel de Donnermark, le
nouveau préfet de la Lorraine allemande. Cette province est imposée de 700,000 francs pour compenser
les pertes subies par la marine marchande allemande.

[**18 décembre 1870.**] — Le général Crémer, engagé
en avant de Nuits avec 10,000 hommes de troupes
neuves contre l'armée badoise commandée par le général Von Werder, soutient jusqu'au soir un combat contre des forces supérieures. Il est enfin obligé
de se replier à un kilomètre en arrière de la ville que
les Badois occupent, mais qu'ils évacuent le 20 après
avoir, dans cette affaire, subi des pertes très-graves ;
le prince Guillaume de Bade est grièvement blessé.

[**19 décembre 1870.**] — Cet engagement fut dans
les premiers moments représenté comme un désastre
complet, et cette mauvaise nouvelle causa à Lyon une
certaine émotion. Quelques agitateurs en prennent
prétexte pour faire une manifestation en armes, drapeau rouge en tête. Ils réunissent quelques femmes,
sur les conseils de l'un d'eux, prétendant que les
femmes seules s'entendent à faire une révolution. Il
s'agissait de chasser le préfet de l'Hôtel de ville et d'y
installer la commune révolutionnaire. Ils veulent
mettre à leur tête le commandant Arnaud, chef du

12ᵉ bataillon, patriote sincère et républicain éprouvé. Sur son refus de prendre part à la manifestation, il est entraîné par une population furieuse. Il croit l'intimider en menaçant les plus pressants de son revolver : c'est le signal de sa mort. On se précipite sur lui, et après un simulacre de jugement devant un tribunal formé au hasard dans la foule, il est condamné et fusillé. Arnaud meurt avec un courage héroïque. Hâtons-nous de dire que la population et la garde nationale de Lyon, ignorantes du crime odieux qui s'accomplissait dans le quartier de la Croix-Rousse, protestent contre cet attentat, et que les coupables sont arrêtés [1]. Le ministre de l'intérieur et de la guerre, présent à Lyon le 24 décembre, jour des funérailles, assiste à cette cérémonie. Il s'y était rendu après avoir inspecté l'armée de Bourbaki.

[**20 décembre 1870.**] — Auxerre, investi dès le matin de ce jour, est visité par quelques uhlans qui sont reçus à coups de fusil. A deux heures, les troupes ennemies qui s'étaient massées de plus en plus nombreuses commencent à bombarder la ville. Le feu dure une heure et demie. Le drapeau blanc, arboré sur les principaux monuments, n'avait pas suffi à l'arrêter ; il fallut, pour le faire cesser, l'envoi d'un parlementaire. Le maire, M. Ch. Lepère, défendit courageusement l'honneur et les intérêts de la ville.

Les Bavarois échouent dans la tentative qu'ils font pour s'emparer des positions de la Haute-Perche, près Belfort.

[**21 décembre 1870.**] — L'ennemi ayant commencé

---

1. Le procès de ces misérables se termina par la condamnation de quatre d'entre eux à la peine de mort.

à bombarder Tours du haut de la colline qui domine le pont, la ville est bientôt obligée de se rendre.

La veille, il y avait eu à la Monnaie, en avant de la ville, un combat assez vif. Le général Pisani, à la tête des gardes nationaux, avait tenu l'ennemi en respect pendant plusieurs heures. Dès le 18, Tours avait été abandonné précipitamment par le général Sol à la tête de toutes les troupes régulières. Le général avait été pour ce fait destitué de son commandement.

Engagement de francs-tireurs à Brionne (Eure); 200 Prussiens sont repoussés par eux sur Bourgtheroulde.

L'accroissement des forces de Faidherbe, qui paraît disposé à prendre l'offensive, décide Manteuffel à quitter Rouen et à remonter vers Amiens. Faidherbe se rendait cependant compte que ses troupes, jeunes et mal exercées, n'étaient bonnes qu'à se défendre et non à attaquer, et ne pouvaient guère être comptées comme effet utile que pour un tiers de leur effectif. Si, plus tard, il renonce à cette prudente réserve, ce sera pour obéir aux ordres impérieux et réitérés du ministre.

|23 décembre 1870.] — L'armée du Nord est attaquée au nord-est d'Amiens par l'armée de Manteuffel. L'action commence par un combat d'artillerie; c'est seulement lorsque nos pièces ont ébranlé l'ennemi que le général Faidherbe fait avancer ses troupes qui enlèvent à la baïonnette tous les villages environnant Pont-Noyelles (Somme).

Le général Von Gœben fait couler six navires anglais à Duclaire, près Rouen, pour barrer la Seine. L'Angleterre, qui demande réparation non-seulement du dommage mais de l'outrage fait à ses nationaux, se contente des explications fort cavalières et de l'indemnité pécuniaire que lui octroie le chancelier fédéral.

[**24 décembre 1870.**]—Les francs-tireurs Mocquart rencontrent près de Bolbec une colonne de 3,000 Prussiens qu'ils mettent en déroute. Le village est brûlé par les Allemands en retraite.

Le même jour, à peu de distance de là, les Prussiens, venant d'Yvetot au nombre de 7,000 hommes, attaquent un corps de 35,000 hommes de l'armée du Havre; l'ennemi perd 200 hommes et se replie sur Yvetot.

Ham est réoccupé par les Allemands.

La délégation de Bordeaux dissout les conseils d'arrondissement et les remplace par des commissions départementales. Cette décision amène de nombreuses protestations.

Signalons un événement tout pacifique : le percement du Mont-Cenis achevé longtemps avant le terme prévu par les ingénieurs.

[**26 décembre 1870.**] — Du Mans, où il était arrivé le 24 décembre, le général Chanzy adresse au ministre de la guerre la dépêche suivante :

A la suite d'un fait inouï, dont je vous adresserai la constatation, j'ai envoyé, par parlementaire, une protestation au commandant prussien à Vendôme et adressé à l'armée la proclamation ci-après :

Le général en chef porte à la connaissance de l'armée la protestation ci-après qu'il adresse, par parlementaire, au commandement des troupes prussiennes à Vendôme, sûr d'avance que chacun partagera son indignation et son désir de venger de telles injures :

« Au commandant prussien, à Vendôme.

« J'apprends que des violences inqualifiables ont été exercées par des troupes sous vos ordres sur la population inoffensive de Saint-Calais. Malgré nos bons traitements pour vos malades et vos blessés, vos officiers ont exigé de l'argent et ordonné le pillage. C'est un abus de la force qui pèsera sur vos consciences et que le patriotisme de nos populations saura supporter ; mais ce que je ne puis admettre, c'est que vous ajoutiez à cela l'injure, alors que vous savez qu'elle est gratuite.

« Vous avez prétendu que nous étions les vaincus. Cela est faux. Nous vous avons battus et tenus en échec depuis le 4 de ce mois. Vous avez osé traiter de lâches des gens qui ne peuvent vous répondre, prétendant qu'ils subissaient la volonté du gouvernement de la Défense nationale, qui les oblige à résister alors qu'ils voulaient la paix et que vous la leur offriez. Je proteste avec le droit que me donne de vous parler ainsi la résistance de la France entière, et celle que l'armée vous oppose et que vous n'avez pu vaincre jusqu'ici. Cette communication a pour but d'affirmer de nouveau ce que cette résistance vous a déjà appris. Nous lutterons avec la conscience du droit et la volonté de triompher, quels que soient les sacrifices qui nous restent à faire ; nous lutterons à outrance, sans trêve ni merci, parce qu'il s'agit aujourd'hui de combattre, non plus des ennemis loyaux, mais des hordes de dévastateurs qui ne veulent que la ruine et la honte d'une nation qui prétend, elle, conserver son honneur, son indépendance et son rang. A la générosité avec laquelle nous traitons vos prisonniers et vos blessés, vous répondez par l'insolence, l'incendie et le pillage. Je proteste avec indignation au nom de l'humanité et du droit des gens que vous foulez aux pieds. »

Le présent ordre sera lu aux troupes à trois appels consécutifs.

Au quartier général, au Mans, le 26 décembre 1870.

Le général en chef,
CHANZY.

Le camp de Conlie (Sarthe) ayant été levé, une partie des troupes va rejoindre l'armée de Chanzy ; les moins exercées se retirent à Rennes.

[**26 décembre 1870.**] — Une colonne mobile, détachée de l'armée de Chanzy, rencontre près de Montoire (Loir-et-Cher) sept bataillons prussiens, les défait et les poursuit jusqu'à cinq kilomètres sur la route de Châteaurenault.

Le général de Manteuffel s'étant attribué la victoire dans le compte rendu de l'affaire de Pont-Noyelles, le général Faidherbe proteste contre cette prétention :

L'armée française, dit-il, n'a laissé aux mains de l'ennemi que quelques marins qui se sont laissé surprendre dans le village de Daours. Elle a conservé ses positions et a vainement attendu l'ennemi jusqu'au lendemain deux heures de l'après-midi.

[**28 décembre 1870.**] — Une contestation semblable s'élève au sujet de l'avantage indécis dans le combat livré à Longpré (Somme), par un détachement de la garnison d'Abbeville, à 400 Prussiens.

En Espagne, un personnage important qui, en plus d'une occasion, avait exercé sur les destinées de notre pays une influence fâcheuse, le maréchal Prim est assassiné en sortant, à sept heures et demie du soir, de la séance des cortès. Frappé de dix balles par les meurtriers, le maréchal meurt le 30 décembre de ses blessures.

[**30 décembre 1870.**] — Le général Roy enlève aux Prussiens les positions de La Bouille, Orival et le château de Robert-le-Diable, et les met en pleine retraite.

Cette dernière position, reprise un moment par eux, leur est enlevée de nouveau, le lendemain, par des francs-tireurs et des mobiles de l'Ardèche.

On signale un mouvement de retraite prononcé des Allemands, de Dijon sur Gray et sur Vesoul, ce qu'il faut attribuer à l'augmentation de la première armée du centre. L'avant-garde de Garibaldi entre le jour même à Dijon. Auxerre est également évacué par les Prussiens.

Le bombardement de Mézières commence.

A Bordeaux, Gambetta adresse une allocution patriotique à la foule nombreuse réunie autour de la préfecture, dans une manifestation sympathique pour le gouvernement de la Défense nationale.

[1er janvier 1871.] — Reconnaissance offensive dirigée par le général Jouffroy. Il repousse l'ennemi sur la rive gauche de la Loire et s'empare de fortes positions en face de Vendôme.

[2 janvier 1871.] — Mézières capitule.

[3 janvier 1871.] — La bataille de Bapaume (Pas-de-Calais) fut précédée par le combat d'Achiet-le-Grand, livré le 2.

Nous reproduisons le rapport par lequel le général Faidherbe rendait compte de ces opérations :

Le 1er janvier, l'armée du Nord, sortie des lignes de la Scarpe, où l'armée prussienne n'osait l'attaquer, se cantonna devant Arras.

Le 2, elle se mit en marche vers les cantonnements de l'ennemi autour de Bapaume.

La 2e brigade de la 1re division du 22e corps enleva les villages d'Achiet-le-Grand et de Beaucourt.

La 1re division du 23e corps, malgré des prodiges de valeur, échoua dans l'attaque du village de Behagnies ; mais les Prussiens, se voyant tournés par l'occupation d'Achiet-le-Grand, évacuèrent Behagnies pendant la nuit.

Le 3, à la pointe du jour, la bataille s'engagea sur toute la ligne : la 1re division du 23e corps enleva les villages de Sapignies et de Faureril, appuyée à sa gauche par la division des mobilisés ; la 3e division du 22e corps entra de haute lutte dans le village de Jefvillers, qui était devenu le centre de la bataille, et enleva les positions prussiennes en arrière très-vigoureusement défendues, ainsi que le village d'Avesnes-lez-Bapaume.

La 1re division du 22e corps s'emparait en même temps de Grevilliers et de Ligny-Thilloy.

A six heures du soir, nous avions chassé les Prussiens de tout le champ de bataille couvert de leurs morts ; de très-nombreux blessés prussiens restaient entre nos mains dans les villages où l'on avait combattu, ainsi qu'un grand nombre de prisonniers.

Quelques pelotons, emportés par leur ardeur, s'engagèrent sans ordre dans les faubourgs de la ville de Bapaume, où les Prussiens s'étaient retranchés dans quelques maisons. Comme il n'entrait pas dans nos vues de prendre cette ville au risque de la résistance, ces pelotons furent rappelés à la nuit.

Les pertes des Prussiens pendant ces deux jours sont très-considérables ; les nôtres sont très-sérieuses.

[4 janvier 1871.] — Un mouvement de Faidherbe ayant fait croire à l'ennemi qu'il commençait sa retraite, deux escadrons de cuirassiers allemands chargent son arrière-garde. Ils sont reçus à cinquante pas par une telle fusillade qu'ils prennent la fuite. Le général, après avoir attendu vainement que l'ennemi lui livrât bataille, va camper à dix kilomètres de Bapaume.

L'ennemi étant revenu en force dans la presqu'île occupée par la forêt de la Londe (Seine-Inférieure), les francs-tireurs et les mobiles abandonnent, en défendant le terrain pied à pied, le château de Robert-le-Diable et le bourg de Bourgtheroulde. Les Allemands, dans leurs dépêches, semblent représenter le château comme une place forte pourvue de défenses, et non comme un amas de ruines à peine suffisant pour servir de retranchement.

[**5 janvier 1871.**] — Péronne est bombardée par les Prussiens, et des incendies sérieux s'y déclarent.

M. Pinard, ancien ministre de l'empire, arrêté à Autun par Bordone, le lieutenant de Garibaldi, et accusé d'avoir distribué le journal *le Drapeau*, organe bonapartiste, est conduit à Lyon. Peu de temps après, il est mis en liberté.

[**6 janvier 1871.**]—Une attaque des Prussiens contre deux divisions françaises, en avant de Saint-Amand (Loir-et-Cher), n'est pas suivie de succès. Ils sont refoulés au delà de ce bourg, vers Vendôme, avec des pertes considérables qu'ils sont obligés d'avouer.

Rocroy, ruiné et incendié par le bombardement, capitule.

[**7 janvier 1871.**] — On signale divers engagements de francs-tireurs : à Semur, notamment, les Garibaldiens attaquent l'ennemi et le repoussent sur la route de Montbard.

[**8 janvier 1871.**] — Sur toute la ligne qu'elle occupe, la 2e armée du centre, attaquée, maintient ses positions; elle ne faiblit qu'au village d'Authon.

Les Prussiens prennent d'assaut l'ouvrage de Danjoutin, près Belfort. L'ennemi éprouve des pertes sérieuses, mais fait 700 Français prisonniers.

[**9 janvier 1871.**] — Pendant ce temps, Bourbaki se rapprochait de Belfort. Alors qu'il avait organisé à Nevers la 1re armée du centre, il avait établi avec Chanzy et Faidherbe un plan approuvé par le ministre. L'armée du Nord devait occuper l'ennemi, tout en évitant le combat, et les deux armées du centre, formant ensemble un effectif de 230,000 hommes environ, devaient attaquer des deux côtés l'armée de Frédéric-Charles. Un ordre de Gambetta vint tout changer. Bourbaki devait marcher vers l'Est. A toutes ses protestations le ministre fut inflexible. Si l'armée n'était pas assez forte, elle recevrait des renforts; si les approvisionnements manquaient, des convois de vivres arriveraient en temps utile.

Nous verrons quelle devait être, pour la 2e armée, la conséquence de cette résolution soudaine.

A onze heures du matin, l'avant-garde française rencontre les avant-postes prussiens au bois d'Esprels, sur la route de Montbozon à Villersexel, et un combat de tirailleurs s'engage. Au bout d'une heure nous enlevons à la baïonnette les positions ennemies en avant du village d'Esprels et nous occupons le village lui-même. Nous marchons alors sur Villersexel où les Prussiens étaient retranchés dans les maisons et le château. Notre artillerie fait taire en partie le feu terrible dirigé sur nous de ces positions d'où nous les délogeons à la baïonnette. Le château est pris et repris : forcés de l'abandonner une seconde fois, les Prussiens y mettent le feu sans même en enlever leurs blessés. A ce moment, une division française vint prendre l'ennemi à revers et décida le succès. Nous faisons de nombreux prisonniers ce jour-là et le lendemain où nous achevons de prendre la partie haute du faubourg.

[**10 janvier 1871.**] — L'éloignement de Bourbaki

permet à l'armée de Frédéric-Charles et à celle du grand-duc de Mecklembourg de porter tous leurs efforts sur la 2e armée. Voici la dépêche par laquelle le général Chanzy rend compte de la première journée de cette lutte devenue manifestement inégale :

Général Chanzy à guerre.

Les armées du prince Charles et du grand-duc de Mecklembourg ont redoublé d'efforts aujourd'hui dans leurs attaques sur l'Huisne et au sud-est du Mans. Pressées de tous côtés, nos colonnes ont dû battre en retraite sur les positions définitives qui leur avaient été assignées à l'avance. L'action a été des plus vives à Montfort, à Champagne, à Parigné-l'Évêque, à Jupilles, à Changé. Sur ce dernier point, la brigade Ribel, après une vive résistance de plus de six heures, a dû abandonner le village à l'ennemi, qui l'occupe depuis la nuit. Nous avons fait aujourd'hui des pertes sensibles ; mais l'ennemi a plus souffert que nous, de l'aveu des prisonniers faits sur plusieurs points ; il y a eu beaucoup de morts et de blessés depuis quelques jours par notre mousqueterie. Dans une brigade prussienne, celle à laquelle appartient le 35e fusiliers, le général Rothmaler blessé, le major tué, l'adjudant de brigade tué, l'adjudant de régiment et plusieurs officiers tués.

Péronne supporte pendant cinq jours un bombardement qui détruit presque totalement la ville, mais sans éprouver gravement la population civile. C'est cependant aux instances de celle-ci que cède le gouverneur. La ville, dit-on, eût pu tenir plus longtemps et attendre le secours du général Faidherbe en marche pour la dégager.

Le général écrivait en effet, le 13 janvier, au ministre de la guerre :

A mon arrivée à Bapaume, j'apprends avec stupéfaction

que Péronne est aux mains des Prussiens. Cependant j'avais été informé de la manière la plus certaine que, le 3 janvier, par suite de la bataille de Bapaume, le siége avait été levé, et l'artillerie assiégeante retirée de devant la place. Depuis, des renseignements journaliers m'annonçaient que le bombardement n'avait pas recommencé.

J'ai décidé que le commandant de place de Péronne serait traduit devant un conseil de guerre, pour rendre compte de la reddition de cette place lorsque ses défenses étaient intactes, et qu'une armée de secours était à cinq ou six lieues, manœuvrant pour la dégager.

De petits engagements où l'avantage nous reste ont lieu dans le Nord et dans la Seine-Inférieure. Le général Loysel est nommé commandant en chef de l'armée qui opère en avant du Havre. Le général Manteuffel, nommé commandant en chef du district des Vosges, va seconder le général Von Werder qui opère devant Belfort.

[**11 janvier 1871.**] — Nouvel effort de Chanzy contre les forces considérables qui l'assaillent dans ses positions du Mans.

Le Mans, 11 janvier, 11 h. 30 soir.

Général Chanzy à guerre.

Nous avons eu aujourd'hui la bataille du Mans. L'ennemi nous a attaqués sur toute la ligne. Le général Jauréguiberry s'est solidement maintenu sur la rive droite de l'Huisne; le général de Colomb s'est battu pendant six heures avec acharnement sur le plateau d'Anvours; le général Gougeard, qui a eu son cheval percé de six balles, a montré la plus grande vigueur, et les troupes de Bretagne ont puissamment contribué à conserver cette position importante. J'ai annoncé au général Gougeard qu'il était commandeur.

Au-dessous de Changé et sur la route de Parigné-l'Évêque, nous nous sommes maintenus malgré les efforts de l'ennemi.

Nous couchons sur toutes nos positions, moins la Tuilerie, abandonnée devant un retour offensif tenté à la tombée de la nuit par l'ennemi.

Nous avons fait des prisonniers; ils évaluent l'ensemble des forces prussiennes engagées ou en réserve à 180,000 hommes. Le combat n'a cessé qu'après la nuit venue. Je sais que deux de nos colonels sont grièvement blessés; je crois à des pertes sensibles, mais j'espère en avoir infligé de cruelles à l'ennemi.

Ajoutons que les zouaves pontificaux, conduits à l'attaque du plateau d'Anvours par le général Gougeard, firent une charge magnifique.

[**12 janvier 1871.**] — Deux dépêches de Chanzy rendent compte des suites funestes qu'a eues pour l'armée un incident imprévu :

Le Mans, 12 janvier, 9 h. 40 matin.

Notre position était bonne hier au soir. La panique d'une partie des mobilisés de Bretagne, à la Tuilerie, a été le signal de la débandade. Sur toute la rive gauche de l'Huisne, les troupes se sont dispersées.

Le vice-amiral Jauréguiberry déclare que la retraite est impérieusement commandée sur les autres positions. Les généraux déclarent qu'ils ne peuvent tenir. Le cœur me saigne; je suis contraint de céder.

Le Mans, 12 janvier, 12 h. 45 soir.

Vous connaissez les événements. Je veux organiser la retraite de façon à établir mes divers corps d'armée à....., pour m'y reconstituer et reprendre les opérations.

Attaqué le même jour dans les positions de Saint-Corneille, au nord-est du Mans, l'armée qui s'y était repliée est obligée de céder. L'ennemi entre au Mans, mélangé aux fuyards, et fait un grand nombre de prisonniers. Il exige de la ville une contribution de quatre millions, sous prétexte que des coups de feu ont été tirés par les habitants sur les troupes. Le maire et le préfet luttent énergiquement contre cette accusation et cette exigence iniques.

[**13 janvier 1871**.] — La retraite de Chanzy sur Laval s'effectue péniblement à cause des mauvais temps et de l'état des routes, mais les Allemands ne le poursuivent pas. Le prince de Joinville, qui servait sous un nom d'emprunt dans son armée, est arrêté par ordre du gouvernement et embarqué à Saint-Malo pour l'Angleterre.

Dans l'Est, l'ennemi évacue Dijon, Gray, Vesoul et se retire vers le Nord à mesure que Bourbaki s'avance; des francs-tireurs occupent la région que les Allemands abandonnent. Bourbaki télégraphie à trois heures du soir :

Les villages d'Arcey et de Sainte-Marie viennent d'être enlevés avec beaucoup d'entrain et sans que nos pertes aient été considérables, eu égard aux résultats obtenus. Je gagne donc encore du terrain. Je suis très-content de mes généraux et de mes troupes.

Manteuffel s'approche avec des renforts très-considérables tirés de l'armée d'investissement de Paris.

[**15 janvier 1871**.] — Longwy est menacé de bombardement : les femmes et les enfants quittent la ville.

L'armée de Bourbaki soutient un combat, premier épisode d'une série d'engagements dont nous rendrons compte plus loin à la date du 17 janvier.

Au Nord, un corps prussien de 4,000 hommes environ est mis en déroute au Catelet par une colonne française.

12.

[**16 janvier 1871.**] — L'armée de Chanzy est attaquée; le 21e et le 16e corps soutiennent une lutte acharnée qui permet aux autres corps de prendre de fortes positions. Dans cette action, l'amiral Jauréguiberry a un cheval tué sous lui.

L'ennemi entre à Alençon après avoir eu, la veille, un engagement avec des francs-tireurs de Paris et des mobilisés.

A Saint-Quentin, les Prussiens, surpris par une partie du détachement qui les avait battus la veille au Catelet, évacuent la ville.

Avallon, abandonné par les troupes régulières, est occupé par les Allemands après une heure et demie de bombardement. Après l'avoir mis au pillage, l'ennemi l'abandonne.

[**17 janvier 1871.**] — L'armée de Bourbaki avait, le 15, occupé Montbéliard, Sar-le-Château, Vyans, Savey, Bians, Corperveaux, Conte-Hénaut et Chusey, bien que les dépêches prussiennes prétendent que le général de Werder a maintenu toutes ses positions. Le 16, elle se bat de nouveau, emporte la position de Chenebier, échoue devant Héricourt. Le 17, elle prend de nouveau l'offensive sans pouvoir entamer les lignes prussiennes. De Werder, à la première nouvelle du mouvement de Bourbaki vers le Nord-Est, avait fait exécuter des travaux de retranchement considérables qui devaient lui permettre d'attendre non-seulement les renforts importants qui devaient se joindre à lui, mais encore le mouvement de Manteuffel qui s'apprêtait à couper la retraite des Français

Voici en quels termes profondément tristes le général Bourbaki rendait compte des efforts héroïques mais inutiles qui avaient consommé un temps bien précieux :

J'ai fait exécuter une attaque générale de l'armée ennemie depuis Montbéliard jusqu'au mont Vaudois, en cherchant à faire franchir la Lisaine à Bétaucourt, Busserel, Héricourt, et à s'emparer de Saint-Valbère. J'ai essayé de faire opérer par mon aile gauche un mouvement tournant destiné à faciliter l'opération.

Les troupes qui en étaient chargées ont été elles-mêmes menacées et attaquées sur flancs. Elles n'ont pu que se maintenir sur leurs positions. Nous avons eu devant nous un ennemi nombreux pourvu d'une puissante artillerie : des renforts lui ont été envoyés de tous côtés.

Il a pu, grâce à ces conditions favorables comme à la valeur de la position qu'il occupait, aux obstacles existant à notre arrivée ou créés par lui depuis, résister à tous nos efforts; mais il a subi des pertes sérieuses. N'étant pas parvenu à réussir le 15 janvier, j'ai fait recommencer la lutte le 16 et le 17, c'est-à-dire pendant trois jours.

Malheureusement, le renouvellement de nos tentatives n'a pas produit d'autre résultat, malgré la vigueur avec laquelle elles ont été conduites. L'ennemi toutefois a jugé prudent de se tenir sur une défensive constante. Le temps est aussi mauvais que possible. Nos convois nous suivent difficilement. En dehors des pertes causées par le feu de l'ennemi, le froid, la neige et le bivac dans ces conditions exceptionnelles ont causé de grandes souffrances.

Je reviendrai demain dans les positions que nous occupions avant la bataille, pour me ravitailler plus facilement en vivres et munitions.

Pendant ce temps, l'approche des troupes prussiennes, détachées de l'armée de l'Ouest, étaient signalée à Gray.

Un engagement, heureux pour nous, a lieu près de

Saint-Quentin ; notre armée du Nord se masse au sud de cette ville.

Gambetta, sur la demande de Chanzy, se rend au quartier général de la 2ᵉ armée du centre.

[**18 janvier 1871.**] — Bourbaki commence à effectuer sa retraite vers le Sud, par Blamont et Pont-de-Roide.

Une division de l'armée du Nord, attaquée en avant de Vermand (Aisne) par le général Von Gœben, résiste pendant toute la journée à des forces disproportionnées.

Le tribunal de Troyes, imitant en cela la magistrature de tous les ressorts du territoire envahi, déclare que le cours de la justice sera suspendu tant qu'il n'aura pas recouvré toute sa liberté d'action.

A Versailles, le roi Guillaume, qui avait daigné accéder aux supplications des rois et des princes, ses vassaux, en acceptant la couronne impériale, est proclamé solennellement empereur d'Allemagne. La cérémonie du couronnement a lieu, avec un grand déploiement de pompe, au palais de Versailles.

[**19 janvier 1871.**] — L'armée d'investissement de Paris, formant pour les Prussiens une armée de secours (ce qui ne s'était vu, croyons-nous, dans l'histoire d'aucun siége), envoie dans le Nord, comme elle l'a déjà fait dans l'Est, des renforts importants. Dès qu'il les a reçus, le général Von Gœben attaque, autour de Saint-Quentin, l'armée de Faidherbe, avec une supériorité numérique telle, que celui-ci, devant les renforts de troupes fraîches qui ne cessent d'arriver à l'ennemi, est obligé de battre en retraite sur Cambrai et Lille dans la crainte d'être enveloppé. Nos pertes sont sérieuses, mais l'armée n'est nullement désorganisée, comme voudraient le faire croire les dépêches prussiennes. Celles-ci accusent 94 officiers et environ 3,000 soldats tués ou blessés. Malgré la retraite de l'armée, les Allemands envoient sur la ville, désormais sans défehse, des obus qui incendient plusieurs quartiers.

L'arrière-garde de Bourbaki tient vigoureusement tête à l'ennemi et l'empêche de couper la retraite de l'armée vers Besançon.

Dans la nuit du 19 au 20, la garnison de Bitche, rompant la sorte de trêve tacite qui existait depuis de longs mois entre la place imprenable et les assiégeants, fait une sortie énergique dans laquelle elle encloue plusieurs canons et fait subir aux Bavarois des pertes réelles.

La délégation de Bordeaux déclare déchus de leurs siéges et exclus de la magistrature treize magistrats, comme complices du coup d'État du 2 décembre. Malgré la gravité des reproches invoqués, on critique généralement l'illégalité de cette destitution prononcée contre des magistrats inamovibles.

[**20 janvier 1871**.] — Gambetta, de passage à Lille, excite par une énergique allocution les habitants à la résistance à outrance ; il déclare que la guerre, poursuivie même avec des revers, sera funeste à l'ennemi. Une tentative des Allemands sur Cambrai est repoussée.

[**21 janvier 1871**.] — Tandis que Belfort soutient un bombardement toujours de plus en plus violent et que Bourbaki se dirige vers Besançon, les troupes de Manteuffel arrivent à Dôle qu'elles occupent sans coup férir, et de là se dirigent rapidement vers les défilés du Jura dans le but de couper la 1re armée de la frontière de Suisse, qui, dans l'esprit des généraux prussiens, apparaît déjà comme le seul refuge que cette armée puisse trouver. En même temps, une division tient en échec, vers Dijon, dans une série de combats acharnés, toutes les forces malheureusement bien réduites dont Garibaldi peut disposer, et les empêche non-seulement de porter secours à Bourbaki, mais encore de reconnaître ses forces et de signaler le mouvement décisif de Manteuffel.

Dans toutes ces actions, où Garibaldi croit avoir devant lui toute une armée et où il a en réalité un corps déjà bien supérieur à son faible effectif, il faut reconnaître qu'il fait preuve d'un grand courage personnel et d'une véritable audace, et qu'il montre, sinon les qualités d'un grand général, au moins celles d'un soldat.

Les 21 et 22 janvier, les Prussiens échouent dans leur tentative pour reprendre Dijon.

[**23 janvier 1871**.] — Une troisième attaque contre la ville leur est encore plus funeste : ils se retirent vers Messigny, Norges et Savigny.

Les attaques des francs-tireurs et les soulèvements de la population sur tout le territoire occupé par l'invasion exaspèrent la cruauté des Prussiens[1] qui

---

1. Les francs-tireurs ayant fait sauter, le 22 janvier, le pont de Fontenoy, sur le chemin de fer de Nancy à Toul, les Allemands incendient le village de Fontenoy dont les habitants étaient bien innocents de ce fait; puis le comte Renard, préfet allemand de la Meurthe, réquisitionne les ouvriers de Nancy pour reconstruire le pont. Les ouvriers refusant de travailler pour l'ennemi, le préfet fait afficher l'avis suivant :

« M. le préfet de la Meurthe vient de faire au maire de Nancy l'injonction suivante :

« Si demain, mardi 24 janvier, à midi, cinq cents ouvriers des

multiplient contre les populations les mesures vexatoires.

[**24 janvier 1871.**] — L'ennemi est chassé de la Flèche (Sarthe) par un escadron de chasseurs d'Afrique.

[**25 janvier 1871.**] — Longwy était investi depuis le 11 janvier : jusqu'au 19, les grosses pièces de l'artillerie prussienne n'étant pas encore en position, la ville n'a pas trop à souffrir du bombardement et répond vigoureusement. Le 19, la garnison, dans une sortie heureuse, démonte une batterie prussienne ; néanmoins le bombardement continue et la ville souffre beaucoup. Le 22, nouvelle sortie à la suite de laquelle l'ennemi tente sans succès un coup de main sur la place. Le 23, les projectiles des pièces de gros calibres déterminent dans la ville un violent incendie. Le lendemain, ce sont des fusées incendiaires que les Allemands envoient sur les monuments et sur les habitations. Enfin, le 25, Longwy, épuisé par son énergique résistance, est obligé de capituler.

Les Allemands tentent, sans succès, une attaque sur Landrecies (Nord). Ils sont contraints de se retirer sur Saint-Quentin et Amiens.

Bourbaki, dont le quartier général était la veille à Pierrefontaine, près Blamont, continue sa retraite vers Besançon, par la rive droite du Doubs, avec le

---

chantiers de la ville ne se trouvent pas à la gare, les surveillants d'abord, et un certain nombre d'ouvriers ensuite seront saisis et fusillés sur place. »

En même temps, le gouverneur général de la Lorraine, en punition du même fait, frappe toute la circonscription de cette province d'une contribution extraordinaire de dix millions à titre d'amende.

gros de ses troupes. Le général Bressolles, avec deux divisions, passe le Doubs à Clervay et suit la frontière suisse par Morteau et Pontarlier, où est le 24e corps, jusqu'à Hopitaux-sur-Monthe.

[**26 janvier 1871.**] — On annonce la mort de Ponson du Terrail, le fécond romancier, qui, dès le commencement de la guerre, avait formé dans le Berry un corps de francs-tireurs. Il meurt à Bordeaux après une courte maladie.

[**28 janvier 1871.**] — Chanzy recevait des renforts et, comme Faidherbe dans le Nord, s'apprêtait à reprendre l'offensive, lorsque la délégation de Bordeaux reçut enfin du gouvernement de Paris la communication officielle de l'armistice conclu avec les Allemands.

Versailles, 28 janvier, 11 h. 15 m. soir.

*M. Jules Favre, ministre des affaires étrangères,
à délégation de Bordeaux.*

Nous signons aujourd'hui un traité avec M. le comte de Bismark.

Un armistice de 21 jours est convenu.

Une assemblée est convoquée à Bordeaux pour le 15 février.

Faites connaître cette nouvelle à toute la France, faites exécuter l'armistice, et convoquez les électeurs pour le 8 février.

Un membre du gouvernement va partir pour Bordeaux.

JULES FAVRE.

Un décret, qui sera ultérieurement publié, fera connaître les mesures prises pour assurer l'exécution des dispositions ci-dessus.

Pour copie conforme : C. LAURIER.

Ce que ne disait pas cette dépêche, c'est que l'armistice ne s'appliquait pas à la région de l'Est; aussi, à la grande surprise de Gambetta, les opérations militaires s'y continuaient[1].

C'est à ce malentendu que le ministre attribue nos désastres dans l'Est; voici ce qui s'y accomplissait :

Le 26, suivant certains journaux étrangers, Bourbaki était tombé malade; suivant d'autres, il s'était tiré un coup de pistolet qui lui avait fait une horrible blessure. Cette tentative de suicide aurait été causée par le désespoir de se trouver sans secours et sans nouvelles, seul responsable sans être pleinement libre. Toujours est-il qu'incapable de conserver le commandement, il l'avait remis au général Clinchant, avec ordre de passer la frontière suisse s'il n'y

---

1. Le 31 janvier, dans l'après-midi, M. Gambetta, ministre de l'intérieur èt de la guerre, a adressé à M. Jules Favre, ministre des affaires étrangères, par la voie de Versailles pour Paris, la dépêche suivante :

« L'ajournement inxeplicable, et auquel votre télégramme ne faisait aucune allusion, des effets de l'armistice en ce qui touche Belfort et les départements de la Côte-d'Or, Doubs et Jura, donne lieu aux plus graves complications. Dans la région de l'Est, les généraux prussiens poursuivent leurs opérations sans tenir compte de l'armistice, alors que le ministre de la guerre, croyant pleinement aux termes de votre impérative dépêche, a ordonné à tous les chefs de corps français d'exécuter l'armistice et d'arrêter leurs mouvements, ce qui a été exécuté religieusement pendant quarante-huit heures; il faut sur-le-champ fixer l'application de l'armistice à toute la région de l'Est, et réaliser, comme c'est votre devoir, cette entente ultérieure dont parle la convention du 28 janvier. Entre temps, nous autorisons les généraux français à conclure directement une suspension d'armes d'une durée nécessaire pour nous faire parvenir et vous communiquer le tracé des lignes de démarcation arrêtées ou proposées par eux. Je vous prie de me faire prompte réponse,

« L. GAMBETTA. »

13

avait pas d'autre chance de salut. Le nouveau commandant, dit-on, eut soin avant tout de se soustraire à l'action d'un commissaire de la République délégué par le gouvernement de Bordeaux auprès de Bourbaki[1]; puis laissant à Besançon la division Polignac pour renforcer la garnison de la place, il marcha sur Pontarlier où il arriva le 27, tandis que les Prussiens étaient à Salins. De là ils lui coupaient la retraite vers l'Ouest et menaçaient sa marche vers toute autre direction.

Le 28, l'armée se concentre autour de Pontarlier ; le 29, notre ligne est attaquée vers ses deux extrémités. La nouvelle de l'armistice, imprudemment communiquée à nos troupes pendant l'action, a le plus fâcheux résultat. Sur plusieurs points, dit-on, elles cessent de se défendre, se laissent désarmer ou abandonnent leurs positions. Le 30, toujours dans la persuasion qu'elles sont comprises dans les clauses de l'armistice, nos troupes ne songent qu'à éviter le combat, et la journée du 31 se passe à parlementer. C'est seulement dans la nuit que Manteuffel déclare qu'il se refuse à tout armistice, même à une suspension d'armes de trente-six heures. Dès lors, il ne restait plus au général Clinchant qu'à tenter de sauver son matériel et de passer la frontière suisse. Une convention avait été conclue avec le général Herzog pour l'internement des Français qui seraient désarmés à leur entrée sur le territoire suisse. Le général

---

1. On attribue à ce personnage, ingénieur civil, de nationalité polonaise, qui se fit naturaliser sous le nom de de Serres, une grande part dans le rôle militaire de Gambetta et dans la combinaison des plans de campagne que ce ministre imposa aux généraux.

Billot est chargé de protéger la retraite. Le corps de Crémer essaye, sans succès, d'éviter l'entrée sur le territoire étranger. Deux de ses régiments seuls arrivent à Gex ; le reste, obligé d'abandonner son artillerie, pénètre en Suisse par le canton de Vaud. Le gros de l'armée, conduit par Clinchant, se divise au fort de Joux, et entre en Suisse par les routes des Rousses, des Fours et des Verrières.

Garibaldi, qui se fiait également sur l'armistice, est obligé d'évacuer Dijon devant un retour offensif des Allemands.

Le siége de Belfort continue : les forts détachés des Hautes et des Basses-Perches sont pris le 8 février par le général Trescow ; mais ces positions, exposées au feu de la place, sont à peine tenables pour l'ennemi. La ville capitule le 15, et la garnison obtient les honneurs de la guerre. Cette belle défense, qui fait le plus grand honneur au colonel d'Enfert, fut, dit-on, abandonnée sur l'ordre exprès du gouvernement, et une convention étendit l'armistice aux départements du Jura, du Doubs et de la Côte-d'Or, laissés jusque-là en dehors.

Nous rendrons compte, en nous occupant des négociations, de l'accueil que reçut en province la suspension des hostilités, de l'attitude qu'elle prit en prévision de leur retour et de quelques-uns des incidents pénibles de l'occupation.

Nous voulons consacrer ici quelques lignes à la réception sympathique et fraternelle que la Suisse fit à nos malheureux soldats. Elle montra envers eux une charité pratique, intelligente et patiente, dont les touchants détails nous ont vivement ému. Il faut louer d'abord la promptitude et l'intelligence des premiers secours, puis le règlement si raisonnable et si sensé fixé pour le régime des prisonniers. Habitudes régulières, promenades et exercices pour les valides, bon emploi du temps, leçons aux soldats sans instruction, faculté de s'employer chez les habitants : telles étaient les heureuses mesures adoptées par le Conseil fédéral, et nulles n'étaient plus propres à réagir contre la démoralisation produite par les longues souffrances de la campagne ; quant aux nombreux malades, ils ont été l'objet des soins les plus assidus et de l'accueil le plus cordial. Cet empressement évangélique, cette chaleur du cœur si précieuse pour nos malheureux frères, n'ont pas été prodigués à des ingrats, nous pouvons l'assurer.

VI

LE SIÉGE DE PARIS

Dès le début des hostilités, le gouvernement avait ordonné, ainsi que nous l'avons dit, l'armement de la capitale et la mise en état de défense de ses fortifications. Ce n'est qu'après les échecs successifs qui signalèrent le commencement des opérations et après la nomination du général Trochu comme gouverneur que ces travaux furent conduits avec activité. Le 26 août, M. Thiers, sous le ministère duquel avaient été conçues et exécutées les défenses de l'enceinte et des hauteurs environnantes, prit place dans le comité des fortifications. Pendant que le ministre de la guerre et le gouverneur de Paris s'occupent de l'armement de la place, Clément Duvernois, ministre de l'agriculture et du commerce, chargé de l'approvisionnement, parvient à faire entrer à Paris des grains et certaines denrées en abondance. D'immenses troupeaux sont amenés; mais les pâturages insuffisants des bois de Boulogne et de Vincennes leur sont funestes, et la ville, où on est obligé de les parquer, manquera bientôt de fourrages, car la quantité qu'on en a réuni dans les magasins n'a pas été assez largement calculée. Malheureusement les moyens de transports sont rares en ce moment dans les environs, et un certain nombre de cultivateurs et de fermiers ne peuvent mettre en sûreté les grains, racines et fourrages que les bandes de francs-tireurs vont bientôt incendier et détruire pour que l'ennemi ne profite pas de ces ressources.

[1ᵉʳ **septembre 1870.**] — Le gouvernement appelle à Paris 100,000 gardes mobiles pour concourir à la défense de la capitale. La veille, au Corps législatif, les députés Picard et Jules Favre ont demandé que l'on activât l'armement de la garde nationale et notamment des bataillons de Belleville : à ces forces s'ajoutent les 30,000 hommes du corps de Vinoy dont nous avons retracé l'habile retraite; les gendarmes mobilisés, les douaniers, l'infanterie de marine, et les marins formés en bataillons de marche qui devaient se distinguer si hautement dans la défense des forts. Dans le cours de l'investissement, il se forme en outre un grand nombre de corps francs. Le gouvernement en favorise la création jusqu'au moment où il reconnaît qu'ils ne puisent plus leurs éléments que dans la garde nationale. Celle-ci étant elle-même devenue propre à rendre des services réels, l'autorité militaire interdit la formation de tout corps nouveau.

Pour les commandements en chef on comptait fort sur le général Vinoy et surtout sur le général Ducrot Ce dernier avait eu le mérite de prévoir dès long-temps la guerre et de la prophétiser [1] ; il s'était bien battu dans le commencement de la campagne et s'était évadé à la suite de la capitulation de Sedan pour venir se mettre à la disposition du nouveau gouvernement [2]. Puis les officiers de marine, appelés

---

1. Voir *Papiers et Correspondance de la famille impériale*, t. Iᵉʳ, p. 6.

2. La lettre qu'on va lire a été adressée par M. le général Ducrot à M. Trochu, gouverneur de Paris, président du gouvernement de la Défense nationale :

« Paris, le 17 octobre 1870.

« Monsieur le Gouverneur,

« Je viens de lire l'article du *Standard* que vous avez bien voulu me communiquer. Il résulte de cet article que la presse allemande, inspirée sans aucun doute par les autorités compétentes, m'accuse de m'être évadé alors que j'étais prisonnier sur parole, d'avoir manqué à l'honneur et de m'être ainsi placé hors la loi, ce qui donnerait à l'ennemi le droit de me faire fusiller, si je venais à retomber entre ses mains.

« Je me soucie peu de la menace : être fusillé par les balles prussiennes sur un champ de bataille, ou à la sortie d'une prison, le résultat sera toujours le même. Je n'en aurai pas moins la conscience d'avoir rempli jusqu'au bout mes devoirs de soldat et de citoyen, et, à défaut d'autre héritage, je laisserai à mes enfants une mémoire honorée par tous les gens de bien, amis ou ennemis. Mais ce qui me touche cruellement, c'est l'accusation de félonie portée contre moi! contre moi, qui n'ai pas hésité un instant à repousser les clauses d'une capitulation qui séparait mon sort de celui de ma troupe, et me donnait le triste droit de venir me réfugier à mon foyer domestique, alors que mes frères d'armes étaient emmenés dans les prisons de l'ennemi, et que mes concitoyens se levaient en masse pour concourir à la défense du pays. Non-seulement j'ai repoussé pour mon compte personnel ces stipu-

à Paris, avaient offert de précieuses ressources pour le commandement des forts et des secteurs de l'enceinte.

Voilà les éléments de défense que le gouverneur de Paris avait à opposer aux armées victorieuses qui s'apprêtaient à investir la grande ville.

Immédiatement après les combats sous Sedan, une avant-garde de cavalerie s'était élancée dans la direction de Paris, assurant la marche des forces qui la suivaient. Arrivés à Reims, les Allemands s'avan-

---

lations, mais encore j'ai exprimé hautement mon mépris pour ceux qui les acceptaient, soit avec l'intention de s'y conformer, soit avec celle de n'en tenir aucun compte.

« Je suis sorti de Sedan à la tête de mon corps d'armée; je l'ai conduit et installé dans la presqu'île de la Meuse où nous avons été parqués; pendant plusieurs jours, j'ai partagé ses misères et ses humiliations; j'ai usé de l'influence morale que me donnait mon titre de commandant de corps d'armée pour chercher à obtenir de l'ennemi quelques ressources alimentaires pour nos malheureux soldats; j'ai présidé moi-même aux distributions et je n'ai abandonné l'infect séjour de Glaire que sur l'ordre réitéré de l'état-major allemand, qui m'avait déclaré avoir besoin, pour cause de service, de la baraque où je m'étais réfugié avec tous mes officiers.

« J'ai accepté alors les conditions qui nous étaient offertes relativement aux moyens de nous transporter de Sedan à Pont-à-Mousson, c'est-à-dire que j'ai pris l'engagement sur l'honneur de me rendre librement et à mes frais dans cette dernière localité, avec tout mon état-major, un nombre d'ordonnances déterminé, nos bagages et nos chevaux. Un sauf-conduit en règle m'a été délivré, sur lequel j'étais inscrit nominativement, ainsi que mes officiers, avec indication numérique des soldats, chevaux et voitures. Il était stipulé que nous devions être rendus à destination, c'est-à-dire à Pont-à-Mousson, le 11 septembre avant midi, et qu'alors nous devions nous présenter à l'état-major allemand pour nous reconstituer prisonniers.

« Partis de Sedan le 8, nous avons été coucher au delà de Carignan, à Margut, petit village situé à cinq kilomètres de la frontière belge. Au delà de Carignan, la route était complétement libre;

cent lentement en deux armées : l'une par la rive droite de l'Aisne, vers Villers-Cotterets, Nanteuil et Saint-Denis; l'autre, par la Marne, se dirigeant par Épernay, Château-Thierry, Meaux, Neuilly et Pantin. Mais, en

nous n'avons rencontré que trois uhlans qui revenaient de Margut et sont passés à côté de nous sans nous adresser un mot. A coup sûr l'occasion était belle, s'il avait pu nous venir à l'idée de violer notre parole et de nous échapper des mains de l'ennemi. Les communications avec la Belgique étaient si faciles, que nous envoyâmes un habitant nous chercher quelques journaux français, pour avoir des nouvelles dont nous étions privés depuis si longtemps. Mais pas un de nous n'a même eu cette coupable pensée. Le lendemain, nous tournions le dos à la Belgique pour reprendre la route de Pont-à-Mousson, où nous arrivions le 11 à dix heures du matin.

« Je m'étais fait précéder par mon officier d'ordonnance, M. le capitaine de Gaston, pour prévenir les autorités prussiennes de notre arrivée, et demander à quelle heure nous devions nous présenter à la gare du chemin de fer. M. de Gaston, de sa propre initiative, avait sollicité du commandant de place allemand l'autorisation, pour moi personnellement, de me reposer pendant quelques instants dans une maison de la ville, en attendant l'heure de l'embarquement. Cette autorisation avait été accordée et l'on avait fixé à une heure et demie le moment de notre départ. Comme j'étais un peu souffrant et très-fatigué, je profitai de la latitude qui m'était laissée, et je me reposai dans une chambre qui m'était offerte dans la maison même où logeait l'état-major prussien. Pendant ce temps, mon chef d'état-major se présentait avec tout le personnel qui m'accompagnait chez le commandant de la place, et livrait les chevaux et les voitures appartenant à l'État.

« A une heure et quart, je me rendais avec tout mon état-major à la gare du chemin de fer, déjà entourée de postes et de nombreuses sentinelles. Pendant que nous attendions dans la cour de la station, on faisait charger les armes en notre présence au peloton de garde, conformément aux usages de la guerre. Peu d'instants après, nous entrions sur le quai de la voie, et faisions transporter nos bagages devant le wagon destiné à les recevoir. A ce moment, M. le capitaine de Gaston remit à l'officier chargé de l'embarquement le sauf-conduit dont il était resté porteur, lui fit constater ma présence, celle de tout le personnel qui m'entourait, et nous cherchâmes à entrer dans un des wagons du train qui al-

approchant de Paris, ils s'étendent dans le rayon de la grande banlieue; le 11, ils sont signalés en forces à Sézanne et à Lagny; le 13, à Meaux et à Melun; le 14, à Provins; le 15, à Nangis. Sur tous ces points ils

---

lait partir. Mais tout était rempli par des officiers et des soldats prisonniers arrivés avant nous.

« Je me présentai alors à l'officier chargé de l'embarquement, lui fis observer que nous ne pouvions trouver place dans le train, et qu'il était nécessaire de faire ajouter des voitures. Il me répondit que la chose n'était pas possible, le train étant déjà trop long, mais qu'il en serait formé un autre ultérieurement, dans lequel nous trouverions place.

« J'entre dans ces détails minutieux pour bien constater que j'ai rempli scrupuleusement l'engagement d'honneur que j'avais pris, de me reconstituer prisonnier au jour et à l'heure fixés; que c'est à partir de ce moment, c'est-à-dire après avoir repris avec mon état-major le droit qu'a tout prisonnier de guerre de chercher à recouvrer sa liberté à ses risques et périls, que je me suis échappé des mains de l'ennemi. Je ne dirai ni où ni comment, parce que je pourrais compromettre les braves gens qui m'ont aidé. Mais ce que je puis avouer hautement, c'est que j'ai traversé les colonnes et les postes prussiens sous un costume d'ouvrier; qu'en quelques heures j'ai parcouru, soit à pied, soit en charrette, plus de cent kilomètres, et que je suis rentré au cœur de la France par la voie d'Épinal, et à Paris par le chemin de fer d'Orléans, car déjà les communications directes étaient coupées.

« Ce n'est pas pour vous, monsieur le gouverneur, que je suis entré dans toutes ces explications. Vous connaissez trop mon caractère pour avoir pu douter un seul instant de ma loyauté et de ma scrupuleuse exactitude à remplir un engagement d'honneur. Mais j'ose espérer que vous voudrez bien à l'occasion prendre ma défense et protester, par voie diplomatique, contre une accusation qui porte atteinte à l'honneur d'un officier général, investi par vous d'un commandement important, et qui, jusqu'au dernier jour, vous aidera dans la glorieuse tâche que vous avez entreprise avec toute l'énergie que peuvent inspirer le dévouement le plus absolu et le patriotisme le plus ardent.

« Veuillez agréer, Monsieur le Gouverneur, etc.

« *Le général commandant en chef*
les 13ᵉ et 14ᵉ corps,

« DUCROT. »

13.

ont été précédés à un long intervalle par leurs éclaireurs.

Plusieurs engagements ont signalé cette marche ; le 14 ils ont été repoussés de Dourdan sur Arpajon. Ils subissent encore de légers échecs à La Chapelle-la-Reine (Seine-et-Marne), et entre Pontoise et l'Isle-Adam ; mais ces résistances partielles ne peuvent arrêter le flot envahissant de l'ennemi. Il a été plus d'une fois retardé et singulièrement déçu par la ruine des ponts et viaducs que nous avons fait sauter ; mais il se garde d'en convenir, et les feuilles allemandes se récrient sur ce qu'elles appellent une barbarie inutile.

Enfin, le 18, une première rencontre a lieu sous Paris entre les avant-gardes prussiennes et nos troupes aux environs de Créteil ; le 19, l'investissement est complet. Le roi Guillaume a son quartier général à Meaux ; le prince royal de Prusse entre à Versailles.

Peu de jours avant l'établissement des ennemis autour de la ville, M. Thiers avait accepté du gouvernement une mission auprès des cours de Londres, de Vienne et de Saint-Pétersbourg. En même temps, le conseil des ministres de Washington chargeait M. Bancroft, ministre des États-Unis à Berlin, de déclarer que le gouvernement américain était prêt à offrir ses bons offices pour assurer la paix *sur la demande* des parties belligérantes, mais sans action commune avec les autres puissances, pour éviter toute apparence d'immixtion dans les affaires européennes[1].

---

1. Cette résolution, peu compromettante, fut prise, dit-on, sur la proposition du ministre Bancroft dont les sympathies et l'admiration pour M. de Bismark apparaissent tout entières dans la lettre que nous reproduisons ci-dessous. Cette lettre répond aux

[**14 septembre 1870.**] — Les bataillons organisés de la garde nationale forment déjà un effectif nombreux ; le général Trochu les passe en revue.

La statue de Strasbourg sur la place de la Concorde est devenue depuis quelques jours un but de pèlerinage pour les bataillons. Elle est décorée de couronnes et de drapeaux.

[**15 septembre 1870.**] — Un décret réintègre dans leurs droits et leurs titres les militaires et fonctionnaires qui ont perdu leur rang et leur grade par suite des événements de décembre 1851.

---

félicitations que le chancelier fédéral avait adressées au ministre américain à l'occasion de la cinquantaine de son doctorat :

« Berlin, 30 septembre 1870.

« MON CHER COMTE,

« J'ai éprouvé autant de surprise que de satisfaction de ce que, dans le travail qui vous incombe de rajeunir l'Europe, vous ayez trouvé le temps de m'écrire aujourd'hui une lettre amicale pour me féliciter d'avoir si longtemps vécu. C'est, en effet, un grand bonheur de vivre en ce temps, où trois ou quatre hommes, qui aiment la paix par-dessus tout, et qui, après de longs et difficiles travaux, pensaient terminer en paix leur carrière, recueillent dans une guerre défensive plus de gloire militaire que l'imagination la plus hardie aurait pu se le figurer, et mettent en trois mois les espérances que l'Allemagne nourrit depuis un millier d'années dans la meilleure voie de réalisation. J'accepte donc avec reconnaissance ce bienveillant salut adressé à mon grand âge ; car la vieillesse, séparée par si peu de temps de l'éternité, joue, cette année, le rôle le plus important sur terre : ce sont des hommes à cheveux blancs qui conduisent cette guerre allemande à sa fin. Vous, il est vrai, vous êtes encore jeune ; mais de Roon appartient déjà à la classe des vénérables ; de Moltke, à 23 jours près, est de mon âge, et votre roi nous surpasse tous en années et en jeunesse. Puis-je ne pas être fier de mes contemporains ? Conservez-moi votre estime amicale pendant le peu de temps qui me reste à vivre.

« Je suis, mon cher comte, toujours sincèrement le vôtre.

« GEORGES BANCROFT. »

[**16 septembre 1870**.] — La date des élections aux conseils municipaux est fixée au 25 septembre, et celle des élections à l'Assemblée constituante qui doit régulariser ou réformer le nouvel ordre de choses né le 4 septembre est avancée du 28 au 2 octobre.

Une circulaire que Jules Favre, ministre des affaires étrangères, adresse aux agents diplomatiques, pour leur faire connaître cette décision, établit la position du nouveau gouvernement et la part de responsabilité que la France doit accepter dans la guerre qui se continue en prenant dès maintenant un autre caractère : la défense de son foyer et de son indépendance.

On reçoit de Constantinople la démission de l'ambassadeur de France, M. de la Guéronnière.

Les éclaireurs Franchetti, corps de cavaliers qui se distingua fort durant tout le siége, ont, près de Maisons-Alfort, un petit engagement avec des uhlans. M. de Kergariou et un autre éclaireur sont blessés ; les uhlans sont mis en fuite.

Un décret ordonne qu'il sera procédé à l'élection des officiers de la garde mobile présente à Paris. Cette mesure a été vivement critiquée ; on lui a reproché d'avoir affaibli la discipline de troupes encore peu rompues à l'obéissance aux chefs.

[**18 septembre 1870**.] — Une protestation est rédigée par les cinq classes de l'Institut et adressée à toutes les académies du monde entier en prévision d'un bombardement des monuments, bibliothèques et musées.

Le général Ambert, commandant du 2ᵉ secteur, à la suite d'une revue de la garde nationale, laisse échapper quelques paroles de nature à jeter la division entre les anciens et les nouveaux bataillons.

Interpellé à ce sujet, il refuse de crier *Vive la Répu-blique* et fait allusion à la constitution d'un gouverne-ment définitif. Ses officiers ont grand'peine à le dérober à la fureur de la foule. Il est arrêté et remplacé par l'amiral de Quillio.

[**19 septembre 1870**.] — Une *commission des barri-cades* est nommée par le gouverneur. Rochefort la préside; elle doit, à l'intérieur de l'enceinte, élever plusieurs lignes de défense pour le cas où l'ennemi franchirait les portes ou les bastions[1].

La position importante de Châtillon, qui domine plusieurs de nos forts du Sud, était depuis longtemps désignée par le génie pour la construction d'un ouvrage de défense. C'est seulement au commencement du mois d'août qu'on entreprit d'y élever une redoute. Ces travaux étaient loin d'être achevés lorsque l'ennemi, arrivant par Choisy-le-Roi, porta ses forces sur Versailles, occupant tous les bois et les villages situés en avant des positions de Châtillon et de Clamart. Le général Ducrot fait dans cette direction une reconnaissance offensive, et rencontre des masses considérables cachées avec de l'artillerie à la lisière des bois. Il est obligé de se replier, et, dans ce mouvement, une partie de sa droite cède à une sorte de panique. Un régiment de zouaves et un autre de ligne contenant une forte proportion de recrues donnent le signal de cette déroute partielle. Les soldats débandés quittent le champ de bataille, et, après s'être enivrés, viennent jusqu'au milieu de Paris semer les bruits les plus sinistres et les plus exagérés. Ce que

---

1. La commission est ainsi composée : Henri Rochefort, Dorian, Gustave Flourens, Jules Bastide, Martin Bernard, Floquet, A. Dréo.

ces régiments contenaient de bons éléments se retire en combattant vers Meudon. En même temps, le reste de la droite se replie en bon ordre sur la redoute inachevée de Châtillon, et la gauche se maintient à Villejuif. Vers quatre heures, la redoute n'était plus tenable pour nos troupes mal abritées contre la fusillade et l'artillerie. Le général fait enclouer les huit pièces qui armaient cet ouvrage et se retire sous la protection des forts dont le feu, dans cette dernière partie de l'action, fut fort nuisible à l'ennemi. On fut heureux de pouvoir signaler, comme compensation à la lâcheté de quelques fuyards, la fermeté et la vigueur des mobiles bretons qui ne se retirèrent qu'en dernier et sur les ordres réitérés du général.

[**20 septembre 1870**.] — Sur la demande de Jules Favre, lord Lyons ayant obtenu pour lui du chancelier fédéral une entrevue pour la conclusion d'un armistice, notre ministre des affaires étrangères se rend à Ferrières. A cette nouvelle, quelques manifestations sans armes se présentent à l'Hôtel de ville; mais ni ce jour-là, ni le lendemain, on n'entend des collines environnantes, comme le disent les feuilles allemandes, le bruit de la fusillade et le canon de la guerre civile.

C'est sans doute pour répondre à ces manifestations que le gouvernement crut devoir publier la proclamation suivante :

On a répandu le bruit que le gouvernement de la Défense nationale songeait à abandonner la politique pour laquelle il a été placé au poste de l'honneur et du péril. Cette politique est celle qui se formule en ces termes : ni un pouce

de notre territoire ni une pierre de nos forteresses. Le gou
vernement la maintiendra jusqu'à la fin.

(Suivent les signatures des membres du gouvernement
et des ministres.)

C'était une parole imprudente et un engagement
bien téméraire. Plus d'un des personnages qui, pendant ce siége, prirent en main nos destinées, devait commettre semblable faute et, par de trop
belles promesses, encourager des espérances préma-
turées, et rendre plus difficile et plus sévère à leur
égard le public juge de leur conduite dans ces circonstances déjà si pénibles.

Trois mille deux cents anciens sergents de ville
sont formés en quatre brigades, équipés et armés; ils
ont demandé, dit-on, à effacer, en marchant à l'ennemi, l'impopularité de leurs anciennes fonctions.

[21 septembre 1870.] — Une proclamation de
Gambetta rappelle la fondation de la République
française dont c'est aujourd'hui le soixante-dix-hui-
tième anniversaire.

[22 septembre 1870.] — L'importance de la conférence qui eut lieu à Ferrières entre le chancelier
fédéral et le vice-président du gouvernement de la
Défense nationale, Jules Favre, nous oblige à donner
ici *in extenso* le rapport officiel qu'il publia à son
retour :

*À MM. les Membres du gouvernement de la Défense
nationale.*

MES CHERS COLLÈGUES,

L'union étroite de tous les citoyens, et particulièrement
celle des membres du gouvernement, est plus que jamais
une nécessité de salut public. Chacun de nos actes doit la

cimenter. Celui que je viens d'accomplir, de mon chef, m'était inspiré par ce sentiment ; il aura ce résultat. J'ai eu l'honneur de vous l'expliquer en détail. Cela ne suffit point. Nous sommes un gouvernement de publicité. Si, à l'heure de l'exécution, le secret est indispensable, le fait, une fois consommé, doit être entouré de la plus grande lumière. Nous ne sommes quelque chose que par l'opinion de nos concitoyens ; il faut qu'elle nous juge à chaque heure, et pour nous juger elle a le droit de tout connaître.

J'ai cru qu'il était de mon devoir d'aller au quartier général des armées ennemies ; j'y suis allé. Je vous ai rendu compte de la mission que je m'étais imposée à moi-même ; je viens dire à mon pays les raisons qui m'ont déterminé, le but que je me proposais, celui que je crois avoir atteint.

Je n'ai pas besoin de rappeler la politique inaugurée par nous et que le ministre des affaires étrangères était plus particulièrement chargé de formuler. Nous sommes avant tout des hommes de paix et de liberté. Jusqu'au dernier moment nous nous sommes opposés à la guerre que le gouvernement impérial entreprenait dans un intérêt exclusivement dynastique, et quand ce gouvernement est tombé, nous avons déclaré persévérer plus énergiquement que jamais dans la politique de la paix.

Cette déclaration, nous la faisions quand, par la criminelle folie d'un homme et de ses conseillers, nos armées étaient détruites ; notre glorieux Bazaine et ses vaillants soldats bloqués devant Metz ; Strasbourg, Toul, Phalsbourg, écrasés par les bombes ; l'ennemi victorieux en marche sur notre capitale. Jamais situation ne fut plus cruelle ; elle n'inspira cependant au pays aucune pensée de défaillance, et nous crûmes être son interprète fidèle en posant nettement cette condition : pas un pouce de notre territoire, pas une pierre de nos forteresses.

Si donc, à ce moment où venait de s'accomplir un fait aussi considérable que celui du renversement du promoteur de la guerre, la Prusse avait voulu traiter sur les bases d'une indemnité à déterminer, la paix était faite ; elle eût été accueillie comme un immense bienfait ; elle fût devenue un gage certain de réconciliation entre deux nations qu'une politique odieuse seule a fatalement divisées.

Nous espérions que l'humanité et l'intérêt bien entendus remporteraient cette victoire, belle entre toutes, car elle aurait ouvert une ère nouvelle, et les hommes d'État qui y auraient attaché leur nom auraient eu comme guides : la philosophie, la raison, la justice; comme récompense : les bénédictions et la prospérité des peuples.

C'est avec ces idées que j'ai entrepris la tâche périlleuse que vous m'aviez confiée. Je devais tout d'abord me rendre compte des dispositions des cabinets européens et chercher à me concilier leur appui. Le gouvernement impérial l'avait complétement négligé, ou y avait échoué. Il s'est engagé dans la guerre sans une alliance, sans une négociation sérieuse; tout, autour de lui, était hostilité ou indifférence. Il recueillait ainsi le fruit amer d'une politique blessante pour chaque État voisin par ses menaces ou ses prétentions.

A peine étions-nous à l'Hôtel de ville qu'un diplomate, dont il n'est point encore opportun de révéler le nom, nous demandait à entrer en relations avec nous. Dès le lendemain, votre ministre recevait les représentants de toutes les puissances. La République des États-Unis, la République helvétique, l'Italie, l'Espagne, le Portugal reconnaissaient officiellement la République française. Les autres gouvernements autorisaient leurs agents à entretenir avec nous des rapports officieux qui nous permettaient d'entrer de suite en pourparlers utiles.

Je donnerais à cet exposé, déjà trop étendu, un développement qu'il ne comporte pas, si je racontais avec détail la courte, mais instructive histoire des négociations qui ont suivi. Je crois pouvoir affirmer qu'elle ne sera pas tout à fait sans valeur pour notre crédit moral.

Je me borne à dire que nous avons trouvé partout d'honorables sympathies. Mon but était de les grouper, et de déterminer les puissances signataires de la ligue des neutres à intervenir directement près de la Prusse en prenant pour base les conditions que j'avais posées. Quatre de ces puissances me l'ont offert; je leur en ai, au nom de mon pays, témoigné ma gratitude ; mais je voulais le concours des deux autres. L'une m'a promis une action individuelle dont elle s'est réservé la liberté; l'autre m'a proposé d'être mon intermédiaire vis-à-vis de la Prusse. Elle a même fait un pas de plus : sur les instances de l'envoyé extraordinaire de la France, elle a bien voulu recommander directement mes démarches. J'ai demandé beaucoup plus; mais je n'ai refusé aucun concours, estimant que l'intérêt qu'on nous montrait était une force à ne pas négliger.

Cependant, le temps marchait; chaque heure rapprochait l'ennemi. En proie à de poignantes émotions, je m'étais promis à moi-même de ne pas laisser commencer le siége de Paris sans essayer une démarche suprême, fussé-je seul à la faire. L'intérêt n'a pas besoin d'en être démontré. La Prusse gardait le silence et nul ne consentait à l'interroger. Cette situation était intenable : elle permettait à notre ennemi de faire peser sur nous la responsabilité de la continuation de la lutte; elle nous condamnait à nous taire sur ses intentions. Il fallait en sortir. Malgré ma répugnance, je me déterminai à user des bons offices qui m'étaient offerts, et, le 10 septembre, un télégramme parvenait à M. de Bismark, lui demandant s'il voulait entrer en conversation sur des conditions de transaction. Une première réponse était une fin de non-recevoir tirée de l'irrégularité de notre gouvernement. Toutefois, le chancelier de la Confédération du Nord n'insista pas, et me fit demander quelles garanties nous présentions pour l'exécution d'un traité. Cette seconde difficulté levée par moi, il fallait aller plus loin. On me proposa d'envoyer un courrier, ce que j'acceptai. En même temps on télégraphiait directement à M. de Bismark, et le premier ministre de la puissance qui nous servait d'intermédiaire disait à notre envoyé extraordinaire que la France seule pouvait agir; il ajoutait qu'il serait à désirer que je ne reculasse pas devant une démarche au quartier général. Notre envoyé, qui connaissait le fond de mon cœur, répondit que j'étais prêt à tous les sacrifices pour faire mon devoir; qu'il y en avait peu d'aussi pénibles que d'aller au travers des lignes ennemies chercher notre vainqueur, mais qu'il supposait que je m'y résignerais. Deux jours après, le courrier revenait. Après mille obstacles, il avait vu le chancelier qui lui avait dit être disposé volontiers à causer avec moi.

J'aurais voulu une réponse directe au télégramme de notre intermédiaire, elle se faisait attendre. L'investissement de Paris s'achevait. Il n'y avait plus à hésiter, je me résolus à partir.

Seulement il m'importait que, pendant qu'elle s'accomplissait, cette démarche fût ignorée; je recommandai le secret, et j'ai été douloureusement surpris en, rentrant hier soir, d'apprendre qu'il n'a pas été gardé. Une indiscrétion coupable a été commise. Un journal, *l'Électeur libre*, déjà désavoué par le gouvernement, en a profité; une enquête est ouverte, et j'espère pouvoir réprimer ce double abus.

J'avais poussé si loin le scrupule de la discrétion, que je l'ai observée même vis-à-vis de vous, mes chers collègues. Je ne m'y suis pas résolu sans un vif déplaisir. Mais je connaissais votre affection et votre patriotisme, j'étais sûr d'être absous. Je croyais obéir à une nécessité impérieuse. Une première fois, je vous avais entretenus des agitations de ma conscience, et je vous avais dit qu'elle ne serait en repos que lorsque j'aurais fait tout ce qui était humainement possible pour arrêter honorablement cette abominable guerre. Me rappelant la conversation provoquée par cette ouverture, je redoutais des objections, et j'étais décidé; d'ailleurs, je voulais, en abordant M. de Bismark, être libre de tout engagement, afin d'avoir le droit de n'en prendre aucun. Je vous fais ces aveux sincères, je les fais au pays pour écarter de vous une responsabilité que j'assume seul. Si ma démarche est une faute, seul j'en dois porter la peine.

J'avais cependant averti M. le ministre de la guerre, qui avait bien voulu me donner un officier pour me conduire aux avant-postes. Nous ignorions la situation du quartier général. On le supposait à Gros-Bois. Nous nous acheminâmes vers l'ennemi par la porte de Charenton.

Je supprime tous les détails de ce douloureux voyage, pleins d'intérêts cependant, mais qui ne seraient point ici à leur place. Conduit à Villeneuve-Saint-Georges, où se trouvait le général en chef commandant le 6ᵉ corps, j'appris, assez tard dans l'après-midi, que le quartier général était à Meaux. Le général, des procédés duquel je n'ai qu'à me louer, me proposa d'y envoyer un officier porteur de la lettre suivante que j'avais préparée pour M. de Bismark :

« MONSIEUR LE COMTE,

« J'ai toujours cru qu'avant d'engager sérieusement les hostilités sous les murs de Paris, il était impossible qu'une transaction honorable ne fût pas essayée. La personne qui a eu l'honneur de voir Votre Excellence, il y a deux jours, m'a dit avoir recueilli de sa bouche l'expression d'un désir analogue. Je suis venu aux avant-postes me mettre à la disposition de Votre Excellence. J'attends qu'elle veuille bien me faire savoir comment et où je pourrai avoir l'honneur de conférer quelques instants avec elle.

« J'ai l'honneur d'être, avec une haute considération,

« De Votre Excellence

« Le très-humble et très-obéissant serviteur,

« JULES FAVRE. »

18 septembre.

Nous étions séparés par une distance de 48 kilomètres. Le lendemain matin, à six heures, je recevais la réponse que je transcris :

« Meaux, 18 septembre 1870.

« Je viens de recevoir la lettre que Votre Excellence a eu l'obligeance de m'écrire, et ce me sera extrêmement agréable, si vous voulez bien me faire l'honneur de venir me voir, demain, ici à Meaux.

« Le porteur de la présente, le prince Biron, veillera à ce que Votre Excellence soit guidée à travers nos lignes.

« J'ai l'honneur d'être, avec la plus haute considération, de Votre Excellence le très-obéissant serviteur,

« DE BISMARK. »

A neuf heures, l'escorte était prête, et je partais avec elle. Arrivé près de Meaux vers trois-heures de l'après-midi, j'étais arrêté par un aide de camp venant m'annoncer que le comte avait quitté Meaux avec le roi pour aller coucher à Ferrières. Nous nous étions croisés; en revenant l'un et l'autre sur nos pas, nous devions nous rencontrer.

Je rebroussai chemin, et descendis dans la cour d'une ferme entièrement saccagée comme presque toutes les maisons que j'ai vues sur ma route. Au bout d'une heure, M. de Bismark m'y rejoignait. Il nous était difficile de causer dans un tel lieu. Une habitation, le château de la Haute-Maison, appartenant à M. le comte de Rillac, était à notre proximité; nous nous y rendîmes, et la conversation s'engagea dans un salon où gisaient en désordre des débris de toute nature.

Cette conversation, je voudrais vous la rapporter tout entière, telle que le lendemain je l'ai dictée à un secrétaire. Chaque détail y a son importance. Je ne puis ici que l'analyser.

J'ai tout d'abord précisé le but de ma démarche. Ayant fait connaître par ma circulaire les intentions du gouvernement français, je voulais savoir celles du premier ministre prussien. Il me semblait inadmissible que deux nations continuassent, sans s'expliquer préalablement, une guerre terrible qui, malgré ses avantages, infligeait au vainqueur des souffrances profondes. Née du pouvoir d'un seul, cette guerre n'avait plus de raison d'être quand la France redevenait maîtresse d'elle-même; 'e me portais garant de son amour pour la paix, en même temps de sa résolution inébranlable de n'accepter aucune condition qui ferait de cette paix une courte et menaçante trêve.

M. de Bismark m'a répondu que, s'il avait la conviction qu'une pareille paix fût possible, il la signerait de suite. Il a reconnu que l'opposition avait toujours condamné la guerre. Mais le pouvoir que représente aujourd'hui cette opposition est plus que précaire. Si dans quelques jours Paris n'est pas pris, il sera renversé par la populace...

Je l'ai interrompu vivement pour lui dire que nous n'a-

vions pas de populace à Paris, mais une population intelligente, dévouée, qui connaissait nos intentions et qui ne se
ferait pas complice de l'ennemi en entravant notre mission
de défense. Quant à notre pouvoir, nous étions prêts à le
déposer entre les mains de l'assemblée déjà convoquée par
nous.

« Cette assemblée, a repris le comte, aura des desseins
que rien ne peut nous faire pressentir. Mais, si elle obéit au
sentiment français, elle voudra la guerre. Vous n'oublierez
pas plus la capitulation de Sedan que Waterloo, que Sadowa
qui ne vous regardait pas. » Puis il a insisté longuement
sur la volonté bien arrêtée de la nation française d'attaquer
l'Allemagne et de lui enlever une partie de son territoire.
Depuis Louis XIV jusqu'à Napoléon III, ses tendances n'ont
pas changé, et quand la guerre a été annoncée, le Corps législatif a couvert les paroles du ministre d'acclamations.

Je lui ai fait observer que la majorité du Corps législatif
avait quelques semaines avant acclamé la paix ; que cette
majorité, choisie par le prince, s'était malheureusement
crue obligée de lui céder aveuglément, mais que, consultée
deux fois, aux élections de 1869 et au vote du plébiscite, la
nation avait énergiquement adhéré à une politique de paix
et de liberté.

La conversation s'est prolongée sur ce sujet, le comte
maintenant son opinion, alors que je défendais la mienne ;
et comme je le pressai vivement sur ses conditions, il m'a
répondu nettement que la sécurité de son pays lui commandait de garder le territoire qui la garantissait. Il m'a répété
plusieurs fois : « Strasbourg est la clef de la maison, je dois
l'avoir. » Je l'ai invité à être plus explicite encore : « C'est
inutile, objectait-il, puisque nous ne pouvons nous entendre ; c'est une affaire à régler plus tard. » Je l'ai prié de le
faire de suite ; il m'a dit alors que les deux départements du
Bas et du Haut-Rhin, une partie de celui de la Moselle avec
Metz, Château-Salins et Soissons lui étaient indispensables,
et qu'il ne pouvait y renoncer.

Je lui ai fait observer que l'assentiment des peuples dont
il disposait ainsi était plus que douteux, et que le droit pu-

blic européen ne lui permettait pas de s'en passer. « Si fait,
m'a-t-il répondu. Je sais fort bien qu'ils ne veulent pas de
nous. Ils nous imposeront une rude corvée, mais nous ne
pouvons pas ne pas les prendre. Je suis sûr que, dans un
temps prochain, nous aurons une nouvelle guerre avec vous.
Nous voulons la faire avec tous nos avantages. »

Je me suis récrié, comme je le devais, contre de telles so-
lutions. J'ai dit qu'on me paraissait oublier deux éléments
importants de discussion : l'Europe, d'abord, qui pourrait
bien trouver ces prétentions exorbitantes et y mettre obstacle ; le droit nouveau ensuite, le progrès des mœurs, entièrement antipathique à de telles exigences. J'ai ajouté que,
quant à nous, nous ne les accepterions jamais. Nous pouvions périr comme nation, mais non nous déshonorer ; d'ailleurs, le pays seul était compétent pour se prononcer sur
une cession territoriale. Nous ne doutons pas de son sentiment, mais nous voulons le consulter. C'est donc vis-à-vis
de lui que se trouve la Prusse. Et, pour être net, il est clair
qu'entraînée par l'enivrement de la victoire, elle veut la
destruction de la France.

Le comte a protesté, se retranchant toujours derrière des
nécessités absolues de garantie nationale. J'ai poursuivi :
« Si ce n'est pas de votre part un abus de la force, cachant
de secrets desseins, laissez-nous réunir l'assemblée ; nous
lui remettrons nos pouvoirs, elle nommera un gouvernement définitif qui appréciera vos conditions. »

« Pour l'exécution de ce plan, m'a répondu le comte, il
faudrait un armistice, et je n'en veux à aucun prix. »

La conversation prenait une tournure de plus en plus pénible. Le soir venait. Je demandai à M. de Bismark un second entretien à Ferrières où il allait coucher, et nous par-
tîmes chacun de notre côté.

Voulant remplir ma mission jusqu'au bout, je devais
revenir sur plusieurs des questions que nous avions traitées,
et conclure. Aussi, en abordant le comte vers neuf heures
et demie du soir, je lui fis observer que les renseignements
que j'étais venu chercher près de lui étaient destinés à être
communiqués à mon gouvernement et au public ; je résume-

rais, en terminant, notre conversation pour n'en publier que ce qui serait bien arrêté entre nous. « Ne prenez pas cette peine, me répondit-il ; je vous la livre tout entière, je ne vois aucun inconvénient à sa divulgation. » Nous reprîmes alors la discussion, qui se prolongea jusqu'à minuit. J'insistai particulièrement sur la nécessité de convoquer une assemblée. Le comte parut se laisser peu à peu convaincre et revint à l'armistice. Je demandai quinze jours. Nous discutâmes les conditions. Il ne s'en expliqua que d'une manière très-incomplète, se réservant de consulter le roi. En conséquence, il m'ajourna au lendemain onze heures.

Je n'ai plus qu'un mot à dire ; car, en reproduisant ce douloureux récit, mon cœur est agité de toutes les émotions qui l'ont torturé pendant ces trois mortelles journées, et j'ai hâte de finir. J'étais au château de Ferrières à onze heures. Le comte sortit de chez le roi à midi moins le quart, et j'entendis de lui les conditions qu'il mettait à l'armistice ; elles étaient consignées dans un texte écrit en langue allemande et dont il m'a donné communication verbale.

Il demandait pour gage l'occupation de Strasbourg, de Toul et de Phalsbourg, et comme sur sa demande j'avais dit la veille que l'Assemblée devait être réunie à Paris, il voulait, dans ce cas, avoir un fort dominant la ville... celui du mont Valérien, par exemple...

Je l'ai interrompu pour lui dire : « Il est bien plus simple de nous demander Paris. Comment voulez-vous admettre qu'une assemblée française délibère sous votre canon ? J'ai eu l'honneur de vous dire que je transmettrais fidèlement notre entretien au gouvernement ; je ne sais vraiment si j'oserais lui dire que vous m'avez fait une telle proposition. »

« Cherchons une autre combinaison, m'a-t-il répondu. » Je lui ai parlé de la réunion de l'assemblée à Tours, en ne prenant aucun gage du côté de Paris.

Il m'a proposé d'en parler au roi, et revenant sur l'occupation de Strasbourg, il a ajouté : « La ville va tomber entre nos mains, ce n'est plus qu'une affaire de calcul d'ingénieurs. Aussi je vous demande que la garnison se rende prisonnière de guerre. »

A ces mots j'ai bondi de douleur, et, me levant, je me suis
écrié : « Vous oubliez que vous parlez à un Français, monsieur le comte : sacrifier une garnison héroïque qui fait
notre admiration et celle du monde serait une lâcheté, et
je ne vous promets pas de dire que vous m'avez posé une
telle condition. »

Le comte m'a repondu qu'il n'avait pas l'intention de me
blesser, qu'il se conformait aux lois de la guerre ; qu'au surplus, si le roi y consentait, cet article pourrait être modifié.

Il est rentré au bout d'un quart d'heure. Le roi acceptait
la combinaison de Tours, mais insistait pour que la garnison
de Strasbourg fût prisonnière.

J'étais à bout de forces et craignis un instant de défaillir.
Je me retournais pour dévorer les larmes qui m'étouffaient,
et, m'excusant de cette faiblesse involontaire, je prenais
congé par ces simples paroles :

« Je me suis trompé, monsieur le comte, en venant ici ;
je ne m'en repens pas, j'ai assez souffert pour m'excuser à
mes propres yeux ; d'ailleurs, je n'ai cédé qu'au sentiment
de mon devoir. Je reporterai à mon gouvernement tout ce
que vous m'avez dit, et s'il juge à propos de me renvoyer
près de vous, quelque cruelle que soit cette démarche, j'aurai l'honneur de revenir. Je vous suis reconnaissant de la
bienveillance que vous m'avez témoignée, mais je crains
qu'il n'y ait plus qu'à laisser les événements s'accomplir.
La population de Paris est courageuse et résolue aux derniers sacrifices ; son héroïsme peut changer le cours des
événements. Si vous avez l'honneur de la vaincre, vous ne
la soumettrez pas. La nation tout entière est dans les mêmes
sentiments. Tant que nous trouverons en elle un élément
de résistance, nous vous combattrons. C'est une lutte indé-
finie entre deux peuples qui devraient se tendre la main.
J'avais espéré une autre solution. Je pars bien malheureux
et néanmoins plein d'espoir. »

Je n'ajoute rien à ce récit, trop éloquent par lui-même: Il
me permet de conclure et de vous dire quelle est à mon sens
la portée de ces entrevues. Je cherchais la paix, j'ai rencontré une volonté inflexible de conquête et de guerre. Je

demandais la possibilité d'interroger la France représentée
par une assemblée librement élue, on m'a répondu en me
montrant les fourches caudines sous lesquelles elle doit préalablement passer. Je ne récrimine point. Je me borne à
constater les faits, à les signaler à mon pays et à l'Europe. J'ai voulu ardemment la paix, je ne m'en cache pas,
et en voyant pendant trois jours la misère de nos campagnes infortunées, je sentais grandir en moi cet amour
avec une telle violence, que j'étais forcé d'appeler tout
mon courage à mon aide pour ne pas faillir à ma tâche.
J'ai désiré non moins vivement un armistice, je l'avoue
encore ; je l'ai désiré, pour que la nation pût être consultée sur la redoutable question que la fatalité pose devant nous.

Vous connaissez maintenant les conditions préalables
qu'on prétend nous faire subir. Comme moi et sans discussion, vous avez été unanimement d'avis qu'il fallait en repousser l'humiliation. J'ai la conviction profonde que, malgré les souffrances qu'elle endure et celles qu'elle prévoit, la
France indignée partage notre résolution, et c'est de son
cœur que j'ai cru m'inspirer en écrivant à M. de Bismark la
dépêche suivante qui clôt cette négociation :

« MONSIEUR LE COMTE,

« J'ai exposé fidèlement à mes collègues du gouvernement
de la Défense nationale la déclaration que Votre Excellence
a bien voulu me faire. J'ai le regret de faire connaître à
Votre Excellence que le gouvernement n'a pu admettre vos
propositions. Il accepterait un armistice ayant pour objet
l'élection et la réunion d'une assemblée nationale. Mais il
ne peut souscrire aux conditions auxquelles Votre Excellence
le subordonne. Quant à moi, j'ai la conscience d'avoir tout
fait pour que l'effusion du sang cessât, et que la paix fût
rendue à nos deux nations pour lesquelles elle serait un
grand bienfait. Je ne m'arrête qu'en face d'un devoir impérieux, m'ordonnant de ne pas sacrifier l'honneur de mon
pays déterminé à résister énergiquement. Je m'associe sans
réserve à son vœu ainsi qu'à celui de mes collègues. Dieu,

qui nous juge, décidera de nos destinées. J'ai foi dans sa justice.

« J'ai l'honneur d'être, monsieur le comte,

« de Votre Excellence

« le très-humble et très-obéissant serviteur,

« JULES FAVRE. »

21 septembre.

J'ai fini, mes chers collègues, et vous penserez comme moi, que, si j'ai échoué, ma mission n'aura pas été cependant tout à fait inutile. Elle a prouvé que nous n'avons pas dévié. Comme les premiers jours, nous maudissons une guerre par nous condamnée à l'avance; comme les premiers jours aussi, nous l'acceptons plutôt que de nous déshonorer. Nous avons fait plus : nous avons tué l'équivoque dans laquelle la Prusse s'enfermait et que l'Europe ne nous aidait pas à dissiper.

En entrant sur notre sol, elle a donné au monde sa parole qu'elle attaquait Napoléon et ses soldats, mais qu'elle respectait la nation. Nous savons aujourd'hui ce qu'il faut en penser. La Prusse exige trois de nos départements, deux villes fortes, l'une de cent, l'autre de soixante-quinze mille âmes, huit à dix autres également fortifiées. Elle sait que les populations qu'elle veut nous ravir la repoussent, elle s'en saisit néanmoins, opposant le tranchant de son sabre aux protestations de leur liberté civique et de leur dignité morale.

A la nation qui demande la faculté de se consulter elle-même, elle propose la garantie de ses obusiers établis au mont Valérien et protégeant la salle des séances où nos députés voteront. Voilà ce que nous savons, et ce qu'on m'a autorisé à vous dire. Que le pays nous entende et qu'il se lève, ou pour nous désavouer quand nous conseillons de résister à outrance, ou pour subir avec nous cette dernière et décisive épreuve. Paris y est résolu.

Les départements s'organisent et vont venir à son secours. Le dernier mot n'est pas dit dans cette lutte où maintenant la force se rue contre le droit. Il dépend de notre constance qu'il appartienne à la justice et à la liberté.

Agréez, mes chers collègues, le fraternel hommage de mon inaltérable dévouement.

> *Le vice-président du gouvernement de la Défense nationale, ministre des affaires étrangères,*
>
> JULES FAVRE [1].

Paris, ce 21 septembre 1870.

---

1. La publication de ce rapport amena une réplique de M. de Bismark et une nouvelle circulaire de Jules Favre que nous reproduisons ici.

Le document suivant a été traduit sur le texte allemand publié par le *North German Correspondant :*

« Ferrières, 27 septembre 1870.

« Le rapport adressé par M. Jules Favre à ses collègues, le 21 courant, relativement à l'entretien qu'il a eu avec moi, m'engage à faire à Votre Excellence une communication qui vous permettra de donner une idée exacte de la marche de ces entretiens. Il faut avouer qu'en général M. Jules Favre s'est efforcé de faire un récit exact de ce qui s'est passé entre nous. S'il n'y a pas toujours entièrement réussi, il faut l'attribuer à la longueur de notre conférence et aux circonstances particulières dans lesquelles elle a eu lieu. Je dois pourtant élever des objections à la tendance générale de son exposé, et insister sur ce fait que le sujet principal que nous avions à discuter n'était point celui de la conclusion d'un traité de paix, mais celui d'un armistice qui devait précéder ce traité. Relativement aux demandes que nous devions faire avant de signer un traité de paix définitif, j'ai déclaré expressément à M. Jules Favre que je me refusais à entamer le sujet de la nouvelle frontière réclamée par nous jusqu'à ce que le principe d'une cession de territoire eût été ouvertement reconnu par la France. Comme conséquence de cette déclaration, la formation d'un nouveau département de la Moselle, contenant les circonscriptions de Sarrebourg, Château-Salins, Sarreguemines, Metz et Thionville, fut mentionnée par moi comme un arrangement conforme à nos intentions; mais, en même temps, je n'ai nullement renoncé à notre droit de faire de nouvelles stipulations, dans un traité de paix, proportionnées aux sacrifices qui nous seraient imposés par la prolongation de la guerre.

Les chaloupes canonnières, amenées à Paris et armées de fortes pièces, prennent position en amont et
en aval de Paris, derrière de fortes estacades destinées
à défendre l'entrée de la ville par la Seine.

Les Prussiens occupent Saint-Germain, et, pour
hâter le versement d'une contribution de 100,000 fr.
qu'ils lèvent sur la ville, ils lancent quelques obus

« Strasbourg, place désignée par M. Favre comme *clef de la
maison*, expression qui laissait toujours douter si la France était
la maison en question, fut expressément déclarée par moi être la
clef de notre maison, que nous ne désirions pas laisser par conséquent entre des mains étrangères.

« Notre première conversation au château de la Haute-Maison,
près Montry, ne dépassa pas les limites d'une discussion acadé-
mique sur le présent et le passé, dont la substance s'est trouvée
renfermée dans la déclaration de M. Jules Favre, qu'il était prêt
à nous céder *tout l'argent que nous avons*, tandis qu'il se refusait
à admettre l'idée d'une cession de territoire. Quand j'ai parlé
d'une cession comme étant tout à fait indispensable, il a déclaré
que les négociations de paix n'auraient aucune chance de succès,
et a soutenu que céder une portion quelconque du territoire serait humiliant et déshonorant pour la France. Je n'ai pu le convaincre que des conditions que la France avait imposées à l'Italie
et demandées à l'Allemagne sans avoir été en guerre avec l'un ou
l'autre de ces pays (conditions que la France nous aurait imposées
à nous si nous avions été vaincus, et qui ont été la conséquence
inévitable de presque toutes les guerres, même dans les temps
modernes), ne sauraient être honteuses pour un pays ayant succombé après une héroïque résistance, et j'ai ajouté que l'honneur
de la France ne différait pas essentiellement de celui des autres
nations. Je n'ai pu réussir non plus à persuader à M. Favre que
la restitution de Strasbourg n'impliquait pas davantage un
déshonneur à la France que la cession de Landau et de Sarrelouis ;
et que les conquêtes violentes et injustes de Louis XIV n'étaient
pas plus étroitement liées à l'honneur de la France que celles de la
première République ou celles du premier empire.

« Notre conférence prit un tour plus pratique à Ferrières où
nous avons discuté exclusivement la question d'un armistice, fait
qui réfute l'allégation d'après laquelle j'aurais déclaré que je
n'accepterais un armistice dans aucune circonstance. La manière

14.

sur l'église. Un à-compte fut versé, le reste ne fut pas exigé ; un officier supérieur prussien, M. de Moltke, dit-on, protégeait particulièrement la ville.

---

dont M. Jules Favre me fait dire relativement à cette question et à d'autres : « Il faudrait un armistice et je n'en veux à aucun prix, » et d'autres choses analogues, me forcent à rectifier ces assertions, et à ajouter que, dans des circonstances pareilles, je ne me suis jamais servi et je ne me sers jamais d'une locution indiquant que *moi* je *désire* personnellement, *exige* ou *approuve* quoi que ce soit. Je parle toujours des intentions et des demandes du gouvernement dont je suis le représentant.

« Dans cette conversation, les deux parties ont convenu de considérer la nécessité de donner à la nation française une occasion de choisir des représentants qui seuls seraient en position d'accorder au gouvernement actuel les pouvoirs suffisants pour lui permettre de conclure une paix sanctionnée par le droit international, comme motif d'un armistice. J'ai appelé l'attention sur le fait qu'un armistice était toujours un désavantage pour une armée engagée dans une marche victorieuse ; que, dans le cas actuel, c'est un gain des plus importants en fait de temps pour la défense de la France et la réorganisation de son armée ; et que, par conséquent, nous ne pouvions accorder un armistice si on ne nous offrait pas des avantages militaires équivalents. A ce propos, j'ai mentionné la reddition des forteresses qui empêchaient nos communications avec l'Allemagne, car une trêve devant prolonger la période pendant laquelle nous devions alimenter notre armée, des concessions pour faciliter le transport des vivres devaient en être les conditions préliminaires. Strasbourg, Toul et d'autres places de moindre importance formèrent le sujet de cette discussion. En ce qui concerne Strasbourg, j'ai fait remarquer que les glacis ayant été entamés, la prise de la ville ne pourrait tarder, et que nous pensions que la situation militaire rendrait la reddition de la garnison nécessaire, tandis que l'on permettrait à ceux qui gardaient les autres places d'en sortir avec les honneurs de la guerre.

« Une autre question difficile se rapportait à Paris. Comme nous avions entièrement cerné la ville, nous ne pouvions permettre l'entrée de nouveaux approvisionnements qu'à condition qu'ils n'affaibliraient pas notre position militaire et ne prolongeraient pas le temps nécessaire pour réduire la ville par la famine. Après avoir consulté les autorités militaires, j'ai offert par ordre de S. M. le roi les alternatives suivantes relativement à Paris.

« Ou la position de Paris doit nous être concédée par la reddi-

Elle eut néanmoins à subir pendant de longs mois la présence d'une nombreuse garnison qu'il fallait loger et nourrir.

---

tion d'une partie dominante de la défense, et dans ce cas nous sommes prêts à permettre la libre communication avec Paris, et à ne pas empêcher l'alimentation de la ville;

« Ou on pourrait *ne pas* nous concéder la position devant Paris, mais dans ce cas nous ne pourrions consentir à abandonner l'investissement et nous devrions insister sur la continuation du *statu quo* militaire devant cette ville, puisque autrement nous nous trouverions en face de Paris approvisionné de nouveau en armes et en vivres.

« M. Favre a expressément rejeté la première alternative relative à la reddition d'une partie des défenses de Paris, ainsi que la condition de garder comme prisonnière de guerre la garnison de Strasbourg. Il a promis de consulter ses collègues sur la seconde alternative relative au maintien du *statu quo* militaire devant Paris. Le programme que M. Favre a rapporté avec lui à Paris comme le résultat de nos conversations, et qui y a été discuté, ne contient donc rien au sujet des termes d'une paix future, mais seulement au sujet de l'accord d'un armistice de quinze jours ou de trois semaines pour préparer les voies à l'élection d'une assemblée nationale dans les conditions suivantes :

« 1º La continuation du *statu quo* dans ou devant Paris;

« 2º La continuation des hostilités à Metz et autour de Metz dans un certain rayon dont l'étendue sera déterminée;

« 3º La reddition de Strasbourg, dont la garnison deviendrait prisonnière de guerre et celles de Toul et de Bitche, dont on permettrait aux garnisons de sortir avec les honneurs de la guerre.

« Je crois que notre conviction que nous avons fait des offres très-conciliantes sera partagée par tous les cabinets neutres.

« Si le gouvernement français s'est décidé à ne pas profiter de l'occasion présentée de procéder à l'élection d'une assemblée nationale, même dans les parties de la France occupées par nous, cela démontre sa résolution de ne pas se débarrasser des difficultés qui empêchent la conclusion d'une paix conforme au droit international et à ne pas écouter l'opinion publique du peuple français. Des élections libres et générales tendraient à des résultats favorables à la paix; telle est la conviction qui s'impose à nous et qui n'a pu échapper à l'attention de ceux qui exercent le pouvoir à Paris.

« Je prends la liberté de prier Votre Excellence de porter la

[23 septembre 1870.] — La division Maud'huy, qui la veille au soir avait occupé le Moulin-Saquet et le village de Vitry, attaque dès l'aube le village de

---

présente circulaire à la connaissance du gouvernement auprès duquel elle est accréditée.

« DE BISMARK. »

—

Circulaire de M. Jules Favre adressée aux représentants diplomatiques de la France à l'étranger :

« Monsieur, je ne sais quand cette dépêche vous parviendra. Depuis trente jours Paris est investi, et sa ferme résolution de résister jusqu'à ce qu'il ait obtenu la victoire peut prolonger quelque temps encore la situation violente qui le sépare du reste du monde. Néanmoins, je n'ai pas voulu retarder d'un jour la réponse que mérite le rapport rédigé par M. le comte de Bismark sur l'entrevue de Ferrières ; je constate d'abord qu'il confirme en tous points mon récit, sauf en ce qui concerne un échange d'idées sur les conditions de la paix, qui, suivant M. de Bismark, n'auraient pas été débattues entre nous.

« J'ai reconnu que, sur ce sujet, le chancelier de la Confédération du Nord m'avait opposé dès les premiers mots une sorte de fin de non-recevoir tirée de ma déclaration absolue « que je ne consen- « tirais à aucune cession de territoire » ; mais mon interlocuteur ne peut avoir oublié que sur mon instance il s'expliqua catégoriquement, et mentionna, pour le cas où le principe de la cession territoriale serait admis, les conditions que j'ai énumérées dans mon rapport : l'abandon par la France de Strasbourg avec l'Alsace entière, de Metz et d'une partie de la Lorraine.

« Le chancelier fait observer que ces conditions peuvent être aggravées par la continuation de la guerre. Il me l'a, en effet, déclaré, et je le remercie de vouloir bien le mentionner lui-même. Il est bon que la France sache jusqu'où va l'ambition de la Prusse ; elle ne s'arrête pas à la conquête de deux de nos provinces, elle poursuit froidement l'œuvre systématique de notre anéantissement. Après avoir solennellement annoncé au monde par la bouche de son roi qu'elle n'en voulait qu'à Napoléon et à ses soldats, elle s'acharne à détruire le peuple français. Elle ravage son sol, incendie ses villages, accable ses habitants de réquisitions, les fusille quand ils ne peuvent satisfaire à ses exigences, et met toutes les ressources de la science au service d'une guerre d'extermination.

Villejuif et la batterie des Hautes-Bruyères, soutenue dans ce mouvement par les forts de Montrouge et de Bicêtre. L'artillerie eut une grande part dans ce com-

« La France n'a donc pas d'illusion à conserver. Il s'agit pour elle d'être ou de n'être pas. En lui proposant la paix au prix de trois départements qui lui sont unis par une étroite affection, on lui offrait le déshonneur. Elle l'a repoussé. On prétend la punir par la mort. Voilà la situation bien nette.

« Vainement lui dit-on : il n'y a pas de honte à être vaincu, encore moins à subir les sacrifices imposés par la défaite. Vainement ajoute-t-on encore que la Prusse peut reprendre les conquêtes violentes et injustes de Louis XIV. De telles objections sont sans portée, et l'on peut s'étonner d'avoir à y répondre.

« La France ne cherche pas une impuissante consolation dans l'explication trop facile des causes qui ont entraîné son échec. Elle accepte ses malheurs et ne les discute pas avec son ennemi. Le jour où il lui a été donné de reprendre la direction de ses destinées, elle a loyalement offert une réparation. Seulement, cette réparation ne pouvait être une cession de territoire. Pourquoi? parce que c'était amoindrissement? non; parce que c'était une violation de la justice et du droit dont le chancelier de la Confédération du Nord ne semble tenir aucun compte. Il nous renvoie aux conquêtes de Louis XIV. Veut-il revenir au *statu quo* qui les a immédiatement précédées? Veut-il réduire son maître à la couronne ducale placée sous la suzeraineté des rois de Pologne? Si, dans la transformation que l'Europe a subie, la Prusse est devenue d'un État insignifiant une puissante monarchie, n'est-ce pas à la conquête qu'elle le doit? Mais avec les deux siècles qui ont favorisé cette vaste recomposition s'est opéré un changement plus profond et d'un ordre plus élevé que celui qui déterminait jusqu'ici les morcellements de territoire. Le droit humain est sorti des régions abstraites de la philosophie. Il tend de plus en plus à prendre possession du monde, et c'est lui que la Prusse foule aux pieds quand elle essaye de nous arracher deux provinces en reconnaissant que les populations repoussent énergiquement sa domination.

« A cet égard, rien ne repousse mieux sa doctrine que ce mot rappelé par le chancelier de la Confédération du Nord : Strasbourg est la clef de notre maison. C'est donc comme propriétaire que la Prusse stipule, et cette propriété, elle l'applique à des créatures humaines dont elle supprime par ce fait la liberté morale et la dignité individuelle. Or, c'est précisément le respect de cette liberté, de cette dignité, qui interdit à la France de consentir à

bat, et nos artilleurs firent des pertes sensibles. Ces positions importantes, où des travaux avaient été commencés, devaient devenir notre défense la plus redoutable au sud de la ville.

En même temps, le contre-amiral Saisset faisait une reconnaissance vers Bobigny qu'il trouvait éva-

---

l'abandon qu'on lui demande. Elle peut subir l'abus de la force, elle n'y ajoutera pas l'abaissement de sa volonté.

« J'ai eu le tort de ne pas faire sur ce point suffisamment comprendre ma pensée quand j'ai dit, ce que je maintiens, que nous ne pouvons sans déshonneur céder l'Alsace et la Lorraine. J'ai caractérisé par là, non l'acte imposé au vaincu, mais la faiblesse d'un complice qui donnerait la main à l'oppresseur et consommerait une iniquité pour se racheter lui-même. M. le comte de Bismark ne trouvera pas un Français digne de ce nom qui pense et agisse autrement que moi.

« Et c'est aussi pourquoi je ne puis reconnaître qu'une proposition d'armistice sérieusement acceptable nous ait été faite. Je désirais avec ardeur qu'un moyen honorable nous fût offert de suspendre les hostilités et de convoquer une assemblée. Mais j'en appelle à tous les hommes impartiaux, le Gouvernement pouvait-il accéder au compromis qui lui était proposé ? L'armistice n'eût été qu'une dérision s'il n'avait rendu possibles de libres élections. Or, on ne lui donnait qu'une durée effective de quarante-huit heures. Pendant le surplus de la période de quinze jours ou trois semaines, la Prusse se réservait la continuation des hostilités, en sorte que l'assemblée n'eût pu délibérer sur la paix et la guerre pendant la bataille qui aurait décidé du sort de Paris. De plus, l'armistice ne s'étendait pas à Metz. Il excluait le ravitaillement et nous condamnait à consommer nos vivres pendant que l'armée assiégeante aurait largement vécu par le pillage de nos provinces. Enfin, l'Alsace et la Lorraine n'auraient pas nommé de députés, par la raison vraiment inouïe qu'il s'agissait de prononcer sur leur sort : la Prusse, ne leur reconnaissant pas ce droit, nous demandait de tenir la poignée du sabre avec lequel elle le tranche.

« Voilà les conditions que le chancelier de la Confédération du Nord ne craint pas d'appeler « très-conciliantes, » en nous accusant « de ne pas saisir l'occasion de convoquer une assemblée nationale, témoignant ainsi notre résolution de ne pas nous débarrasser des difficultés qui empêchent la conclusion d'une paix con-

cué par l'ennemi et le débusquait de Drancy. Le village de Pierrefite est aussi occupé momentanément par une reconnaissance sortie de Saint-Denis.

Le premier des ballons-postes destiné à emporter les correspondances hors de la ville investie s'élève de la place Saint-Pierre à Montmartre.

---

forme au droit national, et de ne pas écouter l'opinion publique du peuple français. »

« Eh bien, nous acceptons devant notre pays comme devant l'histoire la responsabilité de notre refus. Ne pas l'opposer aux exigences de la Prusse eût été à nos yeux une trahison. J'ignore quelle destinée la fortune nous réserve. Mais, ce que je sens profondément, c'est qu'ayant à choisir entre la situation actuelle de la France et celle de la Prusse, c'est la première que j'ambitionnerais. J'aime mieux nos souffrances, nos périls, nos sacrifices, que l'inflexible et cruelle ambition de notre ennemi. J'ai la ferme confiance que la France sera victorieuse. Fût-elle vaincue, elle resterait encore si grande dans son malheur, qu'elle demeurerait un objet d'admiration et de sympathie pour le monde entier. Là est sa force véritable, là sera peut-être sa vengeance.

« Les cabinets européens, qui se sont bornés à de stériles témoignages de cordialité, le reconnaîtront un jour; mais il sera trop tard. Au lieu d'inaugurer la doctrine de haute médiation, conseillée par la justice et l'intérêt, ils autorisent, par leur inertie, la continuation d'une lutte barbare qui est un désastre pour tous, un outrage à la civilisation. Cette sanglante leçon ne sera pas perdue pour les peuples. Et qui sait? l'histoire nous enseigne que les régénérations humaines sont par une loi mystérieuse étroitement liées à d'ineffables malheurs. La France avait peut-être besoin d'une épreuve suprême : elle en sortira transfigurée, et son génie brillera d'un éclat d'autant plus vif qu'il l'aura soutenue et préservée de défaillances en face d'un puissant et implacable ennemi.

« Lorsque vous pourrez, monsieur, vous inspirer de ces réflexions dans vos rapports avec le représentant du gouvernement près duquel vous êtes accrédité, la fortune aura prononcé son arrêt; en voyant cette grande population de Paris assiégée depuis un mois, si résolue, si calme, si unie, j'attends avec un cœu ferme et confiant l'heure de sa délivrance.

« Recevez, etc.

« JULES FAVRE. »

Les élections municipales aussi bien que les élections à l'Assemblée constituante sont indéfiniment ajournées, en raison des obstacles matériels apportés à l'exercice des droits électoraux.

Le général Trochu, dans une proclamation aux gardes nationaux, demande qu'il ne soit plus fait par les bataillons qui se rendent journellement à l'Hôtel de ville de manifestations, au moins inutiles quand l'ennemi est à nos portes.

[**27 septembre 1870.**] — Un incendie se déclare dans les immenses réserves de pétrole accumulées aux buttes Chaumont.

Une reconnaissance est faite par une compagnie du 14e de ligne vers la ferme des Mèches, près Maisons-Alfort.

Une commission des subsistances, nommée par le gouvernement, est formée de MM. Jules Simon, Jules Ferry, Gambetta, Ernest Picard, Étienne Arago, Magnin, Cernuschi, Sauvage et Littré.

[**28 septembre 1870.**] — Dans les premiers jours de l'investissement, la population inquiète, croyant voir partout des traîtres, des espions, des signaux faits à l'ennemi, se livra à des arrestations illégales et à des violations de domicile auxquelles le général Trochu crut devoir mettre fin par un ordre du jour sévère.

Mille bruits courent sur les causes mystérieuses qui ont fait remplacer le commandant Porion par le général Noël au mont Valérien.

[**29 septembre 1870.**] — Par un décret du gouvernement, M. Devienne, président de la Cour de cassation, est déféré disciplinairement à la Cour de cassation pour avoir compromis sa dignité de magistrat dans une négociation d'un caractère scandaleux[1]. Hâtons-nous d'ajouter que, dans deux lettres adressées à M. Crémieux et à M. Étienne Arago, M. Devienne proteste contre l'interprétation malveillante et honteuse donnée *à un fait tout autre que celui que l'on a supposé*, et promet de fournir, le moment venu, une éclatante justification.

[**30 septembre 1870.**] — Tandis qu'une reconnaissance chassait l'ennemi de Bondy, et que le général d'Exéa, avec une brigade, inquiétait l'ennemi à Créteil, un engagement plus important avait lieu au sud de la ville. Les troupes du général Vinoy, massées en avant des forts d'Ivry, de Bicêtre et de Montrouge, sortent de leurs lignes à la pointe du jour et sont accueillies par un feu très-vif. Le général Guilhem chasse l'ennemi du village de Chevilly, et le général Blaise (division Maud'huy), marchant sur Thiais, s'empare d'une batterie d'artillerie qu'il ne peut ramener faute d'attelages. Le 89ᵉ de ligne et le 15ᵉ bataillon de chasseurs à pied s'avancent sur l'Hay; mais les murs crénelés de ce village n'avaient pas été suffisamment battus par l'artillerie de nos forts, et il faut attaquer à la baïonnette ces murailles et ces maisons. La lutte est acharnée, mais nous sommes enfin maîtres du village lorsque la retraite sonne. Il faut se replier, et c'est alors que l'ennemi, reprenant ses positions et, se trouvant de nouveau à couvert, nous fait le plus de mal. Sur la gauche, la position de Choisy avait semblé trop forte et trop bien gardée pour qu'on pût l'attaquer avec chances de succès. Cette affaire, où la

---

1. Voir *Papiers et Correspondance de la famille impériale*, t. 1ᵉʳ, p. 65.

conduite de nos troupes fut excellente, coûta la vie au général Guilhem.

En même temps, la brigade Susbielle, sous les ordres du général Blanchard, faisait sur le Bas-Meudon une brillante reconnaissance et forçait à se replier trois régiments de la garde prussienne. Un bataillon de mobiles de la Côte-d'Or se distingua dans cet engagement.

D'autres opérations encore avaient pour théâtre, ce même jour, l'ouest de Paris.

Le général Ducrot faisait, sans résultat, une reconnaissance à Bougival.

Le général Renault, avec 25,000 hommes, fait une reconnaissance vers Rueil et la Malmaison, où un corps prussien important avait été signalé la veille. L'ennemi, ayant été prévenu par ses espions de l'expédition qui se préparait, s'était retiré à l'approche de la colonne. Là, comme à l'affaire de Châtillon, quelques bataillons de garde nationale se trouvaient mêlés aux troupes de ligne. Leur attitude très-ferme fit voir que l'on pourrait sérieusement tirer parti de cette force pour la défense.

On annonce la mort de M. Delesvaux, président du tribunal correctionnel, bien connu de la presse parisienne.

La censure est supprimée. Un délai de trois mois est accordé aux locataires qui déclareront être dans la nécessité d'y recourir pour payement du terme de loyer échéant le 1er octobre.

[**1er octobre 1870.**] — Plusieurs reconnaissances sont faites en avant de nos forts du Nord-Est.

Le ministre de la guerre publie un rapport sur les armements faits depuis le commencement du siége.

Il constate qu'il y a actuellement, sous les armes à Paris, 280,000 gardes nationaux ; que 90,000 gardes mobiles et 20,000 francs-tireurs ont reçu des fusils. A cet effectif de 390,000 hommes, il faut ajouter 150,000 hommes de troupes de ligne et de garde mobile qui se trouvaient déjà armés.

[**3 octobre 1870**.] — Malgré de fréquentes reconnaissances, malgré le feu répété de l'artillerie de nos forts, l'ennemi, peu désireux d'accepter la lutte, ne s'occupe qu'à exécuter sur toute la ligne d'investissement d'immenses travaux.

Les membres du corps diplomatique avaient résolu de rester à Paris pendant le siége, au moins jusqu'à l'approche du bombardement; c'est pourquoi Jules Favre avait écrit au comte de Bismark pour le prier, au nom du corps diplomatique, de l'avertir du bombardement et de permettre une fois par semaine le passage d'un courrier portant la correspondance des cabinets étrangers. M. de Bismark s'excuse de ne pouvoir, pour des raisons militaires, indiquer le moment du bombardement, et déclare qu'il ne permettra que l'envoi de plis ouverts écrits en langue usuelle et pouvant être contrôlés. Le corps diplomatique proteste contre cette prétention par une note en date du 6 octobre adressée à M. de Bismark.

Une nouvelle manifestation a lieu à l'Hôtel de ville. Les bataillons de Belleville demandent à être armés de chassepots. M. Flourens prend la parole et expose leur requête. Le gouverneur de Paris répond qu'il n'y a plus d'armes de précision disponibles, et donne incidemment quelques détails sur les canons et mitrailleuses commandés à l'industrie privée. Flourens déclare que, n'obtenant pas satisfaction pour les hommes qu'il représente, il doit donner sa démission. Il ne tarda pas à retirer cette démission.

[**6 octobre 1870**.] — Reconnaissance sans résultat dans la presqu'île de Gennevilliers et double attaque sur Bondy par les francs-tireurs des Lilas.

Le général Noël fait sortir du Mont-Valérien 2,000 mobiles qui, sous la protection de son artillerie, font aux environs une ample récolte de pommes de terre.

La vente de la viande commence à être réglementée et rationnée, et l'on commence à voir les ménagères faire de longues stations à la porte des boucheries municipales.

[**7 octobre 1870**.] — Le général Vinoy fait occuper le village de Cachan. Reconnaissance faite par les mobiles dans la direction de Clamart.

Le gouvernement, convaincu que les élections municipales porteraient une dangereuse atteinte à la défense, les ajourne jusqu'à la levée du siége.

Les marins du fort de Montrouge surprennent dans la nuit, devant le village de Thiais, l'escorte d'un convoi prussien, ramènent plusieurs fourgons et brûlent les autres en se retirant. Ils ne se sont servis, dans cette petite expédition, que des hâches et des baïonnettes, et pas un coup de fusil n'a été tiré.

Une tentative faite par M. Blanqui, pour organiser une nouvelle manifestation contre l'Hôtel de ville, échoue complétement.

M. Jules Favre prend l'intérim du ministère de l'intérieur pendant l'absence de Gambetta qui va se joindre à la délégation de Tours.

[**8 octobre 1870**.] — Une reconnaissance chasse l'ennemi de Bondy et l'occupe jusqu'au soir.

Le général Ducrot fait une nouvelle tentative sur la

Malmaison, mais sans y rencontrer l'ennemi qui avait encore décampé. Pendant ce temps, les éclaireurs de la garde nationale s'avançaient dans la plaine de Gennevilliers jusqu'au bord de la Seine, en face de Bezons et d'Argenteuil, et là engageaient une vive fusillade avec les tirailleurs ennemis.

Une affiche placardée sur tous les murs de la ville invitait les citoyens à se réunir ce jour même, 8 octobre, sur la place de l'Hôtel de ville, pour demander l'élection de la Commune de Paris. A deux heures, quelques meneurs commencent à se réunir sur la place, mais leurs cris trouvent peu d'échos dans la foule qui s'amasse bientôt. Le général Trochu et le général Tamisier, qui arrivent à cheval, sont vivement acclamés, et un grand nombre de bataillons de la garde nationale viennent spontanément rétablir l'ordre et protester contre les manœuvres des factieux.

Les membres du gouvernement passent ces bataillons en revue au milieu du plus grand enthousiasme. Jules Favre, en quelques paroles éloquentes, recommande l'union devant l'ennemi et l'oubli de tout ce qui peut détourner de la résistance.

Le commandant du 146ᵉ bataillon, M. Sapia, ayant distribué des cartouches à ses hommes en les invitant à marcher sur l'Hôtel de ville, est arrêté par eux. Déféré au conseil de guerre, il fut acquitté.

[**9 octobre 1870.**] — Le citoyen Flourens, qui de sa propre autorité s'était institué *major* de cinq bataillons, reçoit du général Tamisier l'avis qu'il ne peut commander en chef qu'un seul bataillon.

[**10 octobre 1870.**] — Le général Blanchard fait occuper la maison Millaud, position importante voisine de Cachan.

[**11 octobre 1870.**] — M. Édouard Adam remplace
à la préfecture de police M. de Kératry démissionnaire; en se retirant, M. de Kératry adresse au gouvernement un mémoire concluant à la suppression
de la préfecture de police.

[**12 octobre 1870.**] — Reconnaissance dirigée par
le lieutenant-colonel Reille au bois de Neuilly et au
plateau d'Avron.

Une autre colonne, dirigée par le général Ducrot
vers la Malmaison, est accueillie à la bifurcation des
routes de Bougival et de la Jonchère par quelques
volées de mitraille. Appuyée par les obus du Mont-
Valérien, elle oblige l'ennemi à se replier sur Bougival.

Une autre petite expédition sur le Moulin-de-Pierre,
près Clamart, favorise l'entrée de plusieurs voitures
de légumes.

Décret expliquant et complétant celui du 7 septembre 1870 sur les conseils de guerre de la garde
nationale.

La brasserie Reuter, à Ivry, abandonnée par son
propriétaire prussien, renfermait des approvisionnements d'orges germées que le gouvernement réquisitionne et met en adjudication.

[**13 octobre 1870.**] — Dans le but de reconnaître
les forces ennemies qui occupent le plateau de Châtillon et de savoir si, comme on l'a dit, les Allemands
ont dégarni cette position pour se porter au-devant
d'un corps français détaché de l'armée de la Loire,
un grand mouvement offensif commence le 13, vers
neuf heures du matin.

Sur la droite, deux bataillons du 13ᵉ de marche et
500 gardiens de la paix s'emparent de Clamart sans

coup férir et s'y maintiennent, mais ne peuvent pousser jusqu'au plateau de Châtillon. Le général Susbielle, avec le reste de sa brigade, attaque le village de Châtillon, où l'ennemi s'était fortement retranché; il lui faut emporter une à une les maisons crénelées et les barricades. Son artillerie est secondée dans cette tâche par celle des forts d'Issy et de Vanves. Il reçoit à la jambe une blessure qui ne l'empêche pas de conserver le commandement. Sur la gauche, les mobiles de la Côte-d'Or et un bataillon de l'Aube enlèvent rapidement Bagneux. Le lieutenant-colonel de Grancey dirige cette attaque qui coûte la vie au jeune commandant des mobiles de l'Aube, M. de Dampierre. Enfin, le 35ᵉ de ligne et un bataillon de la Côte-d'Or, soutenus par la brigade Dumoulin, parviennent à se frayer un chemin entre Bagneux et Châtillon, et pénètrent de maison en maison jusqu'au cœur du village, et la brigade de La Charrière fait taire, par le feu de son artillerie, une batterie allemande qui, postée à l'extrémité de Bagneux, inquiète notre gauche. Après cinq heures de combat, on ne crut pas devoir conserver les positions conquises, et l'on sonna la retraite qui se fit avec beaucoup d'ordre, protégée par l'artillerie divisionnaire et par les pièces des forts. Le rapport du général Vinoy juge les pertes de l'ennemi considérables, et estime les nôtres à 30 hommes tués et 80 blessés. Nous avons fait, dans le cours de cette action, un certain nombre de prisonniers bavarois et badois.

La canonnière Farcy démolit d'un obus la lanterne de Démosthène dans le parc de Saint-Cloud, et un obus du Mont-Valérien met le feu au château de Saint-Cloud qui est entièrement consumé.

Une proclamation du général Trochu aux chefs de corps les engage à ne pas être prodigues des citations à l'ordre du jour, afin d'augmenter le prix de cette récompense.

Décret du gouvernement relatif au remplacement des officiers indignes qui ont pu être élus dans la garde mobile.

[14 octobre 1870.] — Les Prussiens demandent un armistice pour l'enlèvement de leurs morts.

M. le colonel Lindsay arrive à Paris porteur d'une somme de 500,000 francs, produit de souscriptions faites en Angleterre, et destinée au soulagement des blessés français.

[15 octobre 1870.] — Sur plusieurs points le feu de nos forts et des lignes de tirailleurs protégent la récolte de fruits et de légumes et l'enlèvement de fourrages laissés en arrière par les paysans réfugiés à Paris.

Le général Trochu visite les hôpitaux et ambulances.

M. Édouard Portalis, rédacteur du journal *la Vérité*, est arrêté sous la prévention de fausses nouvelles.

[16 octobre 1870.] — Au Moulin-Saquet, des tirailleurs allemands ayant par deux fois arboré le drapeau parlementaire sans s'avancer, un sergent est envoyé pour parlementer. Les Allemands le retiennent prisonnier; aux réclamations du gouverneur il est répondu que le sergent aura sans doute voulu déserter.

Le général Berthaut se porte en avant de Colombes avec une partie de sa brigade et huit pièces de 12, pour reconnaître et canonner les travaux entrepris par l'ennemi au pont d'Argenteuil.

[**17 octobre 1870**.] — Le maire de Paris informe la population que la défense de la ville exige 1,500 canons se chargeant par la culasse, et ouvre une souscription publique pour faire face à cette dépense.

[**18 octobre 1870**.] — Une reconnaissance est exécutée en avant des forts de Rosny et de Nogent par les mobiles de la Drôme, de la Côte-d'Or et du Tarn. Dans la nuit, à deux reprises, l'ennemi tente une attaque sur un de nos postes à Cachan.

[**21 octobre 1870**.] — Il ne nous est pas possible de suivre jour par jour le détail des canonnades et des petites attaques qui ont lieu tous les jours sur tout le périmètre de l'enceinte, et dont le récit n'offrirait que peu d'intérêt. La sortie opérée ce jour vers la Malmaison mérite par son importance une mention spéciale.

Les troupes divisées en trois colonnes, sous le commandement des généraux Berthaut et Noël et du colonel Cholleton, employèrent la matinée à se rendre aux positions indiquées. A une heure, disposées en un vaste demi-cercle de la station de Rueil à la ferme de La Fouilleuse, elles dirigeaient leur feu pendant près d'une heure sur Buzenval, la Malmaison, la Jonchère et Bougival, en même temps que nos tirailleurs se rapprochaient de ces positions. Vers deux heures, l'artillerie se tait et nos colonnes s'élancent vers la Malmaison, en se dirigeant vers le ravin qui descend de Saint-Cucupha à Bougival. Après avoir dépassé ce premier obstacle, la droite du général Noël se trouve arrêtée par une violente fusillade partant des bois. Quatre compagnies de zouaves, un moment acculées dans un des replis des murs du parc, sont dégagées par les mobiles de Seine-et-Marne. En

15.

même temps, quatre mitrailleuses et une batterie de 4, sous la direction du commandant Miribel, se portaient en avant, près de la porte de Longboyau, pour soutenir l'infanterie; mais, dans cette manœuvre audacieuse, deux de nos pièces de 4 tombèrent aux mains de l'ennemi. Les troupes du colonel Cholleton étaient entrées dans le parc de Buzenval et se dirigeaient sous bois vers le ravin de Saint-Cucupha. Une diversion s'opérait pendant ce temps, à gauche, vers Garches et la redoute inachevée de Montretout, abandonnée par nous dès le début du siége, et une autre, à droite, vers Argenteuil et Colombes. A la nuit, on battit en retraite sans avoir obtenu d'autres résultats que des pertes sérieuses infligées à l'ennemi. On sut depuis que les Allemands, prévenus à l'avance, avaient engagé ce jour-là contre nous toutes les troupes qu'ils avaient à leur disposition dans cette partie de leurs lignes d'investissement, qu'il ne restait pas à ce moment plus de cinq régiments à Versailles, qu'une panique s'était emparée de l'état-major prussien, et que le roi s'était mis en devoir de se transporter à Saint-Germain. On reprocha donc vivement au général Ducrot de n'avoir pas poussé sur Versailles. Nous pensons que, lors même qu'il eût été possible d'arriver jusque-là, il eût été fort imprudent de s'engager dans cette ville entourée de hauteurs boisées où les Allemands avaient pratiqué des abatis et des retranchements considérables et où ils pouvaient amener rapidement, suivant leur habitude, des forces hors de proportions avec celles que nous pouvions engager sur ce point.

Les ambulances de la presse eurent, ce jour-là, une occasion de montrer leur belle organisation, et les chirurgiens en chef y déployèrent autant de courage que de dévouement.

Le général Vinoy fit aussi, entre Ivry et Issy, une démonstration offensive, et le général Tamisier une reconnaissance jusqu'à Villemomble. Dans cette opération, les carabiniers du 48e bataillon de garde nationale se distinguèrent à l'enlèvement d'un poste dans le parc de Launay.

Entre Nogent et Joinville-le-Pont, le 5e régiment de marche et le 7e bataillon des mobiles de la Vienne étaient engagés avec l'ennemi lorsque les carabiniers du 14e bataillon, capitaine Arnault de Vresse, en promenade militaire, arrivent sur le lieu de l'action. Sur l'ordre du général Tripier, ils prennent la tête de l'attaque, et, au bout de deux heures de lutte, les Allemands se replient en arrière de Champigny.

L'enthousiasme de la population parisienne gagnant aussi le sexe faible, un bataillon d'amazones tente de s'organiser; mais en vain. Les femmes de Paris trouvent bien d'autres moyens plus à leur portée de montrer leur dévouement et leur patriotisme; sans se former en bataillons et sans quitter leurs foyers, nous voyons en ce moment même, dans plusieurs départements, les femmes indignées se soulever contre l'envahisseur, notamment à Ivry (Eure), à Thann (Bas-Rhin), et à l'Isle-Adam (Seine-et Oise), où elles concourent à l'enlèvement d'un convoi.

Vingt habitants de Bougival, dit une feuille de Berlin, s'étant montrés hostiles lors de la dernière sortie vers le Mont-Valérien, ont été exécutés.

[**28 octobre 1870**.] — Suppression de la légion d'honneur dans l'ordre civil. La garde impériale est licenciée.

Les francs-tireurs de la presse, envoyés en reconnaissance au Bourget, en délogent l'ennemi qu'ils rejettent en arrière du ruisseau de la Morée. Voyant ce résultat inespéré, le général leur envoie deux bataillons de soutien, et nos troupes supportent jusqu'au soir l'attaque de forces considérables venues de Gonesse et d'Écouen. Le soir, l'ennemi se replie et nous mettons le village du Bourget en état de défense.

Le journal *le Combat*, ayant le premier parlé des négociations entamées par Bazaine pour la reddition de Metz, ce fait est démenti avec indignation par le *Journal officiel*.

[30 octobre 1870.] — M. Thiers arrive à Paris et rend compte au gouvernement de sa mission : l'Angleterre, la Russie, l'Autriche et l'Italie proposent aux belligérants un armistice qui aurait pour objet la convocation d'une Assemblée nationale et pour condition le ravitaillement de Paris. Il doit aujourd'hui même aller à Versailles pour conférer sur ces bases avec l'état-major prussien.

Il apporte la confirmation de la capitulation de Metz.

On apprend en même temps que le Bourget a été attaqué, le matin même, par des masses ennemies, tourné par d'autres colonnes, et qu'une grande partie des troupes qui l'occupaient (1,200 hommes au dire des Prussiens) sont restées entre les mains des Allemands. Par suite, il a fallu évacuer Drancy. Le commandant Baroche (12ᵉ bataillon des mobiles de la Seine), fils de l'ancien ministre de l'empire, désespéré de se voir surpris et laissé sans secours, après avoir lutté pendant une demi-heure et avoir fait le coup de fusil comme un soldat au milieu de masses disproportionnées, s'est fait tuer en se jetant avec quelques-uns de ses hommes au milieu des ennemis.

Malgré les efforts du gouvernement pour atténuer l'importance de ce fait de guerre tout à fait accessoire, cette mauvaise impression, venant s'ajouter à la nouvelle désastreuse de la capitulation de Metz, causa dans la ville une immense émotion qui devait se traduire le lendemain par de graves désordres. On reprochait à l'autorité militaire la légèreté avec laquelle elle avait laissé entreprendre, en dehors des plans arrêtés, cette opération qu'on disait inutile, et la négligence qu'elle avait mise à envoyer des renforts une fois la conservation du Bourget admise.

[**31 octobre 1870.**] — La manifestation qui se présenta à l'Hôtel de ville, pendant la délibération des membres du gouvernement, avait pour but de protester contre l'armistice. A onze heures, les cris *la Commune! la Commune!* poussés par des bataillons de la garde nationale sans armes, se font déjà entendre. Les mobiles et les volontaires qui gardent le palais sont débordés par la foule, que ne peuvent calmer MM. Étienne Arago, Floquet, Brisson, Rochefort, qui prennent tour à tour la parole. A trois heures, le général Trochu descendant de la salle des séances prononce, au milieu du tumulte, les paroles suivantes : « Citoyens, écoutez un soldat qui vous parle. J'ai tout fait pour la défense de Paris. Votre ville était ouverte ; en quarante-huit heures l'ennemi pouvait y entrer. Aujourd'hui, si vous le voulez, je le défie d'y pénétrer jamais, vous entendez, jamais! Bazaine et ses héroïques soldats ont succombé. Tout en rendant hommage à leur courage, disons que ce malheur était prévu depuis longtemps. Au lieu de vous abattre, qu'il ravive donc votre énergie et votre désir de repousser l'ennemi. »

A ce moment, la voix de l'orateur est couverte par les cris : *A bas Trochu! vive Trochu! vive Félix Pyat! vive Flourens!* Interpellé sur l'inaction de la garde nationale, le général répond que la conduire à l'ennemi dans l'état actuel serait la mener à la boucherie.

M. Jules Simon, qui lui succède, prend à peine la parole que le bataillon de Flourens, crosses en l'air, arrive sur la place, et, pressant la foule, la force à pénétrer dans le palais. Il est envahi malgré la résistance des mobiles, et les maires de Paris sont obligés de quitter la salle des délibérations. Un bureau, formé d'une trentaine de personnes, s'y constitue immédiatement; on y remarque MM. Félix Pyat, Delescluze, Flourens, Tibaldi, Mottu et des officiers de la garde nationale. Félix Pyat, Flourens, Delescluze, montant tour à tour sur une table qui sert de tribune, proclament la Commune. On s'occupe de former un comité provisoire; de nombreuses listes sont proposées. Sur toutes se trouve le nom de M. Dorian. Avec lui, les noms mis en avant pour composer le comité de cinq membres sont : MM. Félix Pyat, Delescluze, Ledru-Rollin, Louis Blanc, Victor Hugo, Greppo, Blanqui, Bonvalet, Mottu, Gambon, Raspail, Flourens, Schœlcher et Tibaldi. Un autre comité, fonctionnant dans la salle du Trône, proposait cette même liste avec quelques variantes. Il y eut au reste, dans l'après-midi, de nombreuses modifications à ce projet. M. Dorian décline la mission de former un cabinet que veut lui confier la Commune.

Pendant ce temps, les membres du gouvernement de la Défense nationale, déclarés prisonniers, sont gardés à vue. Dans la soirée, de nombreux bataillons de garde nationale cernent l'Hôtel de ville. Le 106ᵉ bataillon, commandant Ibos, y pénètre et parvient à dégager Trochu et Jules Ferry. Ce n'est que dans la nuit, vers trois heures, que MM. Jules Favre, Jules Simon, Garnier-Pagès et le général Tamisier sont délivrés et l'Hôtel de ville évacué par la foule. Pendant que Flourens veillait sur les membres du gouvernement, Blanqui, empêché de le rejoindre, ne demeurait pas inactif. Nous reproduisons, d'après le récit qu'il donna des événements de ce jour, la liste des ordres rédigés et signés par lui :

Ordre de fermer toutes les barrières et d'empêcher toutes les communications qui pourraient informer l'ennemi des dissidences soulevées dans Paris.

Ordre aux commandants des forts de surveiller et repousser avec énergie toutes les tentatives que feraient les Prussiens.

Ordre à divers chefs de bataillons, une vingtaine environ, de rassembler leurs soldats et de les conduire sur-le-champ à l'Hôtel de ville.

Ordre à des bataillons, déjà réunis sur la place, d'entrer immédiatement dans le palais pour en garder les portes et en protéger l'intérieur.

Ordre à ces mêmes forces de faire sortir de l'Hôtel de ville le 106ᵉ bataillon, composé de légitimistes et de cléricaux du faubourg Saint-Germain.

Ordre de faire occuper la préfecture de police par un bataillon républicain actuellement stationné sur la place.

. Ordre à plusieurs citoyens de s'installer dans diverses mairies à la place des maires présents.

Quelques-unes des mairies de Paris, notamment celle du 19ᵉ arrondissement, sont le théâtre de graves désordres.

A la suite de cette journée, un certain nombre de commandants de la garde nationale furent révoqués.

[**1er novembre 1870.**] — Voulant savoir s'il a conservé la confiance de la population parisienne, le gouvernement fait un appel au peuple, et fixe au 3 novembre un vote sur la question suivante :·la population de Paris maintient-elle, oui ou non, les pouvoirs du gouvernement de la Défense nationale ? En même temps, il décide que, le 5 du même mois, il sera procédé à l'élection d'un maire et de trois adjoints pour chacun des arrondissements municipaux de la ville de Paris.

[**2 novembre 1870.**] — Il est à remarquer que, dans tout le cours de la guerre, chacun de nos désastres a été précédé ou accompagné de quelque heureuse nouvelle dont on ne tardait pas à reconnaître la fausseté. C'est ainsi que, le 2 novembre, un journal publie la dépêche suivante :

Tours, 31 octobre.

Le général Cambriels annonce avoir détruit dans les défilés des Vosges un corps de la landwehr de près de 6,000 hommes. Bonnes nouvelles de Bourbaki.

Signé : CRÉMIEUX, GLAIS-BIZOIN, GAMBETTA.

Nulle communication semblable n'avait été faite par le gouvernement de Tours, et l'on se serait servi, pour fabriquer cette fausse dépêche et lui donner une apparence d'authenticité, de papiers volés à l'Hôtel de ville.

M. Ernest Cresson est nommé préfet de police, en remplacement de M. Edmond Adam, démissionnaire.

Henri Rochefort donne sa démission de membre du gouvernement.

[3 novembre 1870.] — Les résultats définitifs du vote sont les suivants : pour le maintien du gouvernement de la Défense nationale 557,996, contre 62,638. On s'attend à voir le gouvernement, confirmé par cette majorité imposante et secondé par ce bon accord de la population, déployer dans la défense toute son énergie. Des poursuites sont ordonnées contre les chefs du mouvement du 31 octobre.

Le général Clément Thomas est nommé commandant supérieur des gardes nationales de la Seine, en remplacement du général Tamisier dont la démission est acceptée.

[4 novembre 1870.] — Le *Journal officiel* publie la note suivante :

Les quatre grandes puissances neutres : l'Angleterre, la Russie, l'Autriche et l'Italie, avaient pris l'initiative d'une proposition d'armistice à l'effet de faire élire une Assemblée nationale.

Le gouvernement de la Défense nationale avait posé ses conditions qui étaient le ravitaillement de Paris et le vote pour l'Assemblée nationale par toutes les populations françaises.

La Prusse a expressément repoussé la condition du ravitaillement : elle n'a d'ailleurs admis qu'avec des réserves le vote de l'Alsace et de la Lorraine.

Le gouvernement de la Défense nationale a décidé, à l'unanimité, que l'armistice ainsi compris devait être repoussé.

Il est de notoriété, disait quelques jours plus tard le général Trochu dans une proclamation, que la Prusse avait accepté les conditions du gouvernement de la Défense pour l'armistice proposé par les puissances neutres, quand la fatale journée du 31 octobre est venue compromettre une situation qui était honorable et digne, en rendant à la politique prussienne ses espérances et ses exigences.

[**5 novembre 1870**.] — Les forces de Paris sont divisées en trois armées. La première, formée des 266 bataillons de la garde nationale, est sous le commandement du général Clément Thomas. Le général Ducrot commande la deuxième, et le gouverneur de Paris la troisième.

[**6 novembre 1870**.] — Formation de quatre compagnies de guerre de 100 à 125 hommes dans chaque bataillon de la garde nationale. Pour atteindre cet effectif, elles appelleront :

1° Les volontaires de tout âge ;

2° Les célibataires ou veufs sans enfants de 20 à 35 ans ;

3° Les célibataires ou veufs sans enfants de 35 à 45 ans ;

4° Les hommes mariés ou pères de famille de 20 à 35 ans ;

5° Les hommes mariés ou pères de famille de 35 à 45 ans.

[**9 novembre 1870**.] — Le sergent Hoff, dit le tueur de Prussiens, déjà signalé par des exploits légendaires et décoré de la Légion d'honneur, se distingue de nouveau en surprenant deux sentinelles prussiennes.

Le commandement de la troisième armée est confié au général Vinoy.

[**10 novembre 1870**.] — L'ennemi démasque une batterie au cimetière de Choisy-le-Roi.

Une patrouille ennemie se laisse surprendre à Saint-Cloud par quelques cavaliers.

[**14 novembre 1870**.] — M. Steenackers, directeur

des télégraphes, envoie pour la première fois de Tours 226 dépêches réduites par la photographie microscopique et apportées par un pigeon.

Voici dans quels termes M. Jules Favre informait la population du premier succès de l'armée de la Loire, commandée par le général d'Aurelles de Paladines.

AUX HABITANTS ET AUX DÉFENSEURS DE PARIS

MES CHERS CONCITOYENS,

C'est avec une joie indicible que je porte à votre connaissance la bonne nouvelle que vous allez lire. Grâce à la valeur de nos soldats, la fortune nous revient; votre courage la fixera; bientôt nous allons donner la main à nos frères des départements et avec eux délivrer le sol de la patrie.

Vive la République! Vive la France!

Vive canonnade de nos ouvrages de l'Est sur Champigny et Montmesly.

Reconnaissance conduite par le commandant Poulizac du côté de Drancy.

M. Étienne Arago se démet de ses fonctions de maire de Paris; pour le remplacer, M. Jules Ferry, membre du gouvernement, est délégué à la mairie centrale.

[**19 novembre 1870**.] — Dans une circulaire aux agents diplomatiques, M. Jules Favre précise dans quelles circonstances ont eu lieu les négociations relatives à l'armistice entre M. Thiers et M. de Bismark. Réfutant une circulaire de ce dernier, il rappelle que la proposition d'armistice vient des puissances neutres, et insiste sur la nécessité du ravitaillement pendant l'armistice, et de l'armistice pour procéder à des élections valables.

[**24 novembre 1870.**] — Les compagnies de guerre du 7ᵉ bataillon de la garde nationale (commandant de Brancion), accompagnées du 4ᵉ bataillon des éclaireurs de la Seine, sous le commandement du capitaine de frégate Massion, se distinguent dans une reconnaissance sur Bondy par leur énergie dans l'attaque et leur sang-froid dans la retraite.

Le vice-amiral de la Roncière Le Noury est nommé commandant en chef d'un corps d'armée distinct.

M. de Reynal, substitut du procureur de la République à Versailles, ayant simplement fait parvenir de ses nouvelles à son père à Paris, est accusé par les Allemands d'avoir *entretenu des correspondances ayant pour but de faire parvenir des renseignements à l'ennemi.*

M. Washburne, ministre des États-Unis, présente officieusement à M. de Bismark quelques observations à ce sujet. Le chancelier répond que l'autorité militaire a trouvé dans ses papiers des preuves suffisantes, et qu'il a été dirigé sur l'Allemagne où il sera jugé par un conseil de guerre. En même temps, il déclare que les personnes montant les ballons tombés dans les lignes prussiennes seront également jugées selon les lois de la guerre.

[**26 novembre 1870.**] — Les approvisionnements commencent à baisser. La viande a été rationnée. Les pommes de terre et les légumes atteignent des prix fabuleux ; le combustible fait presque défaut. Le gaz va manquer. Quant au pain, il n'a pas encore été rationné ; mais le délégué à la mairie centrale s'avise un peu tard qu'on en fait usage pour la nourriture des chevaux et des autres animaux. Il se borne à faire à ce sujet une circulaire, sans prendre aucune mesure contre cet abus.

[**28 novembre 1870**.] — Une série d'opérations importantes se prépare; elle est annoncée par les proclamations suivantes :

CITOYENS DE PARIS,

SOLDATS DE LA GARDE NATIONALE ET DE L'ARMÉE!

La politique d'envahissement et de conquête entend achever son œuvre. Elle introduit en Europe et prétend fonder en France le droit de la force. L'Europe peut subir cet outrage en silence, mais la France veut combattre, et nos frères nous appellent au dehors pour la lutte suprême.

Après tant de sang versé, le sang va couler de nouveau. Que la responsabilité en retombe sur ceux dont la détestable ambition foule aux pieds les lois de la civilisation moderne et de la justice. Mettant notre confiance en Dieu, marchons en avant pour la patrie.

Le gouverneur de Paris,
Général TROCHU.

Paris, le 28 novembre 1870.

———

SOLDATS DE LA 2ᵉ ARMÉE DE PARIS!

Le moment est venu de rompre le cercle de fer qui nous enserre depuis trop longtemps, et menace de nous étouffer dans une lente et douloureuse agonie! A vous est dévolu l'honneur de tenter cette grande entreprise : vous vous en montrerez dignes, j'en ai la certitude.

Sans doute nos débuts seront difficiles; nous aurons à surmonter de sérieux obstacles : il faut les envisager avec calme et résolution, sans exagération comme sans faiblesse.

La vérité, la voici : dès nos premiers pas, touchant nos avant-postes, nous trouverons d'implacables ennemis, rendus audacieux et confiants par de trop nombreux succès. Il y aura donc là à faire un vigoureux effort, mais il n'est pas au-dessus de vos forces : pour préparer votre action, la prévoyance de celui qui nous commande en chef a accumulé plus de 400 bouches à feu, dont deux tiers au moins du plus gros calibre; aucun obstacle matériel ne saurait y résister, et, pour vous élancer dans cette trouée, vous serez plus de 150,000, tous bien armés, bien équipés, abondamment pourvus de munitions, et, j'en ai l'espoir, tous animés d'une ardeur irrésistible.

Vainqueurs dans cette première période de la lutte, votre succès est assuré, car l'ennemi a envoyé sur les bords de la Loire ses plus nombreux et ses meilleurs soldats ; les efforts héroïques et heureux de nos frères les y retiennent.

Courage donc et confiance ! songez que, dans cette lutte suprême, nous combattons pour notre honneur, pour notre liberté, pour le salut de notre chère et malheureuse patrie; et si ce mobile n'est pas suffisant pour enflammer vos cœurs, pensez à vos champs dévastés, à vos familles ruinées, à vos sœurs, à vos femmes, à vos mères désolées !

Puisse cette pensée vous faire partager la soif de vengeance, la sourde rage qui m'animent, et vous inspirer le mépris du danger.

Pour moi, j'y suis bien résolu, j'en fais le serment devant vous, devant la nation tout entière : je ne rentrerai dans Paris que mort ou victorieux; vous pourrez me voir tomber, mais vous ne me verrez pas reculer. Alors ne vous arrêtez pas, mais vengez-moi.

En avant donc! en avant, et que Dieu nous protége!

Le général en chef de la 2e armée de Paris,
A. DUCROT.

Paris, le 28 novembre 1870.

Le général Ducrot se conduisit admirablement et fut vainqueur; mais il dut se replier, et plus tard ses adversaires politiques lui reprochèrent cruellement de n'avoir pas tenu son serment inconsidéré.

Une reconnaissance se porte vers Buzenval et Boispréau.

Dans la nuit, une forte démonstration est faite

dans la presqu'île de Gennevilliers; les positions ennemies entre Argenteuil et Bezons sont canonnées, et nous occupons l'Ile Marante et le Pont-aux-Anglais.

A l'Est, nous occupons pendant la nuit l'importante position du plateau d'Avron.

[**29 novembre 1870.**] — Au sud de Paris, les troupes du général Vinoy se portent en avant. Une attaque est dirigée par l'amiral Pothuau sur la gare aux bœufs de Choisy-le-Roi. Le 106e bataillon, commandant Ibos, et le 116e bataillon, commandant Langlois, s'y distinguent à côté des marins. Ils enlèvent la position et la conservent. A droite, le colonel Valentin, avec une brigade de la division Maud'huy, attaque le village de l'Hay et emporte les premières lignes; mais il reçoit l'ordre de ne pas continuer son mouvement en avant. Au moment où nos troupes se retirent et où l'ennemi s'avance pour reprendre ses positions, il est accablé sous le feu des batteries des Hautes-Bruyères et de la maison Millaud. En même temps, des canonnières postées en amont du Port à l'Anglais, des wagons blindés amenés sur la voie du chemin de fer, les batteries de Vitry, du Moulin-Saquet et quelques pièces du fort de Charenton réunissent leurs feux sur les colonnes ennemies qui subirent à ce moment des pertes considérables.

Un nouveau décret interdit jusqu'à nouvel ordre, aux journaux, tout autre compte rendu des événements militaires que les rapports officiels.

[**30 novembre 1870.**] — Une crue subite et imprévue de la Marne, disent ces rapports, ne permit au général Ducrot d'effectuer que le 30 au matin le passage de la Marne, qui eût dû se faire plus tôt, et l'action qui se livra ce jour-là à l'est de Paris aurait eu une bien autre importance et peut-être un bien plus grand succès, si elle avait pu coïncider avec les deux engagements de la veille.

Tandis que les troupes du général Ducrot passaient la rivière sur deux ponts de bateaux et sur le pont de Joinville réparé, s'avançant vers la fourche de Champigny, le général Susbielle, à notre extrême droite, occupait l'ennemi par une vive attaque sur Montmesly; il s'en empare, mais ne peut s'y maintenir à cause des forces supérieures qu'il y rencontre, et se retire vers Créteil.

Vers la gauche, au-dessous de Nogent, un autre pont jeté sur la Marne donnait passage à une autre colonne d'attaque.

Nos troupes s'élancent, sans rencontrer une grande résistance, à l'attaque du plateau de Villiers; mais en arrière de ce village sont des ouvrages importants qui ouvrent sur nous un feu meurtrier. Une légère hésitation, qui peut nous être désastreuse, se met dans nos rangs. Heureusement elle ne dure pas, et, encouragés par les chefs, appuyés par notre artillerie dont le tir est admirablement dirigé par le général Frébault, nos soldats reprennent l'offensive. Le général Renault reçoit à ce moment, au pied, une blessure mortelle. Le général Ducrot et le général Trochu payent de leur personne, ramènent eux-mêmes et électrisent les troupes. L'action, qui s'étendait de Bry à Champigny, se concentre au-dessus du village de Villiers que nous occupons. Là, les travaux de l'ennemi forment une sorte de camp retranché, devant lequel nous luttons, à découvert, contre un ennemi abrité, tant que le jour nous le permet; à cinq heures, le feu cesse, et de part et d'autre on passe la nuit sur les positions occupées. Le général Ladreit de la Charrière, gravement atteint à l'attaque de Mesly, meurt quelques jours après de ses blessures.

En même temps, au Sud, Vinoy tentait sur Thiais et Choisy-le-Roi une nouvelle sortie; au Nord, une reconnaissance était faite sur Drancy et Groslay, et un hardi coup de main était tenté sur Épinay. Une brèche, pratiquée au mur du parc par l'artillerie de la Briche, de Saint-Ouen et d'une batterie flottante, donne passage à une colonne formée de 200 marins et du 1er bataillon des mobiles de la Seine. Les marins enlèvent le château et chassent les Prussiens la hâche à la main. Pendant ce temps, le 2e bataillon des mobiles entrait dans le village par l'autre extrémité, et en enlevait successivement les barricades et les maisons. Après trois heures de fusillade, la petite troupe se replie devant des forces importantes venant d'Orgemont. Elle ramène soixante-douze prisonniers dont un officier d'état-major, deux mitrailleuses, une petite pièce de canon et deux fusils de rempart, armes dont nos avant-postes avaient souvent, depuis le commencement du siége, éprouvé la longue portée. Le commandant baron Saillard, atteint de trois blessures qui ne paraissaient pas graves au premier abord, ne tarda pas à succomber. La veille de sa mort, il était nommé commandeur de la Légion d'honneur.

[1er **décembre 1878.**] — L'enlèvement des morts et des blessés occupe une grande partie de la journée, mais n'empêche pas notre artillerie, établie sur le plateau d'Avron, d'inquiéter les positions ennemies.

[2 **décembre 1870.**] — Le 2 décembre, dès le matin, l'ennemi qui, la veille, avait employé son temps à réunir des forces énormes, et avait appelé des réserves considérables de Versailles et de Lagny, tente une surprise sur nos lignes. Dans cette première attaque, le fameux sergent Hoff, qui commandait une troupe de volontaires aux avant-postes, disparaît avec ses hommes, et l'on n'en a plus de nouvelles. Sur notre droite, les mobiles fléchissent un moment, et le combat s'engage sur ce point dans la plaine au bord de la Marne. Mais nous reprenons bientôt l'avantage, et, puissamment secondés par l'artillerie d'Avron, de Nogent, de la Faisanderie, de Gravelles, des redoutes de Saint-Maur et du fort de Charenton, nous obligeons l'ennemi à remonter la côte. Au bout de trois heures de combat, nous avions reconquis nos positions et nous reprenions l'offensive; cinq heures après, nous étions maîtres des positions ennemies sur toute la ligne de Chenevières, Cœuilly, Villiers et Bry. Vers le soir, l'arrivée de la division Bellemare sur le champ de bataille fut le signal de la fin de l'action. De nombreuses réserves de garde nationale mobilisée, disposées sur le coteau de Beauté et jusqu'à la fourche de Champigny, ne furent pas engagées. Le service des ambulances de la presse fut remarquablement bien organisé; l'enlèvement des morts et des blessés par les frères de la doctrine chrétienne, au plus fort du combat, excita l'admiration même de l'ennemi. Dans la soirée, un convoi d'ambulance, conduit par Mgr Bauer, précédé d'un clairon, fut, malgré la fanfare de parlementaire, accueilli par la fusillade des Allemands.

[**3 décembre 1870.**] — Tandis que l'artillerie du plateau d'Avron continue son feu, le général Ducrot, en présence des forces énormes accumulées par l'en-

nemi en arrière de Villiers et de Chennevières, re-
passe la Marne, et ses troupes bivouaquent à Vincennes, dans les baraquements, la température
extrême ne permettant plus de les faire coucher en
plein air. Les pertes considérables de l'ennemi l'empêchent de s'opposer à cette opération qui s'accomplit
heureusement; néanmoins, cette fois encore, notre
mouvement de retraite donne à l'ennemi un prétexte
de s'attribuer la victoire. Nos pertes en officiers sont
nombreuses; le commandant Franchetti, atteint d'un
éclat d'obus et d'une balle, ne survit pas à ses blessures. Huit cents prisonniers ont été faits par nous
dans la journée du 2.

[**5 décembre 1870.**] — Reconnaissance du commandant Poulizac sur le chemin de fer de Soissons,
près d'Aulnay, où il enlève trois postes.

Le général Noël, voulant réprimer les pillages
commis dans les environs par quelques maraudeurs,
demande et obtient qu'il soit établi une cour martiale
au Mont-Valérien.

[**6 décembre 1870.**] — Le gouverneur de Paris reçoit la lettre dont voici le texte :

Versailles, le 5 décembre.

Il pourrait être utile d'informer Votre Excellence que
l'armée de la Loire a été défaite, hier, près d'Orléans, et
que cette ville est réoccupée par les troupes allemandes.

Si toutefois Votre Excellence *jugera* à propos de s'en
convaincre par un de ses officiers, je ne manquerai pas de le
munir d'un sauf-conduit pour aller et venir.

Agréez, mon général, l'expression de la haute considération avec laquelle j'ai l'honneur d'être votre très-humble et
très-obéissant serviteur.

Le chef d'état-major,
Général DE MOLTKE.

Le gouverneur répond :

Paris, le 6 décembre 1870.

Votre Excellence a pensé qu'il pourrait être utile de m'informer que l'armée de la Loire a été défaite près d'Orléans, et que cette ville est réoccupée par les troupes allemandes.

J'ai l'honneur de vous accuser réception de cette communication, que je ne crois pas devoir faire vérifier par les moyens que Votre Excellence m'indique.

Agréez, mon général, l'expression de la haute considération avec laquelle j'ai l'honneur d'être votre très-humble et très-obéissant serviteur.

Le gouverneur de Paris,
Général TROCHU.

En portant ces deux pièces à la connaissance du public, le gouvernement ajoutait : « Cette nouvelle, qui nous vient par l'ennemi, en la supposant exacte, ne nous ôte pas le droit de compter sur le grand mouvement de la France accourant à notre secours. Elle ne change rien ni à nos résolutions ni à nos grands devoirs.

« Un seul mot les résume : Combattre! Vive la France! Vive la République! »

Un ordre du jour du général Clément Thomas signale les actes d'indiscipline commis aux tranchées de Créteil par les tirailleurs de Belleville : ils ont par deux fois abandonné le poste d'honneur qui leur était confié. Le citoyen Flourens, révoqué du grade de commandant de ce bataillon, a tenté de reprendre ses fonctions. En conséquence, le général propose à l'autorité supérieure la dissolution des tirailleurs de Belleville, la mise en jugement de 64 gardes qui ont disparu, la citation de Flourens devan 'un conseil de guerre. Le bataillon est désarmé.

[**8 décembre 1870.**] — Quatre officiers prussiens, mis en liberté sur parole, s'étant fait remarquer dans un restaurant du boulevard par une gaieté peu convenable et une attitude assez provocante, sont l'objet de manifestations malveillantes; pour éviter le retour de pareils faits, le gouverneur les fait reconduire aux avant-postes et demande leur échange contre quatre officiers français.

Les bataillons de marche de la garde nationale sont formés en régiments par le groupement de quatre bataillons, sous le commandement d'un lieutenant-colonel.

[**10 décembre 1870.**] — Deux dépêches des plus alarmantes, mais dont la fausseté est révélée aussi bien par le fond que par la forme, arrivent à Paris rapportées par deux pigeons pris par les Allemands dans la nacelle du ballon *le Daguerre* tombé dans leurs lignes à Ferrières: Leur origine prussienne fut bientôt reconnue, et personne ne fut trompé à ce grossier subterfuge.

[**12 décembre 1870.**] — Le gouvernement, pour rassurer la population, affirme que le pain ne sera pas rationné.

Réquisition est faite de tous les chevaux, ânes et mulets.

[**13 décembre 1870.**] — Le bruit court qu'un soldat bavarois aurait tiré sur le roi Guillaume sans l'atteindre, entre Louveciennes et Bougival.

[**16 décembre 1870.**] — Une allocation mensuelle de 300 francs est attribuée aux maires et adjoints des vingt arrondissements de Paris.

[**21 décembre 1870.**] — Aux fortes gelées du commencement du mois avaient succédé un dégel et un temps pluvieux qui rendaient toute opération impossible; enfin, les conditions étant devenues plus favorables, de grands mouvements de troupes s'exécutèrent dans la nuit du 20. Le lendemain matin, sur la droite, les troupes du général Vinoy, appuyées par le plateau d'Avron et le fort de Nogent, occupent Neuilly-sur-Marne, Ville-Evrard et la Maison-Blanche. Vers la gauche, l'amiral La Roncière le Noury fait attaquer le Bourget par des marins, des troupes de ligne et des mobiles; mais après avoir pénétré dans le village, la colonne ne peut s'y maintenir et se replie en ramenant une centaine de prisonniers. Le général Ducrot canonne alors les positions ennemies de Pont-Iblon et de Blanc-Mesnil, et occupe le soir la ferme de Groslay et Drancy. Toute la journée le tir de l'artillerie avait été gêné par le brouillard.

Au mont Valérien, le général Noël faisait une forte démonstration s'étendant à gauche vers Montretout, au centre vers Buzenval et Longboyau, pendant qu'à sa droite le commandant Faure s'emparait de l'île du Chiard, à Chatou.

Un Anglais, resté à Paris pendant le siége, M. Richard Wallace, qui, au commencement du mois, avait offert à l'administration des hospices une somme de 200,000 fr., destinée au chauffage de la population indigente, verse une nouvelle somme de 60,000 fr., dont 20,000 pour les blessés et 40,000 pour les veuves et orphelins des victimes.

[**22 décembre 1870.**] — Une nouvelle attaque est tentée sans résultat, sur le Bourget, en même temps qu'une diversion sur Épinay. Un frère de la doctrine chrétienne, frère Nethelme, est tué au Bourget par une balle prussienne pendant qu'il donnait ses soins à un blessé. Une forte reconnaissance est faite dans les bois de Clamart. Dès la veille, la température a subi un abaissement rapide et la gelée a repris avec une nouvelle force; elle rend presque impossible l'ouverture des tranchées et la construction des abris destinés à protéger les troupes.

A Ville-Évrard, des soldats ennemis restés dans les caves après l'occupation des bâtiments par nos troupes dans la journée de la veille, en sortent dans la nuit et attaquent nos postes. Le général Blaise, qui au premier moment de cette surprise s'était mis à la tête de ses hommes, est mortellement atteint.

[**25 décembre 1870.**]— La continuation d'une gelée excessive rend les travaux impossibles; plusieurs cas de congélation se produisent. Toutes les troupes qui ne sont pas nécessaires pour garder les positions rentrent à Paris.

[**26 décembre 1870.**] — Le général Vinoy fait occuper le parc de la Maison-Blanche par trois bataillons qui en abattent le mur au sud-ouest. Sous prétexte de traiter d'un échange de prisonniers, l'état-major prussien adresse à l'amiral La Roncière une lettre où on a soin de l'informer incidemment que Manteuffel aurait battu, les 23 et 24, l'armée du Nord à l'est d'Amiens, et qu'elle est en pleine retraite.

[**27 décembre 1870**]. — Commencement du bombardement des forts. L'ennemi démasque des batteries de pièces à longue portée qui battent les forts de l'Est, de Noisy à Nogent et la partie nord du plateau d'Avron. Ces batteries sont groupées trois par trois au Raincy, à Gagny, à Noisy-le-Grand et au pont de

Gournay. Nos pertes, presque nulles dans les forts, sont plus graves au plateau d'Avron, que l'absence d'ouvrages et d'abris nous rend à peine tenable.

Une reconnaissance est dirigée sur le Bas-Meudon, le Val et Fleury.

La rareté du combustible cause quelques désordres dans Paris, où des bandes vont abattre et couper les arbres, clôtures, barrières, etc.

[**29 décembre 1870.**] — De nouvelles batteries de canons Krupp s'étant jointes à celles qui depuis trois jours bombardaient le plateau d'Avron, force nous est d'abandonner cette position. Les soixante-quinze pièces de marine qui la défendaient et qui, malgré leur fort calibre, n'étaient pas capables de lutter avec les Krupp, sont reportées en arrière des forts. Ceux-ci, jusqu'à présent, souffrent peu du bombardement malgré le feu effréné dirigé sur eux.

[**31 décembre 1870.**] — Nous reproduisons une proclamation par laquelle le gouverneur de Paris répond au sourd mécontentement que la population, toujours résignée dans ses souffrances, éprouve en voyant les résultats négatifs de la défense.

CITOYENS ET SOLDATS !

De grands efforts se font pour rompre le faisceau des sentiments d'union et de confiance réciproque auxquels nous devons de voir Paris, après plus de cent jours de siége, debout et résistant. L'ennemi, désespérant de livrer Paris à l'Allemagne pour la Noël, comme il l'a solennellement annoncé, ajoute le bombardement de nos avancées et de nos forts aux procédés si divers d'intimidation par lesquels il a cherché à énerver la défense. On exploite devant l'opinion publique les mécomptes dont un hiver extraordinaire, des fatigues et des souffrances infinies ont été la cause pour nous. Enfin, on dit que les membres du gouvernement sont divisés dans leurs vues sur les grands intérêts dont la direction leur est confiée.

L'armée a subi de grandes épreuves, en effet, et elle avait besoin d'un court repos que l'ennemi lui dispute par le bombardement le plus violent qu'aucune troupe ait jamais éprouvé. Elle se prépare à l'action avec le concours de la garde nationale de Paris, et, tous ensemble, nous ferons notre devoir.

Enfin, je déclare ici qu'aucun dissentiment ne s'est produit dans les conseils du gouvernement, et que nous sommes tous étroitement unis, en face des angoisses et des périls du pays, dans la pensée et dans l'espoir de sa délivrance.

[**1er janvier 1871**.] — L'ennemi bombarde violemment Bondy et tente sur ce point une reconnaissance, qui est repoussée. Le gouvernement annonce qu'un conseil de guerre s'est réuni pour prendre les mesures les plus énergiques, et qu'il compte sur le concours de la population tout entière.

[**2 janvier 1871**.] — On signale des explosions entendues vers le plateau de Châtillon. La Tour-des-Anglais a sauté. Le fort de Nogent, fortement bombardé, n'éprouve pas de graves dommages.

Organisation d'un corps franc d'artillerie, sous la dénomination de *corps d'artillerie des mitrailleuses*.

[**5 janvier 1871**.] — Les batteries ennemies, situées à Chevilly, Thiais, Fontenay, Châtillon, Meudon, ouvrent un feu formidable sur le Moulin-Saquet, les Hautes-Bruyères, Vanves et Issy; mais ce n'est plus sur les forts seulement que l'ennemi dirige ses projectiles, il bombarde l'intérieur de la ville. Quelques obus commencent à éclater sur les quartiers de la rive gauche.

Dans la nuit, nous faisons une reconnaissance sur le plateau d'Avron ; nous chassons les postes ennemis et nous détruisons quelques murs qui lui servaient d'abri pendant le jour.

Une autre petite expédition est dirigée sur le Moulin-de-Pierre, près Clamart, où l'ennemi paraît commencer quelques travaux.

[**6 janvier 1871.**] — A mesure que les souffrances et les misères du siége augmentent, la charité privée redouble d'efforts et de ressources. Des ventes de charité, des souscriptions sont ouvertes, les dons en argent affluent de tous côtés : mentionnons un don de vêtements d'une valeur de 200,000 fr. fait par MM. de Rothschild.

Les batteries allemandes de la terrasse de Meudon et du pavillon de Breteuil battent de continue les bastions du 6ᵉ secteur (Auteuil, Passy).

[**9 janvier 1871.**] — La nuit du 8 au 9 janvier fut la plus terrible pour les quartiers du Sud. Grenelle, Montrouge, Plaisance, les quartiers de l'Odéon et du Panthéon sont les plus éprouvés. L'ennemi ne respecte pas même les hôpitaux que devraient protéger le drapeau de Genève et la présence de ses propres blessés. Le Val-de-Grâce, qui, par cette nuit si claire, se distingue facilement, semble, au contraire, avoir été choisi comme but de leur tir. Le gouvernement, par une circulaire adressée à ses agents, proteste auprès des gouvernements étrangers contre les horreurs et les cruautés du bombardement ; mais la population parisienne n'est nullement effrayée ni du vacarme épouvantable de ces nuits, ni des malheureux accidents constatés sur différents points de la rive gauche[1]. L'ennemi, qui a retardé le bombardement afin de le faire coïncider avec la famine et de choisir ainsi ce qu'il appelait le *moment psychologique* le plus favorable, en est pour ses frais. Ces énormes canons Krupp, qu'il a eu tant de peine à amener sur les bateaux qui sombraient, sur les ponts qui s'enfonçaient, par dessus les tunnels éboulés qu'il fallait tourner; cet immense approvisionnement de lourds obus, tout cela ne devait pas avancer d'une heure la fin du siége.

Une tentative de l'ennemi sur nos avant-postes, près de Rueil, est repoussée.

Sur plusieurs points, il est arrivé que des relations se sont établies entre nos grandes-gardes et celles des Allemands; il y a eu des visites, des invitations, des ventes ou des échanges de provisions. Deux officiers et quelques mobiles s'étant laissé attirer dans les lignes ennemies, au pont d'Argenteuil, le gouverneur de Paris, en ordonnant qu'ils soient poursuivis comme déserteurs, s'élève dans un ordre général à l'armée contre de pareils faits.

Deux reconnaissances sont faites avec succès : l'une sur la ligne de Strasbourg, où nous faisons sauter quelques maisons qui abritaient les tirailleurs ennemis; l'autre sur le Moulin-de-Pierre, où l'ennemi est surpris et ses travaux bouleversés.

[**11 janvier 1871.**] — Des accusations de trahison

---

1. L'un des plus tristes épisodes de l'affreuse nuit du 8 au 9 est l'explosion d'un obus dans le dortoir de l'établissement de Saint-Nicolas, rue de Vaugirard. Les frères faisaient descendre les enfants dans les caves pour les mettre à l'abri, lorsqu'un projectile pénétrant dans la salle y éclate en tuant cinq enfants et en blessant six autres très-gravement.

ou tout au moins d'indiscrétion ayant circulé dans le public contre le chef d'état-major général du gouverneur, le général Trochu proteste hautement contre ces soupçons injustes, qu'il regarde comme une manœuvre indigne dirigée contre la défense.

[12 janvier 1871.] — Nouvelle reconnaissance au plateau d'Avron.

Bombardement de la boucle de la Marne.

M. Jules Favre adresse aux agents diplomatiques une circulaire relative à la situation que veut prendre le gouvernement à l'égard de la conférence de Londres pour la révision du traité de Paris. Il expose les difficultés qui, jusqu'à ce jour, ont empêché le plénipotentiaire français de se rendre à l'invitation de lord Granville, et reproduit la réponse qu'il a faite à ce ministre en s'excusant de ne pouvoir abandonner Paris pendant le bombardement.

Un décret assimile tout Français atteint par les bombes prussiennes à un soldat frappé par l'ennemi quant aux pensions et secours auxquels ils auront droit eux ou leur famille.

Il est interdit aux boulangers de fabriquer du pain de luxe. Celui que l'on consomme à partir de ce jour, et qui jusqu'à la fin du siége sera de plus en plus mauvais, ne contient plus qu'une faible proportion de farine de blé *non bluté;* il y entre, en proportions variables et de plus en plus fortes, du riz, du seigle, de l'orge, de l'avoine et des farines de divers légumes secs.

Une protestation du gouverneur de Paris contre la barbarie du bombardement, qui ne respecte même pas les établissements hospitaliers, ne peut parvenir à son adresse; car les Allemands, sous le prétexte qu'un de leurs parlementaires aurait été accueilli par des coups de feu, le 23 décembre, à nos avant-postes, reçoivent de même, au pont de Sèvres, le capitaine d'Hérisson, porteur du message. Ajoutons qu'une enquête minutieuse, faite par le général Dumoulin sur les faits incriminés, n'amenait rien qui pût justifier les reproches qu'on nous adressait.

[**13 janvier 1871**.] — Plusieurs attaques nocturnes de l'ennemi sur nos travaux à la suiferie, près le Bourget, sont énergiquement repoussées.

[**14 janvier 1871**.] — Des engagements sans importance ont lieu au Moulin-de-Pierre, où l'ennemi est en forces, et à Drancy.

Les membres du corps diplomatique, présents à Paris, adressent à M. de Bismark une protestation contre le bombardement commencé sans dénonciation préalable, et demandent que des mesures soient prises pour mettre à l'abri leurs nationaux et leurs propriétés.

M. Richard Wallace, voulant témoigner de son admiration pour la population parisienne, offre une nouvelle somme de cent mille francs pour les victimes du bombardement, si l'on veut ouvrir immédiatement une souscription en leur faveur. La souscription est ouverte par M. Jules Favre qui s'y inscrit pour mille francs.

[**16 janvier 1871**.] — Une attaque de l'ennemi sur les ouvrages de la maison Millaud est repoussée.

Les serres du Jardin des plantes sont détruites par le bombardement ; les végétaux précieux qu'elles contenaient, anéantis par les éclats ou par la gelée. Les plates-bandes des jardins sont labourées, la collection paléontologique gravement endommagée.

[**17 janvier 1871.**] — Une attaque nocturne de l'ennemi contre Bondy reste sans succès. Le bombardement continue toujours, au Sud, contre la ville et les forts. M. Saisset, officier de marine et fils de l'amiral, est tué au fort de Montrouge.

M. de Bismark, citant l'opinion de Vattel, se justifie auprès des membres du corps diplomatique de ne pas avoir averti du commencement du bombardement. Quant à ses conséquences facheuses, la responsabilité en retombe sur ceux qui, d'une capitale de trois millions d'habitants, ont fait une place forte de premier ordre ou qui prolongent la défense au delà d'un certain terme; il ajoute que, d'ailleurs, la Prusse a toujours permis aux étrangers de quitter Paris, mais que ce sont les autorités françaises qui s'y sont opposées.

M. Kern, ministre de la Confédération suisse à Paris et doyen du corps diplomatique, lui répond qu'il n'est pas exact que le corps diplomatique ait été avisé, même indirectement, comme le prétend le chancelier, de l'avertissement donné à la population civile de Paris sur le danger d'une longue résistance; qu'après avoir pendant un certain temps permis aux étrangers de quitter Paris, la Prusse a dès le mois de novembre suspendu ces permissions; que la France ne s'est jamais opposée au départ des représentants diplomatiques des États neutres; enfin, que si Vattel lui donne rigoureusement le droit de ne pas dénoncer le bombardement, les règles du droit international moderne lui faisaient un devoir de cette formalité.

[**18 janvier 1871.**] — Le bombardement qui se continue n'amène pas d'autre incident qu'un commencement d'incendie à la Halle-au-Vin; il est bientôt réprimé.

Une sortie qui se prépare est annoncée par la proclamation suivante :

L'ennemi tue nos femmes et nos enfants ; il nous bombarde jour et nuit ; il couvre d'obus nos hôpitaux. Un cri : Aux armes ! est sorti de nos poitrines !

Ceux d'entre nous qui peuvent donner leur vie sur le champ de bataille marcheront à l'ennemi ; ceux qui restent, jaloux de se montrer dignes de l'héroïsme de leurs frères, accepteront au besoin les plus durs sacrifices comme un autre moyen de se dévouer pour la patrie.

Souffrir et mourir, s'il le faut ; mais vaincre.

Vive la République !

[**19 janvier 1871**.] — Le pain est rationné à partir de ce jour, et la ration fixée à 300 grammes pour les adultes, 150 pour les enfants.

Des perquisitions et des réquisitions de combustible et de substances alimentaires sont ordonnées dans les locaux des absents.

Dans l'après-midi du 18, les mouvements de troupes avaient commencé à Paris. Elles se portaient vers l'ouest de la ville, dans la direction d'Asnières, de Courbevoie et du Mont-Valérien ; mais tel corps n'était pas encore rendu le lendemain dans la matinée aux positions qui lui étaient assignées. La colonne du général Ducrot, qui devait former la droite, n'arrive en ligne qu'à dix heures. L'action s'engage, et nous occupons les maisons de Béarn, Armengaud, Pozzo di Borgo et la redoute de Montretout. Le général de Bellemare parvient sur la crête de la Bergerie et s'empare de la maison du curé. Le général Ducrot est attaqué sur sa droite, établie à Rueil, par une forte artillerie. A la porte de Longboyau, il tente à plusieurs reprises d'enlever les maisons et le mur crénelé du parc; mais il ne peut avancer sur ce point. Vers quatre heures, un retour offensif de l'ennemi, qui tente de forcer nos positions entre le centre et la gauche, fait fléchir nos troupes, qui cependant se portent de nouveau en avant et remontent sur la crête. « Mais, dit le rapport du gouverneur, la nuit arrivait et l'impossibilité d'amener de l'artillerie pour constituer un établissement solide sur des terrains défoncés arrêta nos efforts. » Il fallut se retirer, et il est fort heureux que l'ennemi, assez éprouvé dans cette journée, ne nous ait pas poursuivis dans cette retraite, car les bataillons de la garde nationale, qui s'étaient, dans cette action, montrés excellents pour l'attaque, n'avaient ni la fermeté ni la discipline nécessaire pour faire une retraite en bon ordre.

Ce que l'on remarqua dans cette journée, c'est, d'une part, l'encombrement et le désordre qui signalèrent la concentration des troupes; de l'autre, l'excellente attitude de la garde nationale : vingt bataillons donnèrent et surprirent par leur élan les officiers de l'armée. Ceux-ci attribuaient ce sang-froid et cette audace à l'ignorance du danger. Les gardes nationaux, assez portés à discuter les ordres qu'ils ont à exécuter, prétendirent qu'ayant appelé plus de cent mille hommes on n'en avait engagé que vingt mille; ils s'étonnèrent qu'on n'eût pas fait entamer par de l'artillerie les murs crénelés sur lesquels on les lançait, et si les chemins étaient trop mauvais pour les gros calibres, qu'on n'eût pas amené de pièces de quatre. Le général Trochu, qui du reste ne se ménagea pas et qui, vers la fin du combat, ramena la gauche en

avant[1], avait, dans ses dépêches de ce jour, montré
dès le matin un pessimisme que les bataillons enthou-
siasmés ne purent comprendre, et se plaignit à plusieurs reprises du brouillard qui gênait l'action. Bien
que nos pertes eussent été sensibles, on les croyait
moindres que celles de l'ennemi; aussi le public fut-il
surpris des termes désolés dans lesquels, le lendemain,
le gouverneur se félicitait que l'ennemi n'attaquât pas
et réclamait un armistice de deux jours, des voitures
d'ambulances très-solidement attelées et beaucoup de
brancardiers. Parmi les victitimes de cette honorable
journée, citons, entre bien d'autres, le jeune peintre
Regnault, le capitaine Gustave Lambert et le colonel
de Rochebrune.

Le bataillon des mobiles de la Loire-Inférieure,
commandant Lareinty, qui, dès le matin, avait occupé la maison Zimmerman, à Montretout, est cerné
dans cette position. Abandonné au moment de la retraite au milieu des ennemis, il dut, faute de munitions et de vivres, se rendre avec 350 hommes.

Le soir même, le gouvernement recevait sur la situation des armées de province des nouvelles déjà
inquiétantes, qui devaient se confirmer et s'aggraver
les jours suivants.

[21 janvier 1871.] — Le gouvernement de la Défense nationale décide que le commandement en chef
de l'armée de Paris sera désormais séparé de la
présidence du gouvernement. Le général Vinoy est
nommé commandant en chef de l'armée de Paris;

---

1. Un coup de feu aurait été tiré à ce moment, dit-on, contre
le général par un soldat, et aurait atteint le comte de Langle, son
officier d'ordonnance.

les fonctions de gouverneur de Paris sont supprimées; le général Trochu conserve la présidence du gouvernement.

Le général de Valdan est chef d'état-major général.

La canonnade est toujours assez vive sur les forts et la ville au Sud. Notre artillerie répond, et un de nos obus fait sauter une poudrière au Moulin-de-Pierre.

L'ennemi commence à bombarder Saint-Denis et les ouvrages du Nord.

[**22 janvier 1871.**] — Profitant du mécontentement que causaient dans la population la sortie infructueuse du 19 et les mauvaises nouvelles du dehors, quelques agitateurs forcent dans la nuit la prison de Mazas, où ils paraissent avoir eu des intelligences, mettent en liberté plusieurs détenus politiques, parmi lesquels Gustave Flourens, et tentent de s'emparer de la mairie du 20ᵉ arrondissement. Ils livrent au pillage les rations qu'elle renferme; mais ils ne s'y établissent pas ne se trouvant pas en nombre suffisant.

Dans la matinée, des groupes se forment à la place de l'Hôtel de Ville; vers deux heures elle était remplie, mais les curieux dominaient dans la foule. C'est seulement en voyant cet encombrement qu'on fait venir de la caserne Napoléon six compagnies de mobiles du Finistère. Des gardes nationaux armés arrivent sur la place, diverses députations envoient des délégués; l'une d'elles demande la formation d'un comité civil s'occupant de l'administration de la ville et dirigeant les opérations militaires.

Tandis que le gouverneur de l'Hôtel de ville et le commandant des mobiles parlementent à la grille,

un coup de feu est tiré par un homme du 101e bataillon et tue un officier de la garde mobile. En le
voyant tomber, les mobiles font feu ; la foule se dis-
perse en tous sens, un grand nombre de personnes
se jettent à terre pour éviter les balles, ce qui fait
dire aux fuyards qui arrivent tout haletants dans les
quartiers voisins que la place est couverte de morts.
Les émeutiers se retirent dans deux maisons voisines
des bâtiments de l'Assistance publique et faisant face
à l'Hôtel de ville. De là, ils continuent le feu sur le
palais ; la fusillade dure près de vingt minutes. Les
mobiles de la Vendée et les gardes républicains arrivant par l'avenue Victoria ne tardent pas à rétablir
le calme. Dans la soirée, de nombreux bataillons de
la garde nationale vont à l'état-major protester contre l'émeute.

[**23 janvier 1871**.] — Fermeture des clubs ; suppression des journaux le *Réveil* et le *Combat*.

Le projectile d'une pièce de marine du 7e secteur
fait sauter une poudrière à Châtillon. Le fort de **La
Briche** reçoit le feu de six batteries.

[**24 janvier 1871**.] — Des rapports très-détaillés du
nouveau chef d'état-major, M. de Valdan, rendent
compte des incidents du bombardement, et des travaux d'attaque et de défense qui se poursuivent. Il ne
se produit ni ce jour-là ni les suivants aucun fait re-
marquable.

Le *Moniteur officiel de Versailles*, publié par les Allemands, contient, dans un numéro reproduit par le
Journal officiel, des nouvelles désastreuses de Chanzy
qui, le 16, est en pleine déroute ; de Faidherbe battu
à Saint-Quentin par le général Von Gœben, et de
Bourbaki en retraite vers le Sud. Bien que l'on fasse

la part de l'exagération et de la mauvaise foi auxquelles nous ont habitués les journaux allemands, ces
nouvelles jettent la consternation dans la ville, mais
ne font pas prévoir un moment que la fin de la résistance de Paris soit proche[1].

[**27 janvier 1871.**] — Depuis quelques jours il cou-
rait de vagues rumeurs relatives à l'absence d'un
membre du gouvernement que l'on disait à Versailles. On apprend d'abord qu'une suspension d'armes
sur toute la ligne est conclue, et que M. Jules Favre
est parti pour Versailles avec le général de Valdan ;
puis le gouvernement publie la note suivante :

Tant que le gouvernement a pu compter sur l'arrivée
d'une armée de secours, il était de son devoir de ne rien
négliger pour prolonger la défense de Paris.

En ce moment, quoique nos armées soient encore debout,
les chances de la guerre les ont refoulées, l'une sous les
murs de Lille, l'autre au delà de Laval ; la troisième opère
sur les frontières de l'Est. Nous avons dès lors perdu tout
espoir qu'elles puissent se rapprocher de nous, et l'état de
nos subsistances ne nous permet plus d'attendre.

Dans cette situation, le gouvernement avait le devoir absolu de négocier. Les négociations ont lieu en ce moment.
Tout le monde comprendra que nous ne pouvons en indiquer les détails sans de graves inconvénients. Nous espérons
pouvoir les publier demain. Nous pouvons cependant dire
dès aujourd'hui : que le principe de la souveraineté nationale

---

1. Le 21 janvier, une réunion des maires de Paris et de plusieurs officiers de l'armée avait été tenue au Ministère de l'Instruction publique sous la présidence de M. Jules Simon. Celui-ci,
après avoir exposé la situation, avait consulté successivement
chacun des officiers sur les opérations militaires possibles. Tous
rendirent justice à l'élan de la garde nationale ; mais la majorité
ne jugea pas la continuation de la lutte utile ni praticable.

sera sauvegardé par la réunion immédiate d'une assemblée;
que l'armistice a pour but la convocation de cette assemblée; que, pendant l'armistice, l'armée allemande occupera
les forts, mais n'entrera pas dans l'enceinte de Paris; que
nous conserverons notre garde nationale intacte et une division de l'armée, et qu'aucun de nos soldats ne sera emmené hors du territoire.

Nous ne saurions traduire à ceux qui ne l'ont pas
éprouvé le sentiment de déception que produisit cet
avis parmi la population parisienne. Elle avait sup-
porté les épreuves les plus pénibles : les gardes des
tranchées par un froid exceptionnel; le rationnement
rigoureux d'une nourriture insuffisante et malsaine;
les horreurs et les dangers du bombardement. Elle
espérait au moins que tout cela aurait un résultat, et
elle croyait que la continuation de la lutte amènerait
sa délivrance. Aussi eut-elle de la peine à se soumettre. Une partie de la garde nationale protesta et voulut
poursuivre la guerre à outrance. Quelques officiers
de la marine et de l'armée, croyant n'avoir pas assez
fait pour la défense, en demandèrent la continuation;
mais il était trop tard, tout était réglé, et, d'ailleurs,
il était trop réel que Paris manquait absolument de
vivres. Pendant que le ravitaillement s'organisait et
en attendant les premiers convois, il fallut accepter
de nos ennemis plusieurs jours de vivres.

Le gouverneur de Paris ne capitulera jamais, avait
dit quelque temps auparavant le général Trochu[1].
On lui reprocha vivement cette promesse malheureuse et la retraite par laquelle il paraissait vouloir

---

1. Proclamation du gouverneur de Paris en date du 9 janvier 1871.

se soustraire à ses conséquences; mais, plus tard, il
expliqua l'engagement qu'il avait entendu prendre
par ces paroles, et démontra que sa démission avait
été exigée par ses collègues et par les maires de
Paris.

VIII

LES NÉGOCIATIONS

[**24 janvier 1871.**] — C'est à la suite d'une réunion
des maires de Paris, tenue à l'Hôtel de ville, et dans
laquelle le gouvernement leur fit connaître l'état des
subsistances à Paris, que M. Jules Favre se rendit à
Versailles pour discuter avec M. de Bismark les conditions d'une convention.

Une première visite du vice-président du gouvernement au chancelier fédéral fut suivie d'un conseil
de guerre présidé par l'empereur d'Allemagne, et
auquel assistaient le prince royal, MM. de Moltke,
Boyen, de Roon et de Bismark.

A deux heures, ce dernier faisait connaître la décision du conseil à M. Jules Favre, qui, rentré à
Paris, s'adjoignait le lendemain, pour une nouvelle
visite, MM. Picard et Dorian.

[**28 janvier 1871.**] — Enfin, c'est le 28 janvier que
le gouvernement fait connaître les termes de la convention conclue entre les deux ministres, munis de
pouvoirs réguliers.

Art. 1er. — Un armistice général, sur toute la ligne des opérations militaires en cours d'exécution entre les armées allemandes et les armées françaises, commencera pour Paris aujourd'hui même; pour les départements, dans un délai de trois jours. La durée de l'armistice sera de vingt-et-un jours, à dater d'aujourd'hui, de manière que, sauf le cas où il serait renouvelé, l'armistice se terminera partout le dix-neuf février à midi.

Les armées belligérantes conserveront leurs positions respectives qui seront séparées par une ligne de démarcation. Cette ligne partira de Pont-l'Évêque, sur les côtes du département du Calvados, se dirigera sur Lignières, dans le nord-est du département de la Mayenne, en passant entre Briouze et Fromentel; en touchant au département de la Mayenne, à Lignières, elle suivra la limite qui sépare ce département de celui de l'Orne et de la Sarthe, jusqu'au nord de Morannes, et sera continuée de manière à laisser à l'occupation allemande les départements de la Sarthe, Indre-et-Loire, Loire-et-Cher, du Loiret, de l'Yonne, jusqu'au point où, à l'est de Quarré-les-Tombes, se touchent les départements de la Côte-d'Or, de la Nièvre et de l'Yonne. A partir de ce point, le tracé de la ligne sera réservé à une entente qui aura lieu aussitôt que les parties contractantes seront renseignées sur la situation actuelle des opérations militaires en exécution dans les départements de la Côte-d'Or, du Doubs et du Jura. Dans tous les cas, elle traversera le territoire composé de ces trois départements, en laissant à l'occupation allemande les départements situés au nord, à l'armée française ceux situés au midi de ce territoire.

Les départements du Nord et du Pas-de-Calais, les forteresses de Givet et de Langres, avec le terrain qui les entoure à une distance de dix kilomètres, et la péninsule du Havre, jusqu'à une ligne à tirer d'Étretat, dans la direction de Saint-Romain, resteront en dehors de l'occupation allemande.

Les deux armées belligérantes et leurs avant-postes de part et d'autre se tiendront à une distance de dix kilomètres au moins des lignes tracées pour séparer leurs positions.

Chacune des deux armées se réserve le droit de maintenir son autorité dans le territoire qu'elle occupe, et d'employer les moyens que ses commandants jugeront nécessaires pour arriver à ce but.

L'armistice s'applique également aux forces navales des deux pays, en adoptant le méridien de Dunkerque comme ligne de démarcation, à l'ouest de laquelle se tiendra la flotte française, et à l'est de laquelle se retireront, aussitôt qu'ils pourront être avertis, les bâtiments de guerre allemands qui se trouvent dans les eaux occidentales. Les captures qui seraient faites après la conclusion et avant la notification de l'armistice seront restituées, de même que les prisonniers qui pourraient être faits de part et d'autre, dans des engagements qui auraient eu lieu dans l'intervalle indiqué.

Les opérations militaires sur le terrain des départements du Doubs, du Jura et de la Côte-d'Or, ainsi que le siége de Belfort, se continueront, indépendamment de l'armistice, usqu'au moment où on se sera mis d'accord sur la ligne de démarcation dont le tracé à travers les trois départements mentionnés a été réservé à une entente ultérieure.

Art. 2. — L'armistice ainsi convenu a pour but de permettre au gouvernement de la Défense nationale de convoquer une Assemblée librement élue, qui se prononcera sur la question de savoir : si la guerre doit être continuée, ou à quelles conditions la paix doit être faite.

L'Assemblée se réunira dans la ville de Bordeaux.

Toutes les facilités seront données par les commandants des armées allemandes pour l'élection et la réunion des députés qui la composeront.

Art. 3. — Il sera fait immédiatement remise à l'armée allemande, par l'autorité militaire française, de tous les forts formant le périmètre de la défense extérieure de Paris, ainsi que de leur matériel de guerre. Les communes et les maisons, situées en dehors de ce périmètre et entre les forts, pourront être occupées par les troupes allemandes jusqu'à une ligne tracée par les commissaires militaires. Le terrain restant entre cette ligne et l'enceinte fortifiée de la ville de

Paris sera interdit aux forces armées des deux parties. La manière de rendre les forts et le tracé de la ligne mentionnés formeront l'objet d'un protocole à annexer à la présente convention.

Art. 4. — Pendant la durée de l'armistice, l'armée allemande n'entrera pas dans la ville de Paris.

Art. 5. — L'enceinte sera désarmée de ses canons, dont les affûts seront transportés dans les forts à désigner par un commissaire de l'armée allemande [1].

Art. 6. — Les garnisons (armée de ligne, garde mobile et marins) des forts et de Paris seront prisonnières de guerre, sauf une division de douze mille hommes que l'autorité militaire dans Paris conservera pour le service intérieur.

Les troupes prisonnières de guerre déposeront leurs armes, qui seront réunies dans des lieux désignés et livrés suivant règlement par commissaires suivant l'usage ; ces troupes resteront dans l'intérieur de la ville, dont elles ne pourront pas franchir l'enceinte pendant l'armistice. Les autorités françaises s'engagent à veiller à ce que tout individu appartenant à l'armée et à la garde mobile reste consigné dans l'intérieur de la ville. Les officiers des troupes prisonnières seront désignés par une liste à remettre aux autorités allemandes.

A l'expiration de l'armistice, tous les militaires appartenant à l'armée consignée dans Paris auront à se constituer prisonniers de guerre de l'armée allemande, si la paix n'est pas conclue jusque-là.

Les officiers prisonniers conserveront leurs armes.

Art. 7. — La garde nationale conservera ses armes ; elle sera chargée de la garde de Paris et du maintien de l'ordre. Il en sera de même de la gendarmerie et des troupes assimilées, employées dans le service municipal, telles que la garde républicaine, douaniers et pompiers ; la totalité de cette catégorie n'excèdera pas trois mille cinq cents hommes.

---

1. Dans le protocole, cette condition du transport des affûts dans les forts a été abandonnée par les commissaires allemands, sur la demande des commissaires français.

Tous les corps des francs-tireurs seront dissous par une ordonnance du gouvernement français.

Art. 8. — Aussitôt après la signature des présentes et avant la prise de possession des forts, le commandant en chef des armées allemandes donnera toutes facilités aux commissaires que le gouvernement français enverra, tant dans les départements qu'à l'étranger, pour préparer le ravitaillement et faire approcher de la ville les marchandises qui y sont destinées.

Art. 9. — Après la remise des forts et après le désarmement de l'enceinte et de la garnison, stipulés dans les articles 5 et 6, le ravitaillement de Paris s'opérera librement par la circulation sur les voies ferrées et fluviales. Les provisions destinées à ce ravitaillement ne pourront être puisées dans le terrain occupé par les troupes allemandes, et le gouvernement français s'engage à en faire l'acquisition en dehors de la ligne de démarcation qui entoure les positions des armées allemandes, à moins d'autorisation contraire donnée par les commandants de ces dernières.

Art. 10. — Toute personne qui voudra quitter la ville de Paris devra être munie de permis réguliers délivrés par l'autorité militaire française, et soumis au visa des avant-postes allemands. Ces permis et visas seront accordés de droit aux candidats à la députation en province et aux députés à l'Assemblée.

La circulation des personnes, qui auront obtenu l'autorisation indiquée, ne sera admise qu'entre six heures du matin et six heures du soir.

Art. 11. — La ville de Paris payera une contribution municipale de guerre de la somme de deux cents millions de francs. Ce payement devra être effectué avant le quinzième jour de l'armistice. Le mode de payement sera déterminé par une commission mixte allemande et française.

Art. 12. — Pendant la durée de l'armistice, il ne sera rien distrait des valeurs publiques pouvant servir de gages au recouvrement des contributions de guerre.

Art. 13. — L'importation dans Paris d'armes, de munitions ou de matières servant à leur fabrication, sera interdite pendant la durée de l'armistice.

Art. 14. — Il sera procédé immédiatement à l'échange de tous les prisonniers de guerre qui ont été faits par l'armée française depuis le commencement de la guerre. Dans ce but, les autorités françaises remettront, dans le plus bref délai, des listes nominatives des prisonniers de guerre allemands aux autorités militaires allemandes à Amiens, au Mans, à Orléans et à Vesoul. La mise en liberté des prisonniers de guerre allemands s'effectuera sur les points les plus rapprochés de la frontière. Les autorités allemandes remettront en échange sur les mêmes points, et dans le plus bref délai possible, un nombre pareil de prisonniers français, de grades correspondants, aux autorités militaires françaises.

L'échange s'étendra aux prisonniers de condition bourgeoise, tels que les capitaines de navires de la marine marchande allemande, et les prisonniers français civils qui ont été internés en Allemagne.

Art. 15. — Un service postal pour des lettres non cachetées sera organisé entre Paris et les départements, par l'intermédiaire du quartier général de Versailles.

En foi de quoi les soussignés ont revêtu de leurs signatures et de leur sceau les présentes conventions.

Fait à Versailles, le vingt-huit janvier mil huit cent soixante-et-onze.

Signé : JULES FAVRE, BISMARK.

Immédiatement commença avec une grande activité l'œuvre difficile du ravitaillement. Les chemins de fer étaient coupés, la Seine obstruée en plus d'un point, et quelques jours pénibles se passèrent avant que des vivres en quantité suffisante pussent entrer à Paris. Les pays voisins mirent autant de bonne volonté que les départements à nous envoyer des subsistances. Les Anglais, et notamment la ville de Londres, firent des souscriptions pour envoyer à la ville de Paris différentes denrées alimentaires pour une valeur de deux millions. En dehors de cette souscription principale, d'autres cotisations furent faites; nous mentionnerons le précieux envoi de vivres adressé par les libraires de Londres aux libraires et commis libraires parisiens. La Société des Amis (quakers) s'occupa spécialement de donner des secours, des instruments, des semences aux cultivateurs ruinés par le siége dans la banlieue de Paris. La France était tellement désaccoutumée des sympathies étrangères, que ces bienveillants secours la touchèrent profondément.

Pendant que les négociations se poursuivaient au vu et au su des troupes allemandes, celles-ci, par une barbarie inutile, s'étaient acharnées contre la malheureuse ville de Saint-Cloud, et, sans motifs connus, s'étaient mises à incendier successivement les maisons. Cette exécution se poursuivit du 25 au 28. L'hôpital lui-même fut brûlé.

[**29 janvier 1871.**] — M. Jules Favre et M. de Bismark ayant signé une convention additionnelle relative aux lignes de démarcation et à la reprise de l'armement, la ville de Saint-Denis et tous les forts sont livrés aux Allemands.

[**31 janvier 1871.**] — Nous avons dit quelles graves conséquences avait eues pour notre armée de l'Est son exclusion de l'armistice; lorsqu'ils imposaient cette condition, M. de Bismark et M. de Moltke, bien renseignés sur sa situation qu'ignorait notre ministre, savaient que c'était l'anéantissement complet de notre armée.

Dans l'une des trois circulaires que M. Gambetta adressa ce jour-là de Bordeaux aux préfets, il proteste contre toute part de responsabilité dans les conséquences de cette exclusion qu'on lui a laissé ignorer. Dans les deux autres, il déclare que l'armistice, dont il n'a connu que tardivement la *coupable légèreté*, n'engage nullement l'avenir de la lutte, et qu'il faut en employer le temps à exercer les troupes et à perfectionner leur armement.

En même temps, ne recevant pas de nouvelles du membre du gouvernement dont Jules Favre, dans son télégramme du 28, lui annonçait le prochain départ, les délégués de Bordeaux prennent relativement aux élections, fixées au 8 février, de graves résolutions et rendent le décret suivant :

Ne pourront être élus représentants du peuple à l'Assemblée nationale les individus qui, depuis le 22 décembre 1851 jusqu'au 4 septembre 1870, ont accepté les fonctions de ministres, sénateurs, conseillers d'État et préfets. Sont également exclus de l'éligibilité à l'Assemblée les individus qui, aux élections législatives qui ont eu lieu depuis le 2 décembre 1851 jusqu'au 4 septembre, ont accepté les candidatures officielles et dont les noms figurent dans la liste de candidatures recommandées par le préfet aux suffrages électoraux, et ont été publiés au *Moniteur officiel* avec les mentions de candidats du gouvernement ou de l'administration, ou de candidats officiels.

Ce même jour, Jules Simon part pour Bordeaux ; il est porteur de pleins pouvoirs absolus pour le cas où la délégation résisterait aux ordres du gouvernement.

Le gouvernement de Paris publie, ainsi qu'il l'avait annoncé, un long rapport destiné à rendre compte des approvisionnements de la ville pendant le siége,

et à prouver que Paris a poussé la résistance jusqu'aux extrêmes limites du possible.

Une difficulté s'étant présentée dans l'interprétation
des termes de la convention en ce qui concernait la
ligne de démarcation dans les départements de l'Aisne
et de la Somme, une convention supplémentaire est
conclue entre le général Faidherbe et le chef d'escadron d'état-major Bumke, à Amiens.

[**3 février 1871**.] — M. de Bismark donne avis à
M. Jules Favre de la dépêche suivante, par laquelle il
a protesté contre le dernier décret de la délégation de
Bordeaux :

Versailles, le 3 février 1871.

A M. Léon Gambetta. — Bordeaux.

Au nom de la liberté des élections stipulées par la con
vention d'armistice, je proteste contre les dispositions
émises en votre nom pour priver du droit d'être élus à l'Assemblée des catégories nombreuses de citoyens français.
Des élections faites sous un régime d'oppression arbitraire
ne pourront pas conférer les droits que la convention d'armistice reconnaît aux députés librement élus.

Signé : BISMARK.

Dans sa lettre, il développe les arguments de son
télégramme.

Un terrible accident se produit sur le chemin de
fer, à Ollioules (Var). Un chargement de poudre,
placé dans des wagons à marchandises, au milieu
d'un train de voyageurs, s'enflamme par une cause
inconnue. Les victimes sont nombreuses.

[**4 février 1871**.] — Les membres du gouvernement présents à Paris adressent aux Français une
proclamation dans laquelle ils se justifient des accu-

sations portées contre eux, et notamment du reproche de coupable légèreté élevé par la circulaire de Gambetta ; ils annoncent que le décret d'exclusion, rendu illégalement par la délégation de Bordeaux, sera annulé. Comme supplément à ce décret, un autre était déjà publié à Bordeaux ; il excluait de l'éligibilité les membres des familles qui ont régné sur la France depuis 1789.

Le gouvernement, pensant que Jules Simon n'est pas en force pour faire triompher son droit, envoie à Bordeaux MM. Garnier-Pagès, Eugène Pelletan et Emmanuel Arago, pour faire appliquer le décret d'abrogation.

[**6 février 1871.**] — M. Gambetta, dans une circulaire aux préfets, les informe de « l'injurieuse protestation » que son décret d'exclusion a excitée de la part de M. de Bismark, de l'abrogation de ce décret prononcée par le gouvernement et signifiée par ses envoyés, et de la nécessité où il s'est trouvé, en présence de cette divergence d'opinion avec ses collègues, de donner sa démission de membre du gouvernement. C'est ainsi que se trouva terminé ce que l'on a appelé l'incident de Bordeaux, incident qui menaça de dégénérer en conflit et d'amener une scission dans le gouvernement. Maître de la presse, des télégraphes et de tous les moyens de publicité, le ministre avait grand avantage sur l'envoyé du gouvernement, et s'il n'eût cédé, nul ne sait ce qui eût pu résulter de cette situation, aggravée et prolongée, disent les uns, par la faiblesse de M. Jules Simon, dénouée, disent les autres et dit-il lui-même à l'Assemblée nationale, grâce à sa prudence et à sa décision. Usant de ses pleins pouvoirs, M. Jules Simon, tout en annulant les

inéligibilités établies par le décret de Bordeaux, avait
cru pouvoir maintenir l'éligibilité des préfets prononcée par le même décret.

[**7 février 1871**.] — Le message adressé par le président Grant au sénat et à la chambre des représentants, à Washington, surprend au delà de toute expression les sentiments français. Il établit un parallèle
entre les institutions de l'Union et celles du nouvel
empire d'Allemagne, et trouve entre elles de grandes
analogies. Il se félicite des bons rapports existant entre les deux États, espère que les relations commerciales ne feront que s'étendre, et demande que les
représentants de l'Union auprès de l'empire d'Allemagne soient mis sur le même pied que ceux de
Londres et de Paris.

[**8 février 1871**.] — Les élections ont lieu dans
toute la France avec le plus grand calme, sauf à Perpignan où des faits regrettables viennent les troubler.
Voici quelques-unes des particularités qu'il y a à signaler dans leurs résultats. Contrairement à ce que
l'on avait pu craindre, les partisans déclarés de l'empire ont été presque totalement écartés, sauf par la
Corse et la Charente-Inférieure. La grande majorité
de l'assemblée élue est formée de conservateurs. A
Paris, sur quarante-trois députés élus, la plus grande
partie appartient à la liste radicale. M. Thiers, re-
commandé aux suffrages de la France par son attitude avant la guerre, par son patriotisme et son
dévouement pendant la lutte, est élu dans vingt-sept
départements. Plusieurs membres du gouvernement
de la Défense nationale sont nommés députés. Le
général Trochu a conservé tout son prestige aux yeux
de la province, qui n'admet aucune des accusa-

tions portées contre lui, tant au point de vue militaire qu'au point de vue politique : il est élu dans huit départements. Le duc d'Aumale et le prince de Joinville, qui, par leur attitude patriotique et prudente pendant la guerre, ont réussi à détourner ou à affaiblir les imputations de manœuvres intéressées dirigées contre eux, sont élus dans deux départements.

[**10 février 1871.**] — M. Crémieux donne sa démission de ministre de la justice, et M. Laurier celle de directeur général à l'intérieur. Le ministre du commerce suspend le traité de commerce avec l'Angleterre, dont le terme est arrivé, en réservant à l'Assemblée le droit de le continuer ou de le dénoncer définitivement.

Des menées séparatistes causent à Nice une collision sanglante entre le peuple et la troupe.

La peste bovine, qui depuis quelque temps déjà sévissait dans l'Est, se déclare en Bretagne parmi les troupeaux destinés au ravitaillement de Paris.

[**12 février 1871.**] — Réunion préparatoire de l'Assemblée à Bordeaux ; trois cents députés sont présents. M. Benoist d'Azy, doyen d'âge, préside la séance.

Un nouveau décret proroge d'un mois encore les délais accordés pour la présentation des effets de commerce.

L'application du décret de Bordeaux relatif à la révocation des magistrats inamovibles qui ont fait partie des commissions mixtes est provisoirement suspendue.

[**13 février 1871.**] — A l'ouverture de la séance de l'Assemblée, le président donne lecture d'une lettre de Garibaldi se démettant du mandat de député que lui ont confié plusieurs départements. Jules Favre, au nom du gouvernement de la Défense nationale, dépose entre les mains de l'Assemblée les pouvoirs que lui et ses collègues avaient reçus le 4 septembre ; ils déclarent qu'ils resteront à leur poste jusqu'à ce qu'un nouveau gouvernement soit constitué. La séance étant terminée, Garibaldi, présent dans la salle, veut prendre la parole. La majorité s'y oppose en alléguant que le général est démissionnaire et de plus que la séance a été déclarée levée. Ce que Garibaldi voulait faire savoir, c'est qu'il donnait sa démission de commandant de l'armée des Vosges et qu'il quittait la France. Le gouvernement, en acceptant sa démission, le remercie au nom du pays.

[**15 février 1871.**] — Le général Clément Thomas donne sa démission de commandant en chef de la garde nationale ; celle-ci est placée sous les ordres directs du général Vinoy.

M. de Bismark n'accorde qu'une prolongation de cinq jours pour l'armistice.

[**16 février 1871.**] — La vérification des pouvoirs et la validation des élections se poursuivent activement à Bordeaux.

Les élections des princes d'Orléans sont réservées, de même que la question de l'éligibilité des préfets.

M. Grévy est élu président à la presque unanimité.

[**17 février 1871.**] — Élection des secrétaires et des questeurs de l'Assemblée. M. Keller dépose une déclaration signée par les députés de l'Alsace et de la Lorraine protestant contre l'annexion de ces provinces à l'Allemagne. M. Thiers, sur une proposition faite la veille par MM. Dufaure, Grévy, de Malleville, Vitet et Barthélemy Saint-Hilaire, est élu chef du pouvoir exécutif à la presque unanimité. Il est chargé de former un cabinet qu'il présidera. Les grandes puissances reconnaissent immédiatement ce nouveau gouvernement.

[18 février 1871.] — M. Thiers accepte les fonctions qui lui ont été confiées, assure à l'Assemblée qu'il y apportera tout son dévouement, et que la paix, courageusement débattue, ne sera acceptée que si elle est honorable. Il annonce que le ministère est ainsi constitué : justice, Dufaure ; affaires étrangères, Jules Favre ; intérieur, Picard ; instruction publique, Jules Simon ; commerce, Lambrecht ; guerre, Le Flô ; marine, Pothuau ; travaux publics, de Larcy.

Sur la proposition de M. Jules Favre, une commission de quinze membres est nommée pour aller, à Paris, se tenir en relations avec les négociateurs et faire un rapport à l'Assemblée. Ces membres sont MM. Benoist d'Azy, de Limayrac, Desseilligny, Victor Lefranc, Laurence, de Lespérut, Saint-Marc Girardin, Barthélemy Saint-Hilaire, Aurelles de Paladines, La Roncière Le Nourry, Batbie, Vitet, Saisset, Tesserenc de Bord et Pouyer-Quertier.

M. Thiers ayant proposé d'interrompre les séances publiques pendant les négociations, il est décidé que huit commissions, de quarante-cinq membres chacune, s'occuperont immédiatement d'une enquête sur les ressources du pays. Les négociateurs partent pour Paris.

[24 février 1871.] — A Paris, manifestations pacifiques de la garde nationale à la colonne de la Bastille, à l'occasion de l'anniversaire de la Révolution de 1848.

Les prévenus du 31 octobre sont acquittés.

En prévision de la reprise des hostilités, notre armée

du Nord, dirigée depuis quelques jours sur Dunkerque, s'y embarque à destination de Bordeaux.

[**25 février 1871.**] — Le ministère des finances, qui n'avait pas encore de titulaire, est confié à M. Pouyer-Quertier.

[**26 février 1871.**] — Les préliminaires de la paix, signés à Versailles, n'ont plus qu'à être présentés à la ratification de l'Assemblée.

Les manifestations qui continuent à la Bastille perdent peu à peu leur caractère calme et pacifique. Un ancien agent de police, que la foule prétend reconnaître, est enlevé du poste où on l'avait mis en sûreté, attaché sur une planche et jeté à la Seine, où il périt sous les yeux de dix mille indifférents. Un magistrat, ayant voulu lui porter secours et l'aider à aborder, devient à son tour l'objet de la fureur des misérables qui ont commis ce premier crime.

[**27 février 1187.**] — La prolongation d'armistice nécessaire pour les négociations n'a pu être obtenue de M. de Bismark qu'à la condition que les Allemands entreraient à Paris et occuperaient une partie de la ville; sinon la Prusse exigeait la possession de Belfort.

MM. Thiers, Jules Favre et Picard, en portant cette douloureuse nouvelle à la connaissance de la population parisienne, l'engagent à supporter avec calme et courage cette nouvelle épreuve.

Les Allemands entreront le 1er mars, à dix heures du matin, au nombre de 30,000, et ne pourront occuper que l'espace compris entre la Seine, la place de la Concorde et le faubourg Saint-Honoré.

A cette nouvelle, les gardes nationaux, sous prétexte de soustraire aux Prussiens les canons et les mitrailleuses déposés au parc de la place Wagram, les traînent à bras jusqu'à la Bastille. Les événements survenus depuis font déplorer que l'autorité militaire n'ait pas, en temps utile,.mis elle-même ces pièces en sûreté.

[**28 février 1871.**] — M. Thiers, de retour à Bordeaux, présente à l'Assemblée le projet de loi approuvant les préliminaires de paix ; il demande l'urgence, le prompt échange des ratifications devant hâter le retour des prisonniers, l'évacuation de Paris et d'une grande partie du territoire occupé.

Lecture est donnée des préliminaires de paix [1].

---

1. Nous reproduisons le texte des préliminaires de paix :

Entre le chef du pouvoir exécutif de la République française, M. Thiers, et

Le ministre des affaires étrangères, M. Jules Favre, représentant de la France, d'un côté ;

Et de l'autre :

Le chancelier de l'Empire germanique, M. le comte Otto de Bismark Schœnhausen, muni des pleins pouvoirs de S. M. l'empereur d'Allemagne, roi de Prusse ;

Le ministre d'État et des affaires étrangères de S. M. le roi de Bavière, M. le comte Otto de Bray-Steinburg ;

Le ministre des affaires étrangères de S. M. le roi de Wurtemberg, le baron Auguste de Waechter ;

Le ministre d'État, président du conseil des ministres de S. A. Mgr le grand-duc de Bade, M. Jules Jolly, représentant de l'Empire germanique.

Les pleins pouvoirs des parties contractantes ayant été trouvés en bonnes et dues formes, il a été convenu ce qui suit, pour servir de base préliminaire à la paix définitive à conclure ultérieurement.

Art. 1er. — La France renonce, en faveur de l'Empire allemand, à tous ses droits et titres sur les territoires situés à l'est de la frontière ci-après désignée :

La ligne de démarcation commence à la frontière nord-ouest du canton de Cattenom, vers le grand-duché de Luxembourg, suit, vers le Sud, les frontières occidentales des cantons de Cattenom et Thionville, passe par le canton de Briey en longeant les frontières

L'urgence est vivement discutée. Sur les instances de M. Thiers, elle est prononcée; la Chambre se réunit le soir dans ses bureaux.

[1er mars 1871.] — M. Victor Lefranc, rapporteur

---

occidentales des communes de Montois-la-Montaigne et Roncourt, ainsi que les frontières orientales des communes de Marie-aux-Chênes, Saint-Ail, atteint la frontière du canton de Gorze qu'elle traverse le long des frontières communales de Vionville, Chambley et Onville, suit la frontière sud-ouest resp. sud de l'arrondissement de Metz, la frontière occidentale de l'arrondissement de Château-Salins jusqu'à la commune de Pettoncourt dont elle embrasse les frontières occidentale et méridionale, pour suivre la crête des montagnes entre la Seille et Moncel, jusqu'à la frontière de l'arrondissement de Strasbourg au sud de Garde.

La démarcation coïncide ensuite avec la frontière de cet arrondissement jusqu'à la commune de Tanconville dont elle atteint la frontière au Nord; de là elle suit la crête des montagnes entre les sources de la Sarre blanche et de la Vezouse jusqu'à la frontière du canton de Schirmeck, longe la frontière occidentale de ce canton, embrasse les communes de Saales, Bourg-Bruche, Colroy, La Roche, Plaine, Ranrupt, Saulxures et Saint-Blaise-La Roche du canton de Saales, et coïncide avec la frontière occidentale des départements du Bas-Rhin et du Haut-Rhin jusqu'au canton de Belfort dont elle quitte la frontière méridionale non loin de Vourvenans pour traverser le canton de Delle, aux limites méridionales des communes de Bourgone et Froide-Fontaine, et atteindre la frontière suisse, en longeant les frontières orientales des communes de Jonchéry et Delle.

La frontière, telle qu'elle vient d'être décrite, se trouve marquée en vert sur deux exemplaires conformes de la carte du territoire formant le gouvernement général d'Alsace, publiée à Berlin en septembre 1870 par la division géographique et statistique de l'état-major général, et dont un exemplaire sera joint à chacune des deux expéditions du présent traité.

Toutefois, le traité indiqué a subi les modifications suivantes de l'œuvre des deux parties contractantes : dans l'ancien département de la Moselle, les villages de Marie aux-Chênes, près de Saint Privat-la-Montagne et de Vionville, à l'ouest de Rezonville, seront cédés à l'Allemagne. Par contre, la ville et les fortifications de Belfort resteront à la France avec un rayon qui sera déterminé ultérieurement.

de la commission chargée de l'examen du projet de loi relatif aux préliminaires de paix, conclut à l'adoption, malgré la rigueur de cette résolution.

M. Edgar Quinet parle contre l'adoption. La perte

Art. 2. — La France payera à S. M. l'empereur d'Allemagne la somme de cinq milliards de francs.

Le payement d'au moins un milliard de francs aura lieu dans le courant de l'année 1871, et celui de tout le reste de la dette dans un espace de trois années à partir de la ratification du présent article.

Art. 3. — L'évacuation des territoires français occupés par les troupes allemandes commencera après la ratification du présent traité par l'Assemblée nationale siégeant à Bordeaux.

Immédiatement après cette ratification, les troupes allemandes quitteront l'intérieur de la ville de Paris ainsi que les forts situés à la rive gauche de la Seine; et dans le plus bref délai possible, fixé par une entente entre les autorités militaires des deux pays, elles évacueront entièrement les départements du Calvados, de l'Orne, de la Sarthe, d'Eure-et-Loire, du Loiret, de Loir-et-Cher, d'Indre-et-Loire, de l'Yonne, et, de plus, les départements de la Seine-Inférieure, de l'Eure, de Seine-et-Oise, de Seine-et-Marne, de l'Aube et de la Côte-d'Or, jusqu'à la rive gauche de la Seine.

Les troupes françaises se retireront en même temps derrière la Loire, qu'elles ne pourront dépasser avant la signature du traité de paix définitif. Sont exceptées de cette disposition la garnison de Paris, dont le nombre ne pourra pas dépasser quarante mille hommes, et les garnisons indispensables à la sûreté des places fortes.

L'évacuation des départements situés entre la rive droite de la Seine et les frontières de l'Est, par les troupes allemandes, s'opérera graduellement après la ratification du traité définitif et le payement du premier demi-milliard de la contribution stipulée par l'art. 2, en commençant par les départements les plus rapprochés de Paris, et se continuera au fur et à mesure que les versements de la contribution seront effectués; après le premier versement d'un demi-milliard, cette évacuation aura lieu dans les départements suivants : Somme, Oise et les parties des départements de la Seine-Inférieure, Seine-et-Oise, Seine-et-Marne, situées sur la rive droite de la Seine, ainsi que la partie du département de la Seine et les forts situés sur la rive droite.

de l'Alsace et de la Lorraine n'est pas seulement re-
grettable comme celle de deux provinces intéres-
santes et malheureuses, mais ce sont les deux bou-

Après le payement de deux milliards, l'occupation allemande
ne comprendra plus que les départements de la Marne, des Ardennes, de la Haute-Marne, de la Meuse, des Vosges, de la
Meurthe, ainsi que la forteresse de Belfort avec son territoire, qui
serviront de gage pour les trois milliards restants, et où le nombre des troupes allemandes ne dépassera pas cinquante mille
hommes.

S. M. l'empereur sera disposé à substituer à la garantie territoriale, consistant en l'occupation partielle du territoire français,
une garantie financière, si elle est offerte par le Gouvernement
français dans des conditions reconnues suffisantes par S. M. l'empereur et roi pour les intérêts de l'Allemagne. Les trois milliards,
dont l'acquittement aura été différé, porteront intérêt à 5 p. 100,
à partir de la ratification de la présente convention.

Art. 4. — Les troupes allemandes s'abstiendront de faire des
réquisitions, soit en argent, soit en nature, dans les départements
occupés. Par contre, l'alimentation des troupes allemandes qui
restent en France aura lieu aux frais du Gouvernement français
dans la mesure convenue avec l'intendance militaire allemande.

Art. 5. — Les habitants des territoires cédés par la France,
en tout ce qui concerne leur commerce et leurs droits civils, seront réglés aussi favorablement que possible lorsque seront arrêtées
les conditions de la paix définitive.

Il sera fixé, à cet effet, un espace de temps pendant lequel ils
jouiront de facilités particulières pour la circulation de leurs produits. Le Gouvernement allemand n'opposera aucun obstacle à la
libre émigration des habitants des territoires cédés, et ne pourra
prendre contre eux aucune mesure atteignant leurs personnes ou
leurs propriétés.

Art. 6. — Les prisonniers de guerre, qui n'auront pas déjà été
mis en liberté par voie d'échange, seront rendus immédiatement
après la ratification des présents préliminaires. Afin d'accélérer le
transport des prisonniers français, le Gouvernement français mettra à la disposition des autorités allemandes, à l'intérieur du territoire allemand, une partie du matériel roulant de ses chemins
de fer dans une mesure qui sera déterminée par des arrange-
ments spéciaux et aux prix payés en France par le Gouvernement
français pour les transports militaires.

Art. 7. — L'ouverture des négociations, pour le traité de paix

levards de la France, qui, elles enlevées, se trouve
sans défense contre l'Allemagne.

M. Bamberger, député de la Moselle, parle dans le

---

définitif à conclure sur la base des présents préliminaires, aura
lieu à Bruxelles immédiatement après la ratification de ces derniers
par l'Assemblée nationale et par S. M. l'empereur d'Allemagne.

Art. 8. — Après la conclusion et la ratification du traité de
paix définitif, l'administration des départements devant encore
rester occupés par les troupes allemandes sera remise aux autorités françaises; mais ces dernières seront tenues de se conformer
aux ordres que le commandant des troupes allemandes croirait
devoir donner dans l'intérêt de la sûreté, de l'entretien et de la
distribution des troupes.

Dans les départements occupés, la perception des impôts, après
la ratification du présent traité, s'opérera pour le compte du Gouvernement français et par le moyen de ses employés.

Art. 9. — Il est bien entendu que les présentes ne peuvent
donner à l'autorité militaire allemande aucun droit sur les parties
du territoire qu'elles n'occupent point actuellement.

Art. 10. — Les présentes seront immédiatement soumises à la
ratification de l'Assemblée nationale française siégeant à Bordeaux
et de S. M. l'empereur d'Allemagne.

En foi de quoi les soussignés ont revêtu le présent traité préliminaire de leurs signatures et de leurs sceaux.

Fait à Versailles, le 26 février 1871.

V. BISMARK.   A. THIERS.
                               JULES FAVRE.

Les royaumes de Bavière et de Wurtemberg et le grand-duché
de Bade ayant pris part à la guerre actuelle comme alliés de la
Prusse et faisant partie maintenant de l'Empire germanique, les
soussignés adhèrent à la présente convention au nom de leurs
souverains respectifs.

Versailles, 26 février 1871.

Comte DE BRAY-STEINBURG.
Baron DE WAECHTER.
MITTNACH.
JOLLY.

18.

même sens. Son discours provoque un incident des
plus graves qui a pour résultat d'amener la proclamation presque unanime de la déchéance de Napoléon III et de sa dynastie [1].

---

1. Nous donnons ici un extrait de la séance relatif à cet incident
désigné sous le nom de *l'incident Conti* :

M. Bamberger, député de la Moselle. — Un seul homme aurait
dû signer un pareil traité, Napoléon III, dont le nom sera éter-
nellement cloué au pilori de l'histoire. (Bravos prolongés dans
toutes les parties de l'Assemblée.)

Une profonde agitation règne dans l'Assemblée. Un député proteste seulement : on dit M. Conti ; il s'élance à la tribune. L'agitation est extrême. De vives interpellations se croisent. Des représentants veulent que le précédent orateur reprenne la parole.
Quelques-uns veulent au contraire que M. Conti soit autorisé à
s'expliquer.

Une voix. — Laissez la parole à l'accusé. (Bruit considérable.
— Le président agite sa sonnette.)

M. le Président invite l'Assemblée au calme dans des circonstances aussi douloureuses.

M. Bamberger cède la parole à M. Conti, sous réserve de ses
droits.

M. Conti essaye de parler. — (Nombre de voix : Plus haut !
plus haut !)

M. Conti élève la voix. — Les paroles que je dirai, s'écrie-t-il,
ne seront pas du goût de tout le monde, mais je les prononcerai
hardiment et elles retentiront dans le monde. Dans un débat si
douloureux, si poignant, ajoute-t-il, je ne m'attendais pas à ce
qu'il y eût place à des diversions passionnées, à des allusions
blessantes pour un passé auquel se rattachent un certain nombre
d'entre vous qui, comme moi, ont prêté serment à l'Empire.
(Vive et longue interruption.)

M. Grévy maintient la parole à l'orateur s'il se renferme dans
le débat.

L'agitation est au comble ; M. Conti reste à la tribune.

Plusieurs voix. — La déchéance ! la déchéance de Napoléon III.

M. Bethmont. — Je propose de clore l'incident en votant formellement la déchéance de Napoléon III. (Bravos.)

M. Conti finit par descendre de la tribune. De vives paroles lui
sont adressées par quelques-uns de ses collègues.

Lorsque le calme est rétabli et que M. Bamberger
a terminé son discours, Victor Hugo prend la parole.
Il proteste contre la paix qu'il trouve honteuse ;
puis, dans un magnifique discours, il expose la ven-

M. Targé, après un quart d'heure de suspension, a la parole
pour une motion d'ordre.

Il donne lecture de la proposition suivante :

« L'Assemblée nationale clot l'incident, et dans les circonstances
douloureuses que traverse la patrie et en face de protestations et
de réserves inattendues, confirme la déchéance de Napoléon III et
de sa dynastie, déjà prononcée par le suffrage universel, et le déclare responsable de la ruine, de l'invasion et du démembrement
de la France. » (Acclamations unanimes. — Applaudissements
prolongés.)

M. Gavini s'élance à la tribune.

De toutes parts. — Aux voix ! aux voix !

M. Gavini prononce des paroles qui se perdent dans le bruit.
(Les protestations redoublent.)

M. Gavini descend de la tribune. M. Thiers l'y remplace.
(Applaudissements.)

Messieurs. dit-il, j'ai proposé une politique de conciliation et
de paix. Tout le monde comprend la réserve que nous nous impo-
sons devant le passé ; mais le jour où le passé se dresse devant
le pays qui devrait l'oublier, nous devons protester énergiquement. Les princes de l'Europe disent, je les ai entendus, que la
France a voulu la guerre ; ce n'est pas vrai. C'est vous qui l'avez
voulue. (Applaudissements unanimes, énergiques et prolongés.)
La vérité se dresse devant vous. C'est votre châtiment d'être ici
pour constater l'humiliation et l'épreuve à laquelle vos fautes.....
Plusieurs voix. — Dites : *Vos crimes.....*

M. Thiers. — Nous ont condamnés. Si l'Assemblée voulait suivre mon conseil, elle vous laisserait la parole. Vous voulez parler
des services rendus par l'Empire à la France ; je supplie l'Assemblée de vous entendre. Messieurs, rappelons-nous que nous ne
sommes pas constituants, mais que nous sommes souverains. C'est
la première fois, depuis vingt ans, que les élections se sont faites
librement en France. Si vous voulez la clôture, vous êtes libres
de décider ; sinon, écoutez patiemment ceux qui veulent se justifier,
et nous leur répondrons. (Nouveaux applaudissements unanimes
et prolongés.)

Louis Blanc demande la parole.

geance qu'il espère voir un jour la France régénérée tirer de l'Allemagne.

Après M. Tachard, qui parle contre le projet de loi, M. Vacherot parle en faveur de la paix qui seule peut, selon lui, sauver la France.

M. Louis Blanc croit la continuation de la lutte possible en recourant uniquement à la guerre de partisans.

Le général Changarnier conseille la paix et met l'Assemblée en garde contre « les entraînements d'un patriotisme dramatique désireux d'une fausse popularité. »

Parmi les nombreux orateurs qui parlent encore contre ce projet de loi, il faut citer le discours émouvant de M. Keller.

Malgré l'éloquence de cet appel chaleureux fait par un des plus braves défenseurs de l'Alsace en faveur de sa patrie, la majorité se rend aux raisons nettes et pratiques que M. Thiers expose comme l'ayant déterminé à signer les préliminaires de paix.

L'adoption du projet est votée par 546 voix sur 653 votants.

Les députés de l'Alsace et de la Lorraine, en dépo-

Plusieurs voix. — La clôture!.....

Le président dit qu'il lui a été remis une demande de scrutin de division sur la déchéance de l'empire. Il demande si les auteurs de cette proposition persistent.

De toutes parts. — Non! non! le vote par acclamation!

Le président met la proposition Targé aux voix.

Tous les députés se lèvent par un élan unanime et spontané. (Des applaudissements éclatent de toutes parts.)

A la contre-épreuve, quatre ou cinq députés seulement se lèvent. (Nouveaux applaudissements unanimes.)

sant leur démission, protestent contre la cession de leurs provinces à l'Allemagne.

A Paris, l'entrée des Allemands se fait comme il a été convenu. Les rues, non-seulement dans les quartiers occupés, mais dans toute la ville, sont presque désertes; les magasins fermés; les journaux qui se respectent sont convenus de ne pas paraître. La garde nationale, formant un cordon et établissant des postes aux abords des quartiers *allemands*, veille à l'exécution des conventions. Tout cela est digne, et, jusque-là, on ne peut qu'approuver l'attitude de la population parisienne. Mais on commence à remarquer qu'il est au moins inutile de former, dans les rues les plus éloignées de la région occupée, des barricades comme il s'en élève à Montmartre, à la Bastille, à la place d'Enfer.

[**2 mars 1871**.] — A la nouvelle du vote de l'Assemblée, M. Jules Favre se rend à Versailles pour demander l'évacuation de Paris et des forts de la rive gauche. L'état-major allemand s'y refuse jusqu'à ce qu'une pièce régulière lui notifie le vote de l'Assemblée. Un exprès arrive à onze heures et demie de Bordeaux, et immédiatement Jules Favre repart pour Versailles. A son retour, il fait annoncer que les Allemands quitteront la ville le lendemain.

[**3 mars 1871**.] — Ils la quittent, en effet, dans la matinée, déçus par le peu de temps qu'a duré leur occupation, profondément humiliés du triste séjour qu'ils y ont fait, plus semblables à des prisonniers qu'à des triomphateurs. Quelques-uns d'entre eux, conduits au musée du Louvre à travers les Tuileries, avaient eu l'imprudence de se mettre aux fenêtres; le mauvais accueil que leur fit la foule les engagea à renoncer à cette visite. Pour se consoler de cette mauvaise réception, officiers et soldats réquisitionnent et pillent les maisons particulières où ils étaient logés.

Après qu'ils ont quitté nos maisons, poursuivis par des huées et les sifflets de la population, leur glorieux souverain, qui a jugé plus prudent de ne pas entrer à Paris, les passe en revue au Bois de Boulogne. Quelques jours après, conformément au traité, ils évacuaient Versailles et toute la région au sud de la Seine. Sur la base des préliminaires devaient s'ouvrir, dans un bref délai, à Bruxelles, des conférences pour un traité de paix définitif.

ÉPILOGUE

Après avoir subi tous les supplices, affronté toutes les
hontes, la France sanglante, démembrée, mais non pas en
core découragée, sentait qu'elle n'avait plus qu'un devoir :
réparer aussi vite que possible ses pertes, fermer ses blessures que le temps cicatriserait. Toute autre pensée devait
être bannie. Le travail seul pouvait lui permettre d'ac-
quitter la lourde dette qu'elle avait contractée envers l'Allemagne, et devait hâter sa délivrance ; puis, si la *guerre
de sept mois* ne devait être que la première phase d'une
lutte plus longue, guerre de sept ans ou de cent ans, c'est
encore par le travail qu'elle trouverait les ressources nécessaires, pour pouvoir plus tard, à l'heure de la vengeance, ou plutôt de la justice et de la réparation, s'élever
puissante et affermie contre le colosse germanique. C'était
un beau rêve, et déjà, pour le réaliser, sur tout le sol de la
patrie l'activité renaissait, l'industrie et le commerce se
ranimaient, les sympathies de nos voisins un moment dé-
tournées de nous, autant par nos faiblesses que par nos
malheurs, nous semblaient acquises de nouveau. Mais pour
atteindre le but, il fallait à la France l'union de tous ses
enfants ; il fallait qu'après la paix, comme pendant la
guerre, on oubliât ce que voulaient dire les mots de partis
et de révolte. Un pouvoir fort et librement accepté était
sorti d'élections sincères et incontestées. L'Assemblée, qui
par un vote éclatant avait solennellement renversé toute

tentative de restauration bonapartiste, avait confié le pouvoir exécutif à un homme d'État en qui la France pouvait
et devait avoir confiance, car on savait qu'il avait accepté
sincèrement la République comme *la forme de gouvernement qui nous divise le moins.*

Cette harmonie que rien n'empêchait de s'établir entre
les esprits honnêtes de tous les partis, unis pour le salut
de la France, ne faisait pas le compte de quelques agitateurs et de quelques ambitieux. Sans se laisser décourager
par les tentatives infructueuses d'octobre et de janvier,
ces hommes, toujours les mêmes, reviennent à la charge ;
mais cette fois, plus habiles, ils ont employé pour grossir
leurs rangs des moyens préparés de longue main. Un comité formé par la garde nationale en dehors de toute
hiérarchie leur a permis d'organiser leurs légions ; l'*Internationale,* association ouvrière dont le but secret apparaît
enfin sert de lien à ses partisans. A ces recrues viennent
s'ajouter des étrangers de toutes nations, et les prisons
ouvertes dès le début de l'émeute viennent verser leur
contingent dans ce qui doit être l'armée de la fédération
et de la commune. Quelques grands mots mis en avant
et détournés de leur sens véritable retiennent auprès d'eux
un grand nombre d'honnêtes gens convaincus et de naïfs
qui croient comprendre. Quant au prétexte, il est tout
trouvé : on veut nous trahir ! le gouvernement veut nous
livrer aux Prussiens ! C'est alors que la garde nationale
s'empare des canons et des armes, et s'en va jouer à la petite guerre sur les hauteurs de Montmartre et de Belleville. Mais une fois l'ennemi parti, pourquoi ne pas reconduire ces canons dans les arsenaux, pourquoi forcer les
postes pour voler les munitions ? Ordre du comité, cela
répond à tout. Lorsque, après plusieurs jours d'une longue
patience, le gouvernement veut pour le bon ordre et la
loi mettre fin à ces ridicules démonstrations, on résiste en
invoquant les franchises municipales, la décentralisation,
le salut de la République qui n'est pas menacée. Il faut

alors sévir. C'est la lutte, c'est la guerre civile dans ce que la guerre offre de plus horrible.

Nous ne pouvons ni ne voulons en ce moment ajouter au récit des souffrances, glorieuses encore, de la guerre étrangère, celui des horreurs morales et matérielles qui se déroulent sous nos yeux. Scènes où l'odieux le dispute au grotesque, et qui font parfois douter les témoins de ces hontes, de leur sens et de leur raison. Nous ne saurions avec le sang froid nécessaire retracer en ce moment l'enchaînement odieux des crimes, que ni le mensonge ni la terreur n'ont pu cacher. Le sang des martyrs est encore chaud, les ruines de nos demeures et de nos plus beaux monuments fument encore. D'ailleurs, il est dans ces deux mois de terreur que Paris dut subir et dans les causes qui les ont amenés bien des faits mystérieux et inexpliqués que l'avenir dégagera de l'ombre. Remarquons seulement que cette fois encore, comme il arrive souvent dans les troubles populaires, le nombre minime des meneurs a trouvé plus d'appui dans l'abstention et l'inaction forcée des honnêtes gens terrorisés ou réduits à l'impuissance, par le défaut d'entente, que dans les adhérents qui sont venus grossir leurs rangs.

Sans vouloir donc entreprendre le douloureux récit des faits et gestes de la *Commune de Paris*, nous avons à rendre compte de l'action déplorable qu'elle eût sur la conclusion de la paix.

On avait pu espérer en présence de la vitalité que montrait de nouveau la France, de la renaissance qui s'annonçait, de ses forces et de ses ressources, que nos représentants aux conférences de Bruxelles obtiendraient sans trop de peine des conditions meilleures, quelques atténuations aux clauses rigoureuses fixées par les préliminaires de Versailles.

Les événements du 18 mars, la terreur qu'établirent dans la capitale les pouvoirs anarchiques de la Commune, du Comité central, du Comité de salut public, le démembrement dont leur programme enfin connu menaçait la France, vinrent nous enlever tout espoir d'un adoucissement à notre humiliation, et loin de là, le traité de paix devait amener une notable aggravation de nos charges. C'est ce que M. Jules Favre était obligé de constater à la séance de l'Assemblée nationale, tenue le 14 mai à Versailles, en lui soumettant le traité de paix qu'il avait signé le 10 mai à Francfort. Une entrevue dans cette ville lui avait été proposée par M. de Bismark, et avait paru nécessaire pour mettre fin aux négociations qui n'aboutissaient pas.

Écoutons M. de Bismark rendant compte au parlement allemand, le 12 mai 1871, des modifications apportées par l'entrevue de Francfort aux préliminaires de paix :

Lors de la conclusion des préliminaires de paix, il y avait lieu d'espérer que le traité définitif pourrait être signé en quatre ou six semaines, parce qu'on comptait que le gouvernement français possédait un pouvoir incontesté sur la France. Cet espoir ne s'est pas réalisé.

De plus longs retards devaient faire appréhender que le gouvernement français ne restât hors d'état de satisfaire à ses engagements.

Relativement à la cession territoriale, nous en avions l'objet entre nos mains. L'exécution des dispositions se rapportant à ce sujet n'était donc pas douteuse. Mais il restait à savoir si le gouvernement français était en disposition et en état d'accomplir les stipulations concernant l'indemnité de guerre.

Des appréhensions sérieuses me déterminèrent à faire en personne une démarche. Si nous n'étions pas tombés d'accord, nous aurions pris Paris, soit par un arrangement avec la Commune, soit par la force, et ensuite nous aurions exigé du gouvernement qu'il retirât ses troupes derrière la Loire avant de continuer les négociations.

Je ne me rendis à Francfort que dans l'intention de trancher quelques questions pendantes, ayant trait au paiement de l'indemnité de guerre, à l'abréviation des délais et à l'augmentation des garanties.

Ayant conçu l'espoir d'arriver à une conclusion définitive, je considérai ce résultat comme un avantage pour les deux pays parce que les charges militaires de l'Allemagne en seraient allégées et que la situation de la France en serait affermie.

Le gouvernement français actuel est le mieux en état de remplir les vœux du peuple français. Tout autre gouvernement qui voudrait se substituer à lui aurait à craindre de ne pas assurer la paix aussi complétement.

Il est vrai qu'il faudra encore des dispositions supplémentaires, relativement à l'exécution, mais la paix définitive est conclue.

Les termes de paiement ont été rapprochés. Le premier demi-milliard sera payé dans les 30 jours qui suivront la prise de Paris.

Comme mode de paiement, il a été stipulé qu'il ne serait accepté que du numéraire ou du papier de bonne maison de banque (des banques anglaises, hollandaises, prussiennes ou belges) ou des lettres de change de première classe.

Le second paiement d'un milliard doit avoir lieu dans le courant de cette année, donc au plus tard à la fin du mois de décembre.

Ce n'est qu'alors que nous serons obligés d'évacuer les forts devant Paris. (Bravos.)

Le quatrième demi-milliard sera payé avant le 1er mai de l'année prochaine.

Les trois derniers milliards seront payés conformément aux dispositions des préliminaires de paix. Ils doivent être entièrement payés avant le 1er mars 1874.

Le gouvernement français espère pouvoir satisfaire à ces engagements.

La question des relations commerciales a présenté des difficultés. Le gouvernement français veut résilier le traité de commerce et paraît en espérer une augmentation de ses recettes de douane.

Je me suis contenté de la stipulation qui nous assimile aux nations les plus favorisées.

Les nations les plus favorisées sont notamment l'Angleterre, la Belgique, la Hollande, la Suisse, l'Autriche, la Russie.

Relativement à la question de délimitation des frontières, il a été convenu que l'expression : *rayon de Belfort*, ne devait pas être comprise dans le sens technique; mais ce rayon a été étendu à 4 ou 5 kilomètres.

Il nous paraissait désirable d'acquérir près de Thionville plusieurs communes allemandes avec Rellingen. Le gouvernement français a déclaré se trouver dans l'impossibilité d'y consentir, quoique j'eusse proposé de réserver à l'Assemblée nationale de décider de cette question.

Nous avons acquis pour une certaine somme les lignes du chemin de fer de l'Est, en Alsace et en Lorraine.

Un délai de dix jours, expirant le 29 mai, a été fixé pour la ratification par l'Empereur et par l'Assemblée nationale de France.

M. de Bismark termine en ces termes :

Je crois avoir obtenu ce que nous pouvions obtenir raisonna-
blement de la France. Nous avons assuré nos frontières et nous
avons assuré autant que possible le paiement de l'indemnité de
guerre ; de plus grandes exigences auraient coûté de plus grands
sacrifices.

J'ai la confiance que le gouvernement français a l'intention
d'exécuter le traité, et que la France possède les forces nécessaires
pour qu'il en soit ainsi.

M. de Bismark espère que là paix sera durable et prospère, et
que les Allemands n'auront pas besoin des garanties dont ils sont
assurés afin d'être à couvert de nouvelles attaques.

Le traité de paix qui fut adopté par l'Assemblée à la
séance du 18 mai lui réservait le droit d'échanger, contre
une portion de territoire limitrophe du Luxembourg, le
territoire cédé par nous dans l'arrondissement de Belfort.
Après une assez longue discussion à laquelle prirent part
le général Chanzy contre l'échange, et M. Thiers pour l'é-
change, ce dernier fut adopté par 440 voix contre 98. On
trouvera en note à la fin de ce volume le texte du traité.

Pendant que l'œuvre de notre abaissement se consom-
mait et que notre gouvernement avait bien des efforts à
faire pour empêcher l'ennemi d'intervenir dans nos affaires
intérieures, pendant que notre pauvre France divisée
contre elle-même s'épuisait en luttes intestines, que se
passait-il dans le reste de l'Europe et du monde ? Les Allemands, revenant sur leurs pas, cessent de se retirer vers
leurs frontières. Leurs masses avides consomment la substance de nos provinces. Le travail et la production sont
nulles, les relations commerciales complétement suspen-
dues.

Ce que nos ennemis disaient de nous et qui nous faisait
hausser les épaules serait-il vrai : « Nous sommes un peuple
fini, qui ne sait ni se gouverner ni se laisser gouverner. »
Nos voisins, qui de nouveau semblaient disposés à compter
la France pour quelque chose dans les conseils de l'Eu-

rope, font, sans nous consulter et à la faveur de nos troubles, d'étranges entreprises.

Bismark, poursuivant son œuvre, rêve d'enlever à la Suisse ses cantons allemands, et offre généreusement au Danemark de lui rendre le Schleswig, s'il veut se joindre à l'empire d'Allemagne qui tiendra ainsi la Baltique. Il jette un regard sur la Hollande, et s'aperçoit que l'île d'Héligoland doit être à lui. Avant tout il tire le meilleur parti de nos troubles intérieurs, et en profite pour resserrer les liens qui étreignent l'Alsace et la Lorraine.

L'Angleterre songe à étendre une main avide sur l'Isthme de Suez dont elle a tant décrié les travaux. En même temps l'Algérie se révoltait contre nous, et recevait de l'étranger des armes et des munitions. D'où provenaient-elles? C'est encore un mystère.

Ce que fait le Czar, nous le verrons plus tard.

Voilà le triste résultat de nos discordes, et, pour peu qu'elles se fussent prolongées, il nous eut fallu renoncer, après avoir perdu gloire, honneur, puissance, richesse et liberté, au plus clair des biens qui nous restent : l'espérance.

TRAITÉ DÉFINITIF DE PAIX

ENTRE LA FRANCE ET L'ALLEMAGNE

Soumis à la ratification de l'Assemblée de Versailles.

Art. 1er. — La distance de la ville de Belfort à la ligne de frontière, telle qu'elle a été d'abord proposée lors des négociations de Versailles et telle qu'elle se trouve marquée sur la carte annexée à l'instrument ratifié du traité des préliminaires du 26 février, est considérée comme indiquant la mesure du rayon qui, en vertu de la clause y relative du premier article des préliminaires, doit rester à la France avec la ville et les fortifications de Belfort.

Le gouvernement allemand est disposé à élargir ce rayon, de manière qu'il comprenne les cantons de Belfort, de Delle et de Giromagny, ainsi que la partie occidentale du canton de Fontaine, à l'ouest d'une ligne à tracer du point où le canal du Rhône au Rhin sort du canton de Delle au sud de Montreux-Château jusqu'à la limite nord du canton entre Bourg et Félon, où cette ligne joindrait la limite est du canton de Giromagny.

Le gouvernement allemand, toutefois, ne cédera les territoires sus-indiqués qu'à la condition que la république française, de son côté, consentira à une rectification de frontière le long des limites occidentales des cantons de Catenom et de Thionville, qui laisseront à l'Allemagne le terrain à l'est d'une ligne partant de la frontière du Luxembourg entre Hussigny et Rodingen, laissant à la France les villages de Thil et de Villerupt, se prolongeant entre Erronville et Aumetz, entre Beuvillers et Boulange, entre Brieux et Lomoringen, et joignant l'ancienne ligne de frontière entre Avril et Moyeuvre.

La commission internationale, dont il est question dans l'article 1er des préliminaires, se rendra sur le terrain, immédiatement après l'échange des ratifications du présent traité, pour exécuter les travaux qui lui incombent et pour faire le tracé de la nouvelle frontière, conformément aux dispositions précédentes.

Art. 2. — Les sujets français, originaires des territoires cédés, domiciliés actuellement sur ce territoire, qui entendront conserver la nationalité française, jouiront jusqu'au 1er octobre 1872, et moyennant une déclaration préalable faite à l'autorité compétente, de la faculté de transporter leur domicile en France et de s'y fixer, sans que ce droit puisse être altéré par les lois sur le service militaire, auquel cas la qualité de citoyen français leur est maintenue.

Ils seront libres de conserver leurs immeubles situés sur le territoire réuni à l'Allemagne.

Aucun habitant des territoires cédés ne pourra être poursuivi, inquiété ou recherché, dans sa personne ou dans ses biens, à raison de ses actes politiques ou militaires pendant la guerre.

Art. 3. — Le gouvernement français remettra au gouvernement allemand les archives, documents et registres concernant l administration civile, militaire ou judiciaire des territoires cédés. Si quelques-uns de ces titres avaient été déplacés, ils seront restitués par le gouvernement français sur la demande du gouvernement allemand.

Art. 4. — Le gouvernement français remettra au gouvernement de l'empire d'Allemagne, dans le terme de six mois à dater de l'échange des ratifications de ce traité :

1º Le montant des sommes déposées par les départements, les communes et les établissements publics des territoires cédés ;

2º Le montant des primes d'enrôlement et de remplacement appartenant aux militaires et marins originaires des territoires cédés qui auront opté pour la nationalité allemande ;

3º Le montant des cautionnements des comptables de l'État ;

4º Le montant des sommes versées pour consignations judiciaires, par suite des mesures prises par les autorités administratives ou judiciaires dans les territoires cédés.

Art. 5. — Les deux nations jouiront d'un traitement égal en ce qui concerne la navigation sur la Moselle, le canal de la Marne au Rhin, le canal du Rhône au Rhin, le canal de la Sarre et les eaux navigables communiquant avec ces voies de navigation. Le droit de flottage sera maintenu.

Art. 6. — Les hautes parties contractantes, étant d'avis que les circonscriptions diocésaines des territoires cédés à l'empire allemand doivent coïncider avec la nouvelle frontière déterminée par l'article 1er ci-dessus, se concerteront après la ratification du présent traité, sans retard, sur les mesures à prendre en commun à cet effet.

Les communautés appartenant soit à l'Église réformée, soit à la confession d'Augsbourg, établies sur les territoires cédés par la France, cesseront de relever de l'autorité ecclésiastique française.

Les communautés de l'Église de la confession d'Augsbourg, établies dans les territoires français, cesseront de relever du consistoire supérieur et du directeur siégeant à Strasbourg.

Les communautés israélites des territoires situés à l'est de la nouvelle frontière cesseront de dépendre du consistoire central israélite siégeant à Paris.

Art. 7. — Le paiement de 500 millions aura lieu dans les trente jours qui suivront le rétablissement de l'autorité du gouvernement français dans la ville de Paris. (Mouvement.) Un milliard sera payé dans le courant de l'année, et un demi-milliard au 1er mai 1872. Les trois derniers milliards resteront payables au 2 mars 1874, ainsi qu'il a été stipulé par le traité de paix préliminaire. A partir du 2 mars de l'année courante, les intérêts de ces trois milliards de francs seront payés chaque année, le 3 mars, à raison de 5 p. 100 par an.

Toute somme payée en avance sur les trois derniers milliards cessera de porter des intérêts à partir du jour du paiement effectué.

Tous les paiements ne pourront être faits que dans les principales villes de commerce de l'Allemagne et seront effectués en métal, or ou argent, en billets de la banque d'Angleterre, billets de la banque de Prusse, billets de la banque royale des Pays-Bas, billets de la banque nationale de Belgique, en billets à ordre ou en lettres de change négociables de premier ordre, valeur comptant.

Le gouvernement allemand ayant fixé en France la valeur du thaler prussien à 3 fr. 75 c., le gouvernement français accepte la conversion des monnaies des deux pays au taux ci-dessus indiqué

Le gouvernement français informera le gouvernement allemand, — trois mois d'avance, — de tout paiement qu'il compte faire aux caisses de l'empire allemand.

Après le paiement du premier demi-milliard et la ratification du traité de paix définitif, les départements de la Somme, de la Seine-Inférieure et de l'Eure seront évacués, en tant qu'ils se trouveront encore occupés par les troupes allemandes.

L'évacuation des départements de l'Oise, de Seine-et-Oise, de Seine-et-Marne et de la Seine, ainsi que celle des forts de Paris, aura lieu aussitôt que le gouvernement allemand jugera le rétablissement de l'ordre, tant en France que dans Paris, suffisant pour assurer l'exécution des engagements contractés par la France.

Dans tous les cas, cette évacuation aura lieu lors du paiement du troisième demi-milliard.

Les troupes allemandes, dans l'intérêt de leur sécurité, auront la disposition de la zône neutre située entre la ligne de démarcation allemande et l'enceinte de Paris, sur la rive droite de la Seine.

Les stipulations du traité du 26 février, relatives à l'occupation des territoires français après le paiement des deux milliards, resteront en vigueur. Aucune des déductions que le gouvernement français serait en droit de faire ne pourra être exercée sur le paiement des 500 premiers millions.

Art. 8. — Les troupes allemandes continueront à s'abstenir des réquisitions en nature et en argent dans les territoires occupés ; cette obligation de leur part étant corrélative aux obligations contractées pour leur entretien par le gouvernement français ; dans le cas où, malgré les réclamations réitérées du gouvernement allemand, le gouvernement français serait en retard d'exécuter lesdites obligations, les troupes allemandes auront le droit de se procurer ce qui sera nécessaire à leurs besoins en levant des impôts et des réquisitions dans les départements occupés et même en dehors de ceux-ci, si leurs ressources n'étaient pas suffisantes. (Rumeurs.)

Relativement à l'alimentation des troupes allemandes, le régime actuellement en vigueur sera maintenu jusqu'à l'évacuation des forts de Paris.

En vertu de la convention de Ferrières du 11 mars 1871, les réductions indiquées par cette convention seront mises à exécution après l'évacuation des forts.

Dès que l'effectif de l'armée allemande sera réduit au-dessous du chiffre de cinq cent mille hommes, il sera tenu compte des réductions opérées au-dessous de ce chiffre pour établir une diminution proportionnelle dans le prix d'entretien des troupes payé par le gouvernement français.

Art. 9. — Le traitement exceptionnel accordé maintenant aux produits de l'industrie des territoires cédés pour l'importation en France sera maintenu pour un espace de temps de six mois, depuis le 1er mars, dans les conditions faites avec les délégués de l'Alsace.

Art. 10. — Le gouvernement allemand continuera à faire rentrer les prisonniers de guerre, en s'entendant avec le gouvernement français. Le gouvernement français renverra dans leurs foyers ceux de ces prisonniers qui sont libérables. Quant à ceux qui n'ont point achevé leur temps de service, ils se retireront derrière la Loire. Il est entendu que l'armée de Paris et de Versailles, après le rétablissement de l'autorité du gouvernement français à Paris et jusqu'à l'évacuation des forts par les troupes allemandes, n'excédera pas 80,000 hommes. Jusqu'à cette évacuation, le gouvernement français ne pourra faire aucune concentration de troupes sur la rive droite de la Loire, mais il pourvoira aux garnisons régulières des villes placées dans cette zône, suivant les nécessités du maintien de l'ordre et de la paix publique.

Au fur et à mesure que s'opérera l'évacuation, les chefs de corps conviendront ensemble d'une zône neutre entre les armées des deux nations.

Vingt mille prisonniers seront dirigés sans délai sur Lyon, à la condition qu'ils seront expédiés immédiatement en Algérie, après leur organisation, pour être employés dans cette colonie.

Art. 11. — Les traités de commerce avec les différents États de l'Allemagne ayant été annulés par la guerre, le gouvernement français et le gouvernement allemand prendront pour base de leurs relations commerciales le régime du traitement réciproque sur le pied de la nation la plus favorisée.

Sont compris dans cette règle les droits d'entrée et de sortie, le transit, les formalités douanières, l'admission et le traitement des sujets des deux nations ainsi que de leurs agents.

Toutefois, seront exceptées de la règle susdite les faveurs qu'une des parties contractantes, par des traités de commerce, a accordées ou accordera à des États autres que ceux qui suivent : l'Angleterre, la Belgique, les Pays-Bas, la Suisse, l'Autriche, la Russie.

Les traités de navigation ainsi que la convention relative au service international des chemins de fer dans ses rapports avec la douane et la convention pour la garantie réciproque de la propriété des œuvres d'esprit et d'art seront remis en vigueur.

Néanmoins le gouvernement français se réserve la faculté d'établir sur les navires allemands et leurs cargaisons des droits de tonnage et de pavillon, sous la réserve que ces droits ne soient pas plus élevés que ceux qui grèveront les bâtiments et les cargaisons des nations sus-mentionnées.

Art. 12. — Tous les Allemands expulsés conserveront la jouissance pleine et entière de tous les biens qu'ils ont acquis en France.

Ceux des Allemands qui auraient obtenu l'autorisation exigée par les lois françaises pour fixer leur domicile en France seront réintégrés dans tous leurs droits, et peuvent, en conséquence, établir leur domicile sur le territoire français. (Rumeurs.)

Le délai stipulé par les lois françaises pour obtenir la naturalisation sera considéré comme n'étant pas interrompu par l'état de guerre pour les personnes qui profiteront de la faculté ci-dessus mentionnée de revenir en France dans un délai de six mois, après l'échange des ratifications de ce traité, et il sera tenu compte du temps écoulé entre leur expulsion et leur retour sur le territoire français, comme s'ils n'avaient jamais cessé de résider en France.

Les conditions ci-dessus seront appliquées en parfaite réciprocité aux sujets français résidant ou désirant résider en Allemagne.

Art. 13. — Les bâtiments allemands qui étaient condamnés par les conseils de prises avant le 2 mars 1871 seront considérés comme condamnés définitivement.

Ceux qui n'auraient pas été condamnés à la date sus-indiquée seront rendus avec la cargaison en tant qu'elle existe encore. Si la restitution des bâtiments et de la cargaison n'est plus possible, leur valeur, fixée d'après le prix de la vente, sera rendue à leurs propriétaires.

Art. 14. — Chacune des deux parties contractantes continuera sur son territoire les travaux entrepris pour la canalisation de la Moselle. Les intérêts communs des parties séparées des deux départements de la Meurthe et de la Moselle seront liquidés.

Art. 15. — Les hautes parties contractantes s'engagent mutuellement à étendre aux sujets respectifs les mesures qu'elles pourront juger utiles d'adopter en faveur de ceux de leurs nationaux qui, par suite des événements de la guerre, auraient été mis dans l'impossibilité d'arriver en temps utile à la sauvegarde ou à la conservation de leurs droits.

Art. 16. — Les deux gouvernements français et allemand s'engagent réciproquement à faire respecter et entretenir les tombeaux des soldats ensevelis sur leurs territoires respectifs.

Art. 17. — Le règlement des points accessoires sur lesquels un accord doit être établi, en conséquence de ce traité et du traité préliminaire, sera l'objet de négociations ultérieures qui auront lieu à Francfort.

Art. 18. — Les ratifications du présent traité par l'Assemblée nationale et par le chef du Pouvoir exécutif de la République française, d'un côté,

Et de l'autre, par S. M. l'empereur d'Allemagne,

Seront échangées à Francfort, dans le délai de dix jours, ou plus tôt, si faire se peut.

En foi de quoi les plénipotentiaires respectifs l'ont signé et y ont apposé le cachet de leurs armes.

Fait à Francfort, le 18 mai 1871.

A ce traité sont joints des articles additionnels que voici :

ARTICLES ADDITIONNELS.

Art. 1er, § 1er. — D'ici à l'époque fixée pour l'échange des ratifications du présent traité, le gouvernement français usera de son droit de rachat de la concession donnée à la compagnie du chemin de fer de l'Est. Le gouvernement allemand sera subrogé à tous les droits que le gouvernement français aura acquis par le rachat des concessions, en ce qui concerne les chemins de fer situés dans les territoires cédés, soit achevés, soit en construction.

§ 2. Seront compris dans cette concession :

1° Tous les terrains appartenant à ladite Compagnie, quelle que soit leur destination, ainsi que : établissements de gares et de stations, hangars, ateliers et magasins, maisons de gardes de voie, etc.;

2° Tous les immeubles qui en dépendent, ainsi que : barrières, clôtures, changements de voie, aiguilles, plaques tournantes, prises d'eau, grues hydrauliques, machines fixes, etc., etc.

3° Tous les matériaux combustibles et approvisionnements de tout genre, mobiliers de gares, outillage des ateliers et des gares, etc., etc.;

4° Les sommes dues à la Compagnie des chemins de fer de l'Est à titre de subventions accordées par des corporations ou personnes domiciliées dans les territoires cédés.

§ 3. Sera exclu de cette cession le matériel roulant. Le gouvernement allemand remettra la part du matériel roulant avec ses accessoires qui se trouverait en sa possession au gouvernement français.

§ 4. Le gouvernement français s'engage à libérer envers l'empire allemand entièrement les chemins de fer cédés ainsi que leurs dépendances de tous les droits que des tiers pourraient faire valoir, nommément des droits des obligataires. Il s'engage également à se substituer, — le cas échéant, — au gouvernement allemand relativement aux réclamations qui pourraient être élevées vis-à-vis du gouvernement allemand par les créanciers des chemins de fer en question.

§ 5. Le gouvernement français prendra à sa charge les réclamations que la Compagnie des chemins de fer de l'Est pourrait élever vis-à-vis du gouvernement allemand ou de ses mandataires par rapport à l'exploitation desdits chemins de fer et à l'usage des objets indiqués dans le paragraphe 2, ainsi que du matériel roulant.

Le gouvernement allemand communiquera au gouvernement français, à sa demande, tous les documents et toutes les indications qui pourraient servir à constater les faits sur lesquels s'appuieront les réclamations sus-mentionnées.

§ 6. Le gouvernement allemand payera au gouvernement français, pour la cession des droits de propriété indiqués dans les paragraphes 1 et 2 et en titre d'équivalent pour l'engagement pris par le gouvernement français dans le paragraphe 4, la somme de trois cent vingt-cinq millions (325,000,000 de francs).

On défalquera cette somme de l'indemnité de guerre stipulée dans l'article 7.

§ 7. Vu la situation qui a servi de base à la convention conclue entre la Compagnie des chemins de fer de l'Est et la Société royale grand-ducale des chemins de fer Guillaume-Luxembourg, en date du 6 juin 1857 et du 21 janvier 1868, et celle conclue entre le gouvernement du grand-duché du Luxembourg et des Sociétés des chemins de fer Guillaume-Luxembourg et de l'Est français, en date du 5 décembre 1868, et qui a été modifiée essentiellement de manière qu'elles ne sont applicables à l'état des choses créé par les stipulations contenues dans le paragraphe 1er, le gouvernement allemand se déclare prêt à se substituer aux droits et aux charges résultant de ces conventions pour la Compagnie des chemins de fer de l'Est.

Pour le cas où le gouvernement français serait subrogé, soit par le rachat de la concession de la Compagnie de l'Est, soit par une entente spéciale, aux droits acquis par cette société, en vertu des conventions sus-indiquées, il s'engage à céder gratuitement, dans un délai de six semaines, ses droits au gouvernement allemand.

Pour le cas où ladite subrogation ne s'effectuerait pas, le gouvernement français n'accordera de concessions pour les lignes de chemins de fer appartenant à la Compagnie de l'Est et situés dans le territoire français que sous la condition expresse que le concessionnaire n'exploite point les lignes de chemins de fer situés dans le grand-duché de Luxembourg.

Art. 2. — Le gouvernement allemand offre deux millions de francs pour les droits et les propriétés que possède la Compagnie des chemins de fer de l'Est sur la partie de son réseau située sur le territoire suisse, de la frontière à Bâle, si le gouvernement français lui fait tenir le consentement dans le délai d'un mois.

Art. 3. — La cession de territoire auprès de Belfort, offerte par le gouvernement allemand dans l'article 1er du présent traité, en échange de la rectification de frontière demandée à l'ouest de Thionville, sera augmentée des territoires des villages suivants : Rougemont, Leval, Petite-Fontaine, Romagny, Félon, La Chapelle-sous-Rougemont, Angeot, Vauthier-Mont, La Rivière, La Grange, Reppe, Fontaine, Frais, Foussemagne, Cunelières, Montreux Château, Bretagne, Chavannes-les-Grands, Chavanatte et Suarce.

La route de Giromagny à Remiremont passant au ballon d'Alsace restera à la France dans tout son parcours et servira de limite en tant qu'elle est située en dehors du canton de Giromagny.

Fait à Francfort, le 10 mai 1871.

Signé : JULES FAVRE.   Signé : V. BISMARK.
Signé : POUYER QUERTIER.   Signé : ARNIM.
Signé : DE GOULARD.

Certifié conforme aux originaux.

Le ministre des affaires étrangères,
JULES FAVRE.

TABLE

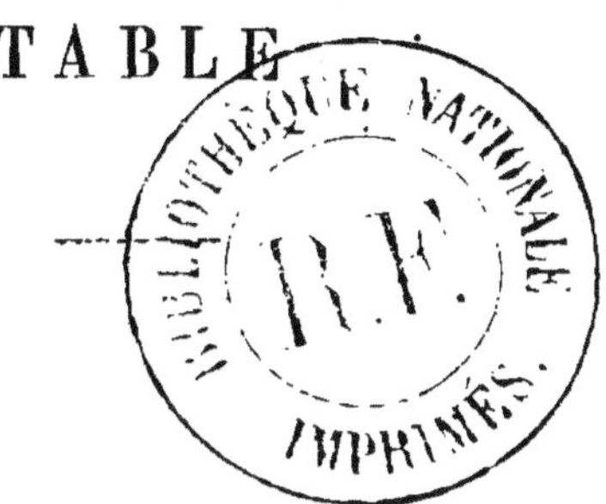

Paris. — Imp. VIÉVILLE et CAPIOMONT, 6, rue des Poitevins.